Luisa Koschate

Implementierung von Cross-Industry-Innovation

Konzeption und Best Practice

Bibliografische Information der Deutschen Nationalbibliothek:

Die Deutsche Nationalbibliothek verzeichnet diese Publikation in der Deutschen Nationalbibliografie; detaillierte bibliografische Daten sind im Internet über http://dnb.d-nb.de abrufbar.

Impressum:

Copyright © Studylab 2018

Ein Imprint der Open Publishing GmbH, München

Druck und Bindung: Books on Demand GmbH, Norderstedt, Germany

Coverbild: Open Publishing GmbH | Freepik.com | Flaticon.com | ei8htz

II

Inhaltsverzeichnis

Abkürzungsverzeichnis

Abb.	Abbildung
CII	Cross-Industry-Innovation
DPMA	Deutsches Patent- und Markenamt
F&E	Forschung und Entwicklung
i.d.R.	In der Regel
IOI	Inside-Out-Innovation
IT	Informationstechnologie(n)
Mind.	mindestens
n. Chr.	Nach Christus
OII	Outside-In-Innovation
PatG	Patentgesetz
v. Chr.	Vor Christus

Abbildungsverzeichnis

Tabellenverzeichnis

Verzeichnis der Fallbeispiele

1 Problemstellung

1.1 Aktualität des Themas

In Zeiten einer hohen globalen Wettbewerbsintensität in jeglichen Branchen streben Unternehmen vermehrt nach der effizienten Nutzung von Differenzierungspo-
tenzialen, welche sich in der erfolgreichen Entwicklung und Vermarktung von Innovationen finden können. Auf Unternehmen lastet ein Veränderungsdruck, der zu
einem zunehmenden Fokus auf Innovationen führt.[1]

Unternehmen waren traditionell danach bestrebt, in die eigene Forschung und Entwicklung zu investieren, um bahnbrechende Innovationen zu entwickeln und die
entsprechenden Innovationstätigkeiten vor der Konkurrenz geheim zu halten. Mit
zunehmender Innovationsdynamik und steigendem Kostendruck empfiehlt sich
den Unternehmen eine neue Herangehensweise: Der Denkweise „think outside the
box"[2] kommt bei der Generierung von Innovationsideen sowie dessen Umsetzung
und Vermarktung eine hohe Bedeutung zu.[3] Ein Überdenken der traditionellen
Wertschöpfung bietet sich den Unternehmen an.[4]

Seit mehreren Jahren hat sich die Öffnung des Innovationsprozesses in Form der
Einbeziehung externer Wissensquellen wie Kunden oder Lieferanten – die sogenannte Open Innovation – etabliert. Durch die Möglichkeit der Rekombination von
Wissensinhalten können Innovationsprozesse effektiver und effizienter erfolgen.
Mit zunehmender Adoption dieses Innovationskonzeptes, dessen Effizienz selbstverständlich auch von der jeweiligen Konkurrenz erfasst wurde, haben sich die Dif-
ferenzierungspotenziale vermindert. Nun stehen Unternehmen zunehmend vor
der Herausforderung, neue Wege zu finden.[5] Ein Brechen der traditionellen

---

1 Vgl.: Faix, (Hrsg.), 2015, S. 7.

2 Deutsch: „Querdenken";„über bisherige Grenzen hinausdenken"

3 Telstra Corporation Ltd. & KPMG International, 2012, S. 40, verfügbar unter:
https://www.telstra.com.au/business-enterprise/download/document/business-rer-
sources-cross-industry-innovation-whitepaper.pdf [zuletzt aufgerufen am 06.01.2017].

4 Vgl.: Albers, 2010, S. 13.

5 Vgl.: Enkel (Gastbeitrag bei: 3M Die Erfinder), verfügbar unter: http://die-erfin-
der.3mdeutschland.de/innovationsprozesse/warum-das-rad-neu-erfinden-cross-industry-
innovation-als-neuer-trend-im-innovati [zuletzt aufgerufen am 07.01.2017].

Branchengesetze und das Durchbrechen von Branchengrenzen kann dabei ein erfolgsversprechender Ansatzpunkt sein.[6]

Mithilfe der sogenannten Cross-Industry-Innovation (CII) – der Adaption branchenfremder Innovationskonzepte – und einer häufig damit einhergehenden Kooperation mit Partnern dieser externen Branchen, eröffnet sich Unternehmen die Möglichkeit, noch radikalerer Innovationen als es mit Partnern innerhalb der eigenen Branche möglich wäre.[7] Durch Innovationspartnerschaften, die im Rahmen von CII entstehen können, lassen sich gänzlich neue Geschäftsmodelle generieren.[8] Cross-Industry-Innovationen bedürfen einer intensiven, systematischen Planung und Umsetzung. Eine abteilungsübergreifende Offenheit gegenüber fremden Branchen und externem Wissen sowie eine Adaptionsfähigkeit in mehreren Strukturen und Prozessen der Unternehmung sind neben der Bereitstellung entsprechender Ressourcen u.a. Voraussetzung für die Integration der branchenexternen Wissensinhalte und Technologien.

Zahlreiche Beispiele heben die Bedeutung und das Potenzial von Cross-Industry-Innovationen hervor. So findet sich die Analogie zur Idee des „iDrive" als Bedienkonzept von BMW in der Joy-Stick-Technologie der Spielindustrie.[9] Google startete eine Kooperation mit Novartis, um intelligente Kontaktlinsen zu entwickeln, die den Blutzuckerspiegel über die Tränenflüssigkeit messen.[10] Das Unternehmen Gore-Tex entwickelte zunächst eine Membran für wetterfeste Kleidung (Funktionstextilien). Mittlerweile kommerzialisiert das Unternehmen diese Technologie auch außerhalb der eigenen Branche – z.B. für medizinische Implantate – und diversifiziert somit strategisch seine Invention.[11]

---

[6] Telstra Corporation Ltd. & KPMG International, 2012, S. 40, https://www.telstra.com.au/business-enterprise/download/document/business-rersources-cross-industry-innovation-whitepaper.pdf [zuletzt aufgerufen am 06.01.2017].

[7] Vgl.: Kotabe/Swan, 1995, S. 631.

[8] Vgl.: Enkel (3M Die Erfinder), verfügbar unter: http://die-erfinder.3mdeutschland.de/open-innovation/warum-das-rad-neu-erfinden-cross-industry-innovation-als-neuer-trend-im-innovationsm [zuletzt aufgerufen am 07.01.2017].

[9] Vgl.: Gassmann/Enkel, 2004, S. 1.

[10] Vgl.: Wirtschaftswoche: Smarte Technik soll Piksen endlich überflüssig machen, verfügbar unter: http://www.wiwo.de/technologie/digitale-welt/diabetes-smarte-technik-soll-piksen-endlich-ueberfluessig-machen/13405320.html [zuletzt aufgerufen am 07.01.2017].

[11] Vgl.: Baldegger, 2007, S. 401; Gore- Tex: Medizin/ Gesundheitswesen, verfügbar unter: http://gore.hk/de_de/industries/healthcare/healthcare_medical.html [zuletzt aufgerufen am 07.01.2017].

Für erfolgreiche Innovationen besteht somit nicht zwangsläufig die Voraussetzung, dass sich das erforderliche Know-how im eigenen Unternehmen befindet. 2010 beschrieben *Enkel* und *Horváth,* dass es sich bei 80 % jeglicher Innovationen um „[...]eine Rekombination bereits vorhandenen Wissens[.]" handelt[12], wie es bereits *Schumpeter* im Jahre 1934 andeutete, der den Innovationsbegriff nicht explizit verwendete, sondern von der „Durchsetzung neuer Kombinationen" sprach.[13] Das bedeutet, dass Innovationen hauptsächlich durch eine neue Kombination des Wissens über existierende Technologien, Anwendungsprinzipien, Märkte etc. entstehen.[14] In diesem Kontext steht für Unternehmen die Identifikation geeigneter Wissens- bzw. Technologiequellen, die Auswahl geeigneter Innovationspartner, strategisches Lizenz- bzw. Patentmanagement sowie die Gestaltung einer offenen Innovationskultur im Vordergrund. Die zunehmende Bedeutung von Patenten als immaterieller Wert und der zunehmende Handel dieser wurde durch die Studie „The PATVAL EU Project" herausgestellt, die somit bereits 2005 auf die steigende ökonomische Nutzung erprobter Technologien hinwies.[15]

Durch analoges Denken ergibt sich Unternehmen unter den geeigneten internen Rahmenbedingungen die Möglichkeit, Wettbewerbsvorteile zu schaffen, die den zukünftigen Unternehmenserfolg in Zeiten stetig kürzer werdender Innovationszyklen und exponentiell steigender F&E[16]-Kosten maßgeblich prägen können.

1.2 Zielsetzung der Arbeit

Wenngleich zunehmend mehr radikale, erfolgreiche Innovationen in den Cross-Industry-Kontext einzuordnen sind, ist das Endprodukt bislang häufig das Ergebnis eines Zufalls. Mit der vorliegenden Arbeit wird das Ziel verfolgt, den CII-Prozess bestmöglich systematisierbar und damit strategisch wie auch operativ planbar zu machen. Auf diese Weise kann es gelingen, den CII-Innovationsprozess nicht nur effektiv, sondern zudem möglichst effizient zu gestalten.

Um der Problematik entgegenzutreten, bietet sich eine kritische, wissenschaftliche Auseinandersetzung mit dem Thema der Cross-Industry-Innovation an.

---

[12] Vgl.: Enkel/Horváth (Ili (Hrsg.)), 2010, S. 293.

[13] Vgl.: Schumpeter, 1975, S. 82- 85

[14] Vgl.: Dingler/Enkel (Abele (Hrsg.)), 2016, S. 110.

[15] PatVal-Studie der EU, verfügbar unter: http://ec.europa.eu/invest-in-research/pdf/download_en/patval_mainreportandannexes.pdf [zuletzt aufgerufen am 07.01.2017].

[16] F&E = Forschung und Entwicklung

Die CII wird dabei in den Themenkomplex des Innovationsmanagements unter strategischen Gesichtspunkten eingeordnet und von bestehenden Konzepten abgegrenzt, um eine ganzheitliche, integrative Konzeptionierung durchzuführen.

Die Notwendigkeit für inkrementale oder radikale Innovationen ergibt sich durch das Ergebnis strategischer Analysen. Um CII bei Bedarf implementieren zu können, sind Instrumente zur Ideengenerierung sowie zur Konzeptbewertung notwendig, um analoge Lösungen oder völlig neue Ideen branchenfremder Bereiche zu identifizieren, auszuwählen und anzupassen.

In Bezug auf die erfolgreiche Implementierung von Cross-Industry-Innovationen werden Rahmenbedingungen, wie die Anforderungen an unternehmensinterne Ressourcen oder die Gestaltung von Kooperationen mit branchenexternen Partnern, dargestellt.

Entlang der Arbeit finden sich Fallbeispiele, welche positive und negative Beispiele praktischer Umsetzungen hervorheben. Auf diese Weise soll eine Einschätzung potenzieller Schwierigkeiten der Umsetzung stattfinden und Best-Practice-Beispiele hervorgehoben werden. Zudem betonen die Fallbeispiele die Aktualität der Cross-Industry-Innovation.

Tabelle 1 umfasst die Zusammenfassung der Ziele und die Formulierung der Forschungsfrage.

Forschungs-frage	Welche Instrumente/Methoden und welche Rahmenbedingungen können die Implementierung der Cross-Industry-Innovation zur Erreichung strategischer Ziele systematisch unterstützen?
Deskriptives Ziel	Erläuterung der Grundlagen des Innovationsmanagements, des Konzeptes der Cross-Industry-Innovation, der Entwicklung von Suchfeldern und Beschreibung von Instrumenten und Beispielen aus der Praxis.
Explikatives Ziel	Erklärung & strategische Einordnung der Cross-Industry-Innovation, Darstellung & Bewertung praktischer Umsetzung anhand von Fallbeispielen, Instrumenten und Methoden; Erklärung der Begriffe Abstraktion und Analogie sowie deren Übertragung auf das CII-Konzept; Generierung von Strategie-Matrizen, dem CII-Prozess und Anpassung von Instrumenten an den CII-Kontext.
Normatives Ziel	Überprüfung von Gestaltungsinstrumenten hinsichtlich ihrer Eignung für die CII; Identifikation von Rahmenbedingungen zur Implementierung.

Tabelle 1: Forschungsfrage und Zielebenen

1.3 Gang der Untersuchung

Im Rahmen des zweiten Kapitels wird zunächst die Bedeutung von Innovationen auf der Ebene der Makro- und Mikroökonomik hervorgehoben. Anschließend erfolgt eine Einführung in die Grundlagen des Innovationsmanagements, um dann das Paradigma der Cross-Industry-Innnovation vorzustellen. Dabei werden wesentliche Begriffe definiert und die CII im Kontext des Innovationsmanagements abgegrenzt.

Das dritte Kapitel beschreibt die Strategiebildung im Rahmen der CII. Dabei werden zunächst strategische Analysen der Unternehmens- und Marktsituation zur Identifikation des Innovationsbedarfs vorgestellt. Anschließend werden die Grundtypen der Cross-Industry-Innovation erläutert und die Bedeutung dieser mit Fallbeispielen untermauert. Weiterhin wird dargestellt, wie die Cross-Industry-Innovation als strategisches Element dazu dient, Innovationsziele zu erreichen.

Im vierten Kapitel werden Methoden zur Identifikation attraktiver Suchfelder erläutert. Von Bedeutung sind dabei zielgerichtete Analysen zu Trends und Technologien sowie zur Identifikation von Consumer Insights. Zudem werden mögliche Vorgehensweisen zur Abstraktion von Problemstellungen vorgestellt, die als Vorbereitung der CII-Ideengenerierung dienen.

Das fünfte Kapitel umfasst ein Instrumentarium von Kreativitätstechniken sowie weitere Vorgehensempfehlungen zur Ideengenerierung, die das Aufspüren von Analogien sowie die Suche nach gänzlich neuen Ideen branchenfremder Bereiche systematisch fördern kann. Die Instrumente werden dabei in Bezug auf ihre Eignung für die CII über vorher festgelegte Kriterien geprüft.

Im Rahmen des sechsten Kapitels werden Möglichkeiten zur Ideen- und Konzeptevaluation dargestellt.

Im siebten Kapitel erfolgt die Hinterfragung der Rahmenbedingungen, die für eine erfolgreiche Implementierung von Bedeutung sind. Das Ergebnis fundiert auf literarischen Recherchen, der Verknüpfung mit anderen Open-Innovation-Konzepten sowie der kritischen Auseinandersetzung mit Unternehmensbeispielen.

In Kapitel 8 werden die Ergebnisse zusammengefasst und die Bedeutung der Cross-Industry-Innovation im aktuellen Kontext betrachtet.

Die folgende Abbildung fasst den Gang der Untersuchung schematisch zusammen.

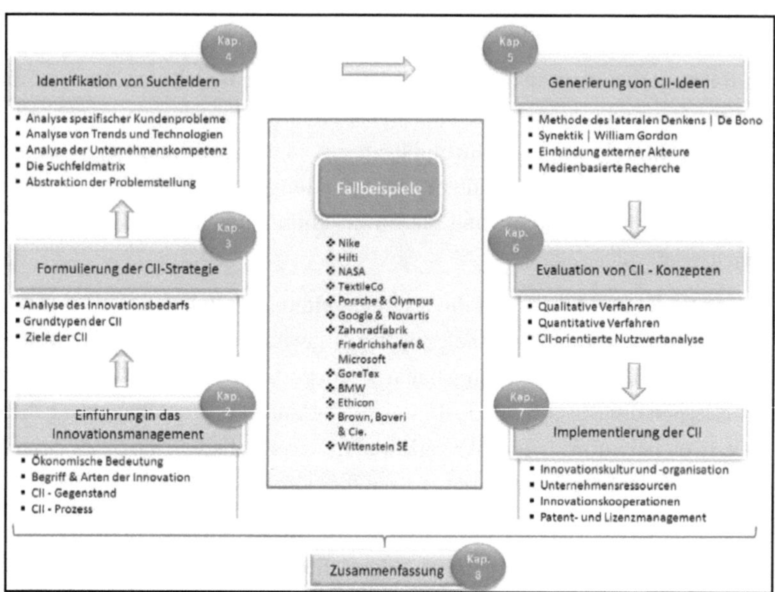

Abbildung 1: Gang der Untersuchung

2 Einführung in das Innovationsmanagement

2.1 Ökonomische Bedeutung von Innovationen

Innovationen besitzen für Unternehmen und Gesamtwirtschaft seit jeher eine große Bedeutung. Sie sind Antriebskraft sämtlicher wirtschaftlicher Entwicklung.[17] Der österreichische Nationalökonom Joseph Alois Schumpeter stellte dies bereits Anfang des letzten Jahrhunderts heraus, als er Innovationen als die „Durchsetzung neuer Kombinationen" definierte, die Unternehmen dazu veranlassen, „die ausgefahrenen Bahnen der statischen Wirtschaft" zu verlassen, um nach höheren Gewinnen zu streben. Er stellt weiterhin dar, dass erst mittels einer „schöpferischen Zerstörungskraft", die sich durch diskontinuierliche – unregelmäßige – unternehmerische Innovationstätigkeit auszeichne, die Wirtschaft geprägt und vorangetrieben werde. Altes werde dabei durch Neues ersetzt.[18]

Durch Innovationen kam es in den letzten zwei Jahrhunderten zu verschiedenen Industrieepochen, die von der Erfindung der Dampflok über die Entwicklung der Stahlindustrie, die sich durch Elektrizität etablierende Chemie- und Automobilindustrie sowie die Luft- und Raumfahrtechnik bis hin zum vorerst aktuellen Zeitalter der neuen Kommunikations- und Informationstechnologie reichen.

Die Innovationstätigkeit einer Volkswirtschaft gilt als zentrales Kriterium für erfolgreiches Wirtschaftswachstum.[19] In Deutschland und anderen rohstoffarmen Ländern gilt der Innovationserfolg als wichtiger Parameter im globalen Wettbewerb.[20]

Durch erfolgreiche Innovationen kann es zu einer Zunahme der unternehmerischen Investitionen kommen. Während es kurzfristig häufig zu einem Wegfall von Arbeitsplätzen kommt, da Unternehmen nach Rationalisierung und somit der Einsparung des Faktors Arbeit streben, kann es langfristig zu einer Zunahme der Beschäftigung kommen, wenn mit zusätzlichen oder neuen Marktanteilen neue Arbeitsfelder entstehen.[21] Dies führt zu einer Zunahme des Volkseinkommens.

---

17 Vgl.: Arnold/Mense (Ili; Schmölders (Hrsg.)), 2014, S. 23.

18 Vgl.: Brem/Vahs, 2015, S. 2.

19 Vgl.: Burmester/Vahs, 2005, S. 5.

20 Vgl.: Auernhammer/Bullinger (Bullinger/Warnecke (Hrsg.)), 2003, S. 29.

21 Vgl.: Warnecke (Bullinger/Warnecke (Hrsg.)), 2003, S. 2.

Innovationen können Prozesse eines gesellschaftlichen Wandels induzieren. Als Beispiel sei hier das Informationszeitalter durch Digitalsierung zu nennen. Die Lebensqualität der Bevölkerung verbessert sich zunehmend, was u.a. auf Innovationen im medizinischen Bereich zurückzuführen ist.[22]

Neben der makroökonomischen Ebene zeigt die mikroökonomische Ebene, welche Bedeutung Innovationen für Unternehmen besitzen. Die Innovationsfähigkeit von Unternehmen hat einen großen Einfluss auf den Unternehmenserfolg und die Sicherung der langfristigen Wettbewerbsfähigkeit. Diese Tatsache ist nicht neu; das systematische Management von Innovationen trägt seit jeher Bedeutung, um eine hohe Differenzierung im Wettbewerb zu erreichen. Die Wettbewerbsdynamik hat sich in den letzten Jahrzehnten jedoch verändert. Ein Wettbewerb um Wissen, Zeit und gleichzeitig radikalen Innovationen, die die schnell wandelnden Wünsche und Bedürfnisse der Kunden bestmöglich erfüllen sollten, begann.[23] So kommt es mit zunehmender Globalisierung zu einem stetigen Verschwinden geografischer Marktnischen.[24] Die Konsumgütermärkte scheinen gesättigt, weshalb neue Produktmärkte entstehen (z.B. Functional Food[25]). Ständig neu entwickelte Technologien eröffnen Unternehmen neue Möglichkeiten (technology-push) und führen dabei gleichzeitig zu stetig kürzer werdenden Produktlebenszyklen. Unternehmen sehen sich wachsenden Forschungs- und Entwicklungskosten (z.B. in der Pharmaindustrie) und neuen, teils branchenfremden Wettbewerbern gegenüber. Das Verschwimmen der Branchengrenzen und Verschmelzen von Märkten, was auch als das Phänomen der Dekonstruktion bezeichnet wird, sind u.a. Konsequenz einer Vernetzung vieler Lebensbereiche. Wirtschaftspolitische Veränderungen, wie die Energiewende, verlangen nach alternativen Energiequellen. Eine veränderte Alterspyramide stellt die Pharmazeutik vor neue Aufgaben. Auch der Kunde spielt eine wesentliche Rolle in der zunehmenden Innovationsdynamik: Durch Digitalisierung werden neue Bedürfniswelten geweckt, die sich z.B. im sogenannten Smart Home – einer komplett vernetzten Lebenswelt – widerspiegeln (market-pull). Aus der hier beschriebenen Innovationsdynamik resultiert ein hoher Innovationsdruck

---

[22] Vgl.: Müller, 2015, S. 1-1.

[23] Vgl.: Jaberg/Stern, 2010, S. 2f.; Hungenberg, 2014, S. 97.

[24] Vgl.: Brem/Vahs, 2015, S. 8.

[25] Functional Food = Lebensmittel mit einer zusätzlichen, gesundheitsfördernden Funktion, vgl.: Verbraucherzentrale: Functional Food, verfügbar unter: https://www.verbraucherzentrale.de/functional-food [zuletzt aufgerufen am 07.01.2017].

für Unternehmen (vgl.: Abbildung 2). Sie sind darauf angewiesen, qualitativ neuartige Problemlösungen zu entwickeln und zu vermarkten, um ihre Existenz zu sichern.[26]

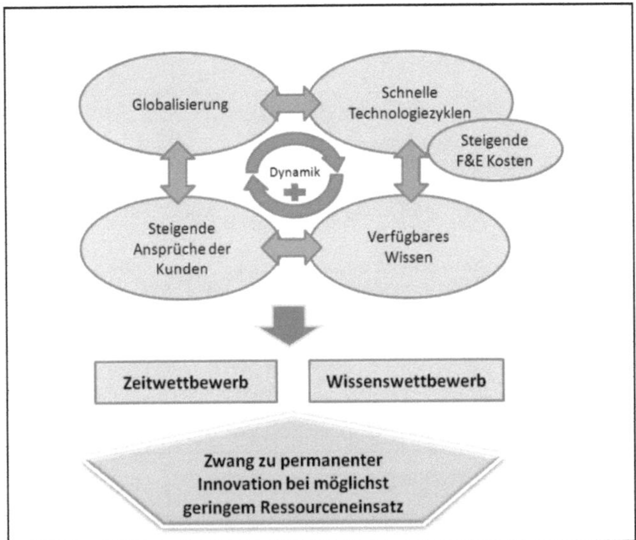

Abbildung 2: Veränderte Dynamik stellt neue Anforderungen an das Unternehmen[27]

Z_Punkt, ein trend- und zukunftsforschendes Unternehmen, schreibt gar über eine sich vollziehende Systemtransformation, in der die Märkte quer zu den heutigen Branchen liegen.

Märkte werden von der Realität über Wirtschaft, Gesellschaft, Politik und Technologie bestimmt. Kommt es zu einer signifikanten Veränderung dieser Realitäten, so kann von einer Systemtransformation gesprochen werden, durch welche die Märkte entsprechend verändert werden.[28] Die folgende Abbildung 3 veranschaulicht die Transformation und nennt Beispiele neu entstehender Märkte:

---

[26] Vgl.: Müller, 2015, S. 1-20.; Trommsdorff/Steinhoff, 2013, S. 1; Hungenberg, 2014, S. 97.

[27] Eigene Darstellung in Anlehnung an: Jaberg/Stern, 2010, S. 3.

[28] Vgl.: Z_Punkt, S. 2, verfügbar unter: http://www.z-punkt.de/uploads/files/76/z_punkt_cross-industry_innovation_a4.pdf [zuletzt aufgerufen am 07.01.2017].

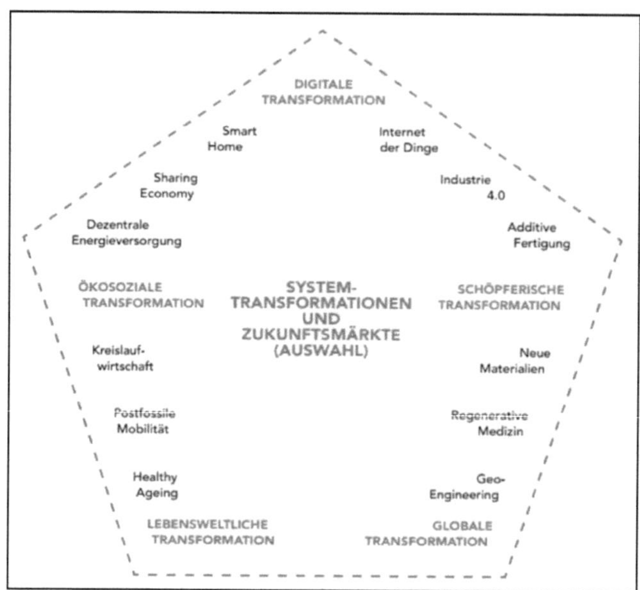

Abbildung 3: Systemtransformation generiert neue Märkte[29]

Die lebensweltliche Transformation bezieht sich dabei auf die entstehende Gesellschaft, die von sozialer Asymmetrie geprägt ist. Der Fokus liegt auf Individualisierung. Das Konsummuster ist deutlich verändert. Im Rahmen der ökosozialen Transformation erfolgt ein Umdenken hinsichtlich der Nutzung natürlicher Ressourcen. Das Bewusstsein für dessen Begrenztheit ist gefestigt, die intelligente Nutzung steht im Vordergrund. Das Gewinnstreben mit Rücksicht auf soziale und ökologische Gesichtspunkte beschreibt die neue Logik. Mit dem neuen Informationszeitalter geht eine digitale Transformation einher, durch die eine Vernetzung vieler Lebensbereiche neue Märkte generiert.

Die schöpferische Transformation steht für den Eingriff des Menschen in die Natur durch signifikanten Fortschritt in der Wissenschaft. Kulturelle, politische und ökonomische Veränderungen im globalen Rahmen und der darauf bezogene Konflikt, z.B. in Bezug auf kulturelle Werte, beschreiben die globale Transformation.

Das gängige Branchenverständnis ist veraltet. Neue Märkte bzw. Innovationen entstehen an den Schnittstellen von Branchen, dessen Grenzen zunehmend ver-

---

[29] Quelle: Z_Punkt, S. 3, verfügbar unter: http://www.z-punkt.de/uploads/files/76/z_punkt_cross-industry_innovation_a4.pdf [zuletzt aufgerufen am 07.01.2017].

schmelzen. Belege für diese Entwicklungen zeigen sich u.a. an dem Beispiel des sogenannten Smart Home, bei welchem eine IT-Infrastruktur für eine intelligente Vernetzung von Haushaltsgeräten sorgt, um damit die Wohn- und Lebensqualität zu verbessern. Ein weiteres Beispiel findet sich in Form des Functional Foods: Nahrungsmittel mit zusätzlich gesundheitsfördernder Funktion – ein Ergebnis der Verschmelzung der Pharma- und Lebensmittelbranche.

Der Bundesverband der Deutschen Industrie (BDI) und Z_Punkt stellen in der Studie „Deutschland 2030. Zukunftsperspektiven in der Wertschöpfung" heraus: "Branchenübergreifendes Kooperationsmanagement wird zum kritischen Erfolgsfaktor in wertschöpfungsorientierten Innovationssystemen."[30] Wer somit in den alten Branchengrenzen verweilt, die heute z.T. nicht mehr klar definiert werden können, läuft Gefahr, den Anschluss im globalen Wettbewerb zu verlieren. Die veränderte Systematik verdeutlicht, dass es höchst opportun ist, sich nicht lediglich auf die eigene Branche zu fokussieren.[31]

2.2 Begriff und Arten der Innovation

Das Kapitel 2.2 umfasst

1)	die Definition des Begriffs Innovation,
2)	die Beschreibung möglicher Induktoren von Innovationsbemühungen und
3)	eine Differenzierung der Arten nach Innovationsobjekt und Innovationsgrad.

Tabelle 2: Inhalte des Kapitels 2.2.

In der Literatur findet sich eine Vielzahl unterschiedlicher Definitionen zu dem Begriff Innovation. Diskutiert wird vor diesem Hintergrund vor allem über die Definition von „Neu". Kritisch ist dabei die Subjektivität des Empfindens von Neuem. Diese Unsicherheit findet sich u.a. in der Definition von Hauschild/Salomo: „Innovationen sind qualitativ neuartige Produkte oder Verfahren, die sich gegenüber einem Vergleichszustand merklich – wie auch immer das zu bestimmen ist – unterscheiden."[32] In den verschiedenen Definitionen finden sich Änderungen des Blickwinkels – so können Innovationen sowohl neu für den Kunden als auch neu für das

---

[30] Vgl.: Z-Punkt, S. 4, verfügbar unter: http://www.z-punkt.de/uploads/files/76/z_punkt_cross-industry_innovation_a4.pdf [zuletzt aufgerufen am 07.01.2017].

[31] Vgl.: Abele/Jakisch/Yaman, S. 125 f.; auch: Trend Sonderheft 2014.

[32] Hauschild/Salomo, 2011, S. 4.

Unternehmen sein. Somit ist eine Unterscheidung zwischen Markt- und Unternehmensperspektive auszumachen. Homburg definiert Innovationen aus der Marktperspektive folgendermaßen: „Unter einer Produktinnovation verstehen wir jedes Produkt (bzw. jede Produktidee), das (die) von den Kunden als neu wahrgenommen wird."[33] Meffert/Burmann/Kirchgeorg definieren Innovation aus der Unternehmensperspektive als „[...] die mit der Entwicklung von Neuprodukten verbundenen Änderungsprozesse in einem Unternehmen [...]"[34], ebenso verstehen Trommsdorf/Steinhoff unter einer Innovation „[...] ein[en] unternehmenssubjektiv neuartige[n] Gegenstand (Produkt oder Prozess)[...]"[35]. Vahs/Brem integrieren eine strategische Sichtweise und beschreiben Innovationen als die „[...]zielgerichtete Durchsetzung von neuen technischen, wirtschaftlichen, organisatorischen und sozialen Problemlösungen, um Unternehmensziele auf neuartige Weise zu erreichen."[36]

Eine ganzheitliche Sichtweise beinhaltet die folgende Definition: „Eine Innovation bezeichnet die Entwicklung und erstmalige ökonomische Vermarktung einer qualitativ neuartigen Problemlösung."[37] Es findet keine Deklarierung in Bezug auf das Innovationssubjekt statt, d.h. für wen das Produkt oder der einhergehende Entwicklungsprozess neu ist, wird nicht bestimmt. Die Definition stellt die Innovation (Erneuerung) als das Ergebnis eines Prozesses dar, welcher die ökonomische Verwertung (Exploitation) einer Erfindung (Invention) umfasst.[38] Roberts stellt die folgende Gleichung auf, die dies verdeutlicht: „Innovation = Invention + Exploitation."[39] Der erste Summand Invention wird dabei als eigener Prozess angesehen, welcher alle Bemühungen umfasst, die sich auf die Ideenfindung und dessen (technologische) Umsetzung beziehen. Der zweite Summand Exploitation als weiterer Prozess beinhaltet Aktivitäten in Bezug auf die kommerzielle Entwicklung und Umsetzung, also der ökonomischen Verwertung der jeweiligen Idee, um dem Unternehmen Nutzen zu stiften. Der Prozess beinhaltet auch die eventuelle, breitbandige Nutzung der neuartigen Problemlösung durch den Kunden, die Verbreitung des

---

[33] Homburg, 2016, S. 169.
[34] Meffert/Burmann/Kirchgeorg, 2015, S. 371.
[35] Trommsdorf/Steinhoff, 2013, S. 24.
[36] Vahs/Brem, 2015, S. 1.
[37] Müller, 2015, S. 1-14.
[38] Vgl.: Müller, 2015, S. 1-14.
[39] Roberts, 2007, S. 36.

Produktes sowie die Förderung der Diffusion.[40] Diese Definition der Innovation ist Grundlage der wissenschaftlichen Arbeit. Grundlage ist dabei auch die getroffene Unterscheidung zwischen Innovation und Invention. Der Invention werden häufig die Phase der Ideenfindung und Konzeptentwicklung zugerechnet.[41] Der Verfasser schaltet der Invention die Idee und das Konzept vor, um eine stärkere Differenzierung des Reifegrades von Innovationen (im weitesten Sinne[42]) zu erreichen, die in Bezug auf die Cross-Industry-Innovation zweckmäßig ist (vgl. Abbildung 4).

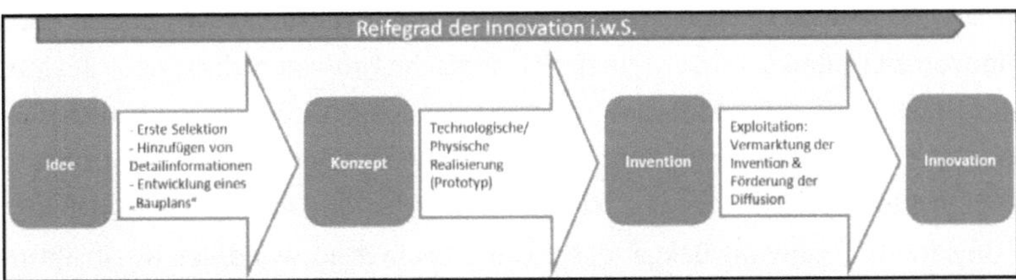

Abbildung 4: Reifegrad der Innovation (i.w.S.): Idee-Konzept-Invention-Innovation

Die geschaffene Innovation basiert bei dem traditionellen Innovationsprozess auf einer Idee. Die Idee stellt somit häufig den Startpunkt für die Generierung einer potenziellen Innovation dar.[43] Nachdem einige Ideen selektiert wurden, sind für die ausgewählte(n) Idee(n) weitere Informationen zu beschaffen und ein „Bauplan" des potenziellen Produktes (z.B. mittels morphologischen Kastens[44] im Rahmen der Konzeptentwicklung) zu erstellen. Dieser kann somit visuell erfolgen und Nutzen, Funktionen und Design umfassen.[45] Die Invention besteht aus technologischer Sicht, wenn ein Prototyp entwickelt wurde. Bei der Innovation handelt es sich, wie bereits zuvor definiert, um eine ökonomische Verwertung der Invention.[46]

---

[40] Vgl.: Roberts, 2007, S. 36.

[41] Vgl.: Engel/Nippa, 2006, S. 113.

[42] Bei dem Verständnis der Innovation im engeren Sinne bezieht sich der Begriff der Innovation lediglich auf die Phase der letztlichen Verwertung; im weiteren oder weitesten Sinne werden die Phase der Idee oder der Diffusion ebenfalls der Innovation zugeordnet. Vgl.: Brockhoff, 1999, S. 38 f.

[43] Vgl.: Weber, 2012, S. 1265.

[44] Kreativitätstechnik, bei der unterschiedliche Kombinationen von Einzelelementen zur Produktgestaltung untersucht werden. Dabei entstehen verschiedene Möglichkeiten potenzieller Produktlösungen. Vgl.: Busch/Fuchs/Unger, 2008, S. 202.

[45] Vgl.: Schmidt, 1996, S. 35 ff.; auch: Crawford, 1994, S. 20 u. S. 106f.

[46] Vgl.: Behnken, 2010, S. 45 f.

Auch der Begriff der Imitation ist zu definieren: Vahs/Brem definieren sie als „[...] die bewusste Übernahme oder das absichtliche Nachahmen von Problemlösungen, die in anderen Unternehmen bereits vorhanden sind und erfolgreich eingesetzt werden."[47]

Für die Innovationsnotwendigkeit kann die gegenwärtige oder zu erwartende Marktstruktur verantwortlich sein. Grund dazu können unerfüllte Kundenbedürfnisse oder der Markterfolg der Konkurrenzunternehmen sein (Marktinduzierter Innovationsbedarf). Eine weitere Quelle für Innovationsdruck kann in der Marktumwelt zu finden sein. So kann die ökologische Umwelt radikal neue Technologien zur Umwelt- oder Ressourcenschonung verlangen. Allerdings kann auch die gegenwärtige Unternehmenssituation zu der Notwendigkeit von Innovationen führen. Die Gründe für den eigenen internen Antrieb können u.a. ökonomischer Natur (Umsatz-oder Gewinnrückgang) sein oder in einer notwendigen Umstrukturierung des Angebotsprogramms liegen.[48]

Innovationen lassen sich nach dem Innovationsobjekt strukturieren. So kann es sich um Produktinnovationen, Dienstleistungsinnovationen, Geschäftsfeldinnovationen, digitale Innovationen, aber auch Handelsinnovationen handeln.[49]

Des Weiteren ist zwischen der Unternehmens- und der Marktinnovation zu unterscheiden, deren Definitionen Bezug auf das Innovationssubjekt nehmen. Eine Unternehmensinnovation stellt eine Neuheit in Bezug auf Produkt und Vermarktung für das Unternehmen dar. Das Marktsegment besteht bereits. Die Marktinnovation beschreibt eine Problemlösung, die für jegliche Marktteilnehmer neu ist.[50]

Weiterhin kann der Innovationsgrad einer Innovation anhand quantitativer und qualitativer Kriterien tendenziell bewertet werden. In der Literatur erfolgt dabei die Einordnung des Innovationsgrades einer Innovation in einem Kontinuum zwischen zwei Extrempolen, die auf der einen Seite für eine geringfügige (= inkrementale) und auf der anderen Seite für eine fundamentale (= radikale) Abweichung vom zuvor hervorgebrachten Output oder der Prozesse stehen. Je mehr (Produkt-) Komponenten neugestaltet werden (= quantitativ) und je mehr neues techno-

---

[47] Vgl.: Vahs/Brem, 2015, S. 65.

[48] Vgl.: Müller, 2015, S. 2-1.

[49] Vgl.: Müller, 2015, S. 1-15.

[50] Vgl.: Müller, 2015, S. 2-2.

logisch-naturwissenschaftliches Wissen (= qualitativ) in den Innovationsprozess einfließt, desto eher lässt sich die Innovation als radikal einordnen.[51] Inkrementale Innovationen stellen i.d.R. Verbesserungen bereits auf dem Markt befindlicher Lösungen dar. Sie werden auch als Verbesserungs-/Nachfolgerinnovationen oder evolutionäre/adaptive Innovationen bezeichnet. Grundlage sind dabei meist Basistechnologien.[52] In der Mehrzahl der Unternehmen sind entsprechende Prozesse bereits mindestens ausreichend entwickelt. Radikale oder auch als disruptiv bzw. revolutionär bezeichnete Innovationen kreieren durch die Entwicklung und Vermarktung einer für alle Marktteilnehmer neue Problemlösung einen gänzlich neuen Markt.[53] Antrieb sind dabei weiterentwickelte Schlüsseltechnologien oder erstmalig eingesetzte Schrittmachertechnologien.[54] Entsprechende Prozesse sind in vielen Unternehmen kaum bis gar nicht entwickelt.[55] Eine genaue Abgrenzung von einer inkrementalen Innovation zu einer radikalen Innovation kann nicht erfolgen, da dies nicht objektiv beurteilt werden kann.[56]

In Abbildung 5 sind die inkrementale und radikale Innovation in Hinblick auf den Grad der Technologie- und die Marktunsicherheit abgebildet.

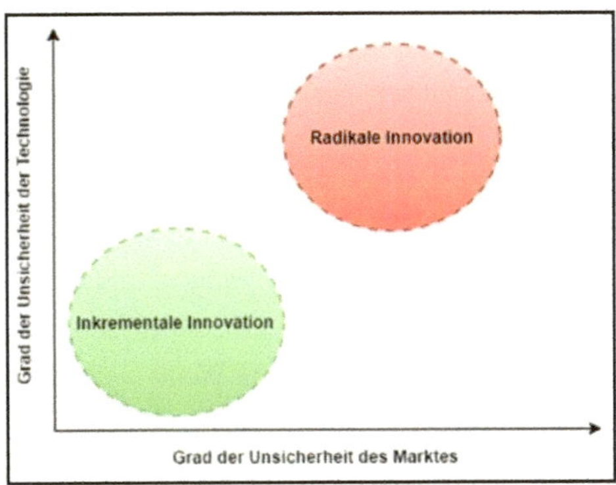

Abbildung 5: Grad der Unsicherheit radikaler und inkrementaler Innovationen[57]

---

[51] Vgl.: Gerpott, 1999, S. 43 f.

[52] Vgl.: Müller, 2015, S. 1-15.

[53] Vgl.: Weis, 2013, S. 47.

[54] Vgl.: Müller, 2015, S. 1-15.

[55] Vgl.: Weis, 2013, S. 47.

[56] Vgl.: Müller, 2010, S. 7.

[57] Eigene Darstellung in Anlehnung an: Akgün/Lynn, 1998, S. 13.

Die Unsicherheit der Technologie bezieht sich auf Kenntnisse in Bezug auf die Umsetzbarkeit, die Produktleistungsfähigkeit und entsprechende Produktionsprozesse sowie die Kosten der Produktion. Zudem sind Entwicklungszeit und -kosten bei der Integration komplexer Technologien schwieriger zu prognostizieren, woraus sich eine Planungsunsicherheit ergibt. Die Marktunsicherheit steht für das Wissen über den Zielmarkt und dessen Potenzial, die Preissensibilität der potenziellen Anwender, relevante Leistungsmerkmale sowie den optimalen Zeitpunkt des Markteintrittes. [58] Je radikaler die Produktinnovation (je höher der Neuheitsgrad des Produktes für die Kunden) ist, desto schwieriger gestaltet sich die Einschätzung der Produktakzeptanz und -adoption. Bei inkrementalen Innovationen haben die Kunden im Laufe der Produktanwendung ausreichend Erfahrungswissen erworben und Präferenzen über die Produkteigenschaften bilden können. Der Informationsstand über Konkurrenzprodukte ist hoch. Das Anwendungsverhalten ändert sich bei inkrementalen Innovationen nicht grundlegend. Somit sind die Prognosen über die Akzeptanz durch eine meist profunde Informationsbasis mit sehr viel weniger Unsicherheit zu stellen.[59]

Eine kurze Entwicklungszeit ist bei inkrementalen Innovationen wie auch bei radikalen Innovationen erstrebenswert, um bei der gegenwärtig hohen Innovationsdynamik wettbewerbsfähig zu bleiben und bestenfalls als Pionier Märkte zu erschließen. Wenngleich radikale Innovationen tendenziell risikobehafteter und im Innovationsprozess zeitaufwendiger sind, gilt es auch hier, die Entwicklungszeit zu reduzieren, um neben einer Reduktion der Entwicklungskosten strategische Vorteile zu generieren. Unternehmen sind bei der Entwicklung radikal innovativer Produkte bei berechenbarem Risiko auf die Inanspruchnahme des bestehenden internen und externen Wissens angewiesen, das auf neuartige Weise zu kombinieren ist.[60]

---

[58] Vgl.: Lettl, 2004, S. 14.
[59] Vgl.: Lettl, 2004, S. 29.
[60] Vgl.: Kalogerakis, 2010, S. 13.

16

2.3 Gegenstand der Cross-Industry-Innovation (CII)

Im folgenden Unterkapitel 2.3 erfolgt

1.)	die Erläuterung der Bedeutung synthetischen Wissens als Hinführung zum Themenkomplex der Cross-Industry-Innovation,
2.)	eine Vorstellung von Begriffsansätzen der Cross-Industry-Innovation bis hin zu einer Definition der Cross-Industry-Innovation,
3.)	eine Erläuterung des Begriffs Analogiebildung, auf welcher die CII beruht und
4.)	eine Abgrenzung der CII zum traditionellen Open-Innovation-Konzept.

Tabelle 3: Inhalte des Kapitels 2.3

Vor langer Zeit waren Innovationen i.d.R. das Ergebnis von zufälligen Entdeckungen. Die Techniken galten dann als neuartig, wenn kein anderes Individuum sie bis dahin entdeckt hatte. Bald waren Experimente und Versuche eine wichtige, systematische Vorgehensweise zur Gewinnung neuer Erkenntnisse. Durch eine vorher wohlüberlegte Fragestellung erfolgten die Versuche auf kontrollierte und geplante Weise. In der heutigen Zeit sind bahnbrechend neue Erkenntnisse rar gesät, denn für grundlegende Fragen wurden bereits eindeutige Antworten gefunden. Somit liegt der Fokus nun auf der Formulierung geeigneter Fragen. Das Volumen von Informationen und die Geschwindigkeit der Verbreitung dieser Informationen stellt die Entwicklung radikaler Innovationen vor Schwierigkeiten.

Die folgende Abbildung 6 zeigt schematisch, zu welchem Anteil Innovationen das Ergebnis von Entdeckungen („Zufall", Experimenten (geplant) oder CII (systematische Kombination bestehender Erkenntnisse)) im Laufe der Jahrtausende waren.

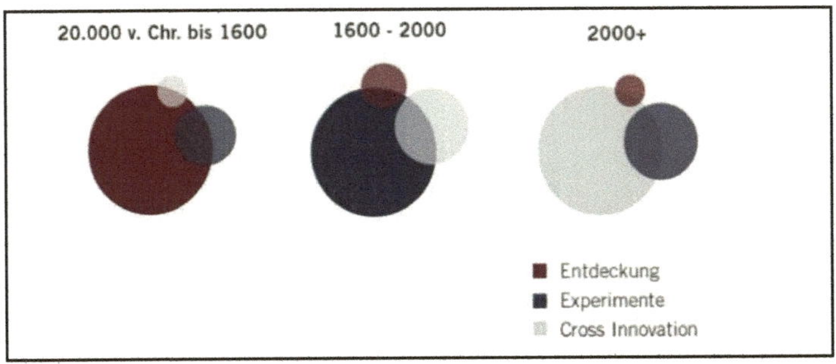

Abbildung 6: Die Entstehung von Innovationen im Laufe der Zeit[61]

---

[61] Quelle: Abele/Jakisch/Yaman (Abele (Hrsg.)), 2016, S. 123.

Während es bis 1600 vor allem zufällige Entdeckungen waren, die als Innovationen bezeichnet werden konnten, erfolgte in der Zeit 1600 bis 2000 eine systematische Antwortsuche im Rahmen der Forschung. Seit 2000 wurde ein deutlicher Rückgang der Innovationsentstehung durch Experimente verzeichnet. Eine neue Bedeutung erlangt die Cross Innovation, welche das synthetische Wissen – also die Kombination bestehender Wissensinhalte – beschreibt und bezeichnend für die Cross-Industry-Innovation ist.

Vor einiger Zeit trieben Existenzsorgen die Entwicklung neuer Lösungen voran. Aber auch der durch die Industrialisierung entstehende Entwicklungsdruck war Antriebskraft beim Streben nach Neuartigem. In Zeiten einer steigenden Risikoaversion der Gesellschaft sowie ansteigender Kosten bei gleichzeitigem Entwicklungsdruck, erscheint die systematische Nutzung und Kombination des Bewährten im Sinne der Cross-Industry-Innovation als sehr relevant.[62]

Als Cross-Industry-Innovation beschreibt Gassmann einen Ansatz, bei dem bereits bestehende (Problem)-Lösungen externer Branchen auf kreative Weise imitiert und an die jeweiligen Markt- bzw. Kundenanforderungen angepasst werden. Weiterhin definieren Enkel und Dürmüller die Cross-Industry-Innovation als den „[...] Transfer von Know-how und Lösungsansätzen über Branchengrenzen hinaus auf der Basis von Analogiebetrachtungen [...]"[63]. In der zuletzt genannten Definition wird deutlich, dass der Transfer auch bidirektional erfolgen kann, was bedeutet, dass Wissen und Lösungsansätze im Rahmen von CII sowohl von einer externen Branche in das eigene Unternehmen als auch vom Unternehmen in andere Branchen transferiert werden können. Das Beratungsunternehmen Z_Punkt beschreibt die Cross-Industry-Innovation als eine „[...]Innovation, die aus der kreativen Kombination von Know-how aus unterschiedlichen Branchen in Form einer Innovationspartnerschaft entsteht."[64]

Dingler und Enkel stellen heraus, dass der Ansatz zumeist für die „[...] systematische Suche nach radikalen Innovationen von Unternehmen eingesetzt wird"[65].

---

[62] Abele/Jakisch/Yaman (Abele (Hrsg.), 2016, S. 124.

[63] Vgl.: Dürmüller/Enkel (Gassmann/Sutter (Hrsg.)), 2011, S. 215.

[64] Vgl.: Z_Punkt, verfügbar unter: http://www.z-punkt.de/themen/artikel/innovation-ueber-branchengrenzen-hinweg-wird-zum-strategischen-imperativ/76 [zuletzt aufgerufen am 07.01.2017].

[65] Dingler/Enkel (Abele (Hrsg.)), 2016, S. 109.

Innovationsgegenstand können im Genaueren „Technologien, Patente, Lösungs-konzepte, technische Lösungen, spezifisches Wissen und Fähigkeiten, neue Anwen-dungen und Märkte, Geschäftsprozesse, Geschäftsmodelle[.]"[66] sein. Die CII eröff-net das Prinzip, nach dem Invention und Exploitation nicht zwangsläufig am glei-chen Ort erfolgen.[67]

Die Cross- Industry-Innovation wird gemäß der oben genannten Definitionen hauptsächlich durch folgende Determinanten bestimmt:

Was?	Wie?
Innovationssuchfeld: Externe Bran-che(n)/ über die eigene Branchengrenze hinaus **Innovationsobjekt**: Bereits beste-hende/s Lösungen/Ansätze/Technolo-gien/Wissen etc. **Ziel**: Entwicklung inkrementaler oder (zumeist) radikaler Innovationen	Analogiebetrachtung Innovationskooperationen Transfer von Wissensinhalten/ Lösungs-ansätzen Kreative Kombination von Wissensin-halten/ kreative Imitation Adaption an spezifische Markt-/ Kun-denanforderungen

Tabelle 4: Hinführung zur CII-Definition

Zusammenfassend stellt der Verfasser die folgende Definition auf, die in der vorlie-genden Arbeit Gültigkeit besitzt:

Die Cross-Industry-Innovation beschreibt das Ergebnis eines Prozesses kreativer Kombination, bei welchem in externen Branchen identifizierte Analogien auf di-rekte (Kooperation) oder indirekte (Lizenzvergabe; kreative Imitation) Weise transferiert und adaptiert werden, um strategische Ziele zu erreichen. Der Prozess kann dabei bidirektional verlaufen und somit einen Wissensabfluss aus dem Un-ternehmen heraus oder in das Unternehmen hinein bedeuten. Objekte können Technologien, spez. Wissen, Geschäftsmodelle etc. sein. Diese können sich auch im Stadium einer Invention (Idee, Konzept) oder Innovation befinden. Die Exploita-tion kann ausschließlich oder ergänzend in externen Branchen erfolgen.

Die CII dient häufig der systematischen Suche nach radikalen Innovationen, kann aber auch im Rahmen inkrementaler Innovationen eingesetzt werden, wenn beste-hende Probleme nicht durch den Einsatz brancheninterner Ansätze gelöst werden können.[68]

---

66 Dürmüller/Enkel (Gassmann, Sutter (Hrsg.)), 2011, S. 216.
67 Gassmann/Enkel, 2004, S. 1.
68 Vgl.: Dingler/Enkel (Abele (Hrsg.)), 2016, S. 120.

Viele der Probleme, die sich in dem eigenen Bereich ergeben, sind über die Branchengrenzen hinweg betrachtet nicht neu. In anderen Branchen können bereits passende Lösungen existieren, die auf sorgfältige Weise übertragen und adaptiert werden und auf diese Weise zu einer inkrementalen oder gar radikalen Innovation in der eigenen Branche führen können.[69]

Einige Analogien, die für das Unternehmen auf dem ersten Blick nicht offensichtlich erscheinen, können Quelle radikaler Innovationen sein. Eine systematische, kreative Kombination voneinander distanzierter Wissensinhalte wird in der Theorie mit einem hohen Innovationspotenzial assoziiert.[70]

Das analoge Denken – die Suche nach und der Transfer von analogem Wissen – kann Unternehmen somit zum Wettbewerbsvorteil verhelfen. Entsprechende Studien haben die Wichtigkeit eines solchen Ansatzes für radikale Innovationen hervorgehoben.[71] Auch *Enkel* stellte heraus, dass durch erfolgreiche CII zumeist radikale Innovationen entstehen.[72]

Der Terminus „Analogie" stammt aus dem Griechischen: „analogia" stammt von „analogos", was wiederum „entsprechen" bedeutet.[73]

Die Beschäftigung mit Analogien findet sich in verschiedenen wissenschaftlichen Disziplinen. In der Evolutionsbiologie steht eine Analogie für strukturelle Ähnlichkeiten, geprägt durch die gleiche Funktion; diese Ähnlichkeit ist unabhängig von genetischer Verwandtschaft.[74] In der Sprachwissenschaft steht Analogiebildung für die „Wortneubildung nach dem Muster/Vorbild bereits vorhandener Wörter."[75] Allgemein eignen sich Analogien dazu, Zusammenhänge zu identifizieren, Probleme zu lösen und eine Basis für Prognosen von Ereignissen zu schaffen.[76] Die

---

[69] Vgl.: Dingler/Enkel (Abele (Hrsg.)), 2016, S. 110.

[70] Vgl.: Holyoak/Thagard, 1995; Hargadon/Sutton, 1997, S. 2 ff.

[71] Vgl.: Keane, 1987, S. 29 f.; Dahl/Moreau, 2002, S. 47 f.

[72] Vgl.: Enkel (Die Erfinder 3M), verfügbar unter: http://die-erfinder.3mdeutschland.de/innovationsprozesse/warum-das-rad-neu-erfinden-cross-industry-innovation-als-neuer-trend-im-innovati [zuletzt aufgerufen am 07.01.2017].

[73] Quelle: TU Kaiserslautern, DIDAGMA Glossar, verfügbar unter: http://www.uni-kl.de/ZfL/didagma_glossar/index.php?sid=&sc=&p=glossar&x=2 [zuletzt aufgerufen am 07.01.2017].

[74] Storch, Welsch, Wink, 2013, S. 68.

[75] Vgl.: Mediensprache: Kleines linguistisches Wörterbuch, verfügbar unter: https://www.mediensprache.net/de/basix/lexikon/index.aspx?qu=Analogiebildung [zuletzt aufgerufen am 07.01.2017]

[76] Vgl.: Kalogerakis, 2010, S. 13.

Analogiebildung gilt als Fundament menschlichen Denkens: Neue Situationen werden im Gehirn mit bestehenden kognitiven Strukturen, welche durch bereits gesammelte Erfahrungen gebildet wurden, abgeglichen und auf diese Weise bewertet und eingeordnet.[77]

In der Innovationswissenschaft steht Analogie für eine Ähnlichkeit zwischen Objekten in Bezug auf Optik, Strukturen oder Funktionen.[78] Disselkamp definiert Analogien im wirtschaftlichen Kontext als „Ähnlichkeiten in Strukturen, Abläufen, in Funktionen und Zwecken, in Material und Komponenten zwischen zwei Phänomenen."[79] Analogiebildung findet im Innovationsmanagement im Rahmen von Kreativitätstechniken zur Generierung von Innovationsideen Anwendung. Grundlage ist dabei die Verfremdung eines zuvor gestellten Problems (z.B. über Abstraktion). Bei der Analogiesuche kann auch auf dem Sinn nach ähnlichen Problemen in anderen Feldern Bezug genommen werden.

Analogien können in Bezug auf die Distanz zwischen Quelle und Ziel eingeordnet werden (vgl. Abbildung 7 zur Veranschaulichung).

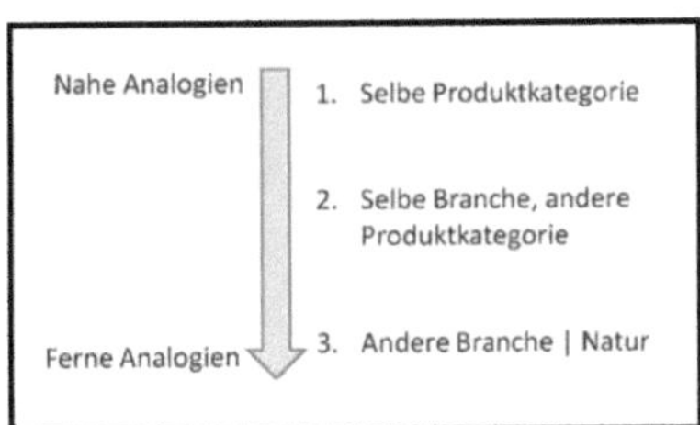

Abbildung 7: Die Distanz von Analogien[80]

Ein Lösungsraum, welcher mögliche Analogien bereithält, ist bei einer geringen Distanz sehr klein. Bei einer solch nahen Analogie befinden sich Quelle und Analogie in demselben Kontext. Hier wird das Beispiel derselben Produktkategorie genannt. Zur Veranschaulichung dient die Übertragung des Designs des Bürostuhls auf einen Stuhl in einem Café oder die Übertragung des Designs eines Sportschuhes auf das Design eines Pumps (vgl.: Abbildung 8).

---

77   Vgl.: Gentner/Holyoak/Kokinov, 2001, S. 1 ff.

78   Vgl.: Harvard Business Manager, 2006, S. 32

79   Disselkamp, 2012, S. 116.

80   Eigene Darstellung in Anlehnung an: Herstatt/Kalogerakis/Schulthess, 2014, S. 10.

Abbildung 8: Nahe Analogie: Übertragung des Designs eines Sportschuhes auf Pumps.[81]

Bei der Übertragung des Pflegeprinzips eines Hautpflegemittels auf eine Duschseife zur Reinigung, um einen Extranutzen zu generieren, handelt es sich um eine entferntere Analogie, die sich jedoch ebenfalls in der Branche der Kosmetik befindet. Der Lösungsraum ist hier etwas größer als bei der Suche innerhalb der gleichen Produktkategorie.

Entfernte Analogien finden sich bei einem Lösungstransfer zwischen unterschiedlichen Branchen, was in dieser Arbeit den Schwerpunkt bildet. Wenn intelligente Systeme aus dem Operationssaal in den Boardcomputer eines Automobils transferiert und entsprechend angepasst werden, handelt es sich um einen Wissensaustausch zwischen zwei Branchen. Der Lösungsraum besitzt dann eine erhebliche Weite. Ferne Analogien finden sich weiterhin im Rahmen der Bionik, bei der Lösungsprinzipien aus der Natur genutzt werden, um diese in eigene Produkte oder Prozesse zu integrieren (vgl.: Kapitel 5.3). Das Fallbeispiel 1 beschreibt Nikes erfolgreiche Adaption einer Analogie:

---

[81] Bild: https://images.gutefrage.net/media/fragen/bilder/nike-schuhe-mit-absatz/0_big.jpg?v=1310050018000 [zuletzt aufgerufen am 07.01.2017].

Nike Shox – Eine innovative Analogie als Problemlösung
Der Anspruch von Nike an seinen neuen Sportschuh lag in einer optimalen Dämpfung beim Laufen. Weitere Merkmale sollten ein geringes Gewicht, Gewährleistung einer hohen Stabilität beim Auftreten und ein angemessener Herstellungsaufwand darstellen. Das Design-Team entdeckte eine Analogie zu den Stoßdämpfungssystemen, welches bei Formel-1-Rennwagen zum Einsatz kommt. Die verwendeten Stoßdämpfungssäulen bestehen aus einem Schaum mit extrem hoher Elastizität. Bei einem Aufprall dämpft dieser die wirkenden Kräfte ab und kehrt anschließend wieder in seine Ursprungsform zurück. Das Material und die Struktur der Säulen wurden in den Nike-Shox-Schuh übertragen.[82]

Fallbeispiel 1: Nike Shox – Eine innovative Analogie[82]

Vor einiger Zeit hat das Paradigma der Open Innovation Einzug in das Innovationsmanagement erhalten. Hintergrund des Konzeptes ist ebenfalls der Wissenszugang oder -abfluss über die Unternehmensgrenzen hinaus. Aufgrund dieser Tatsache ist eine Abgrenzung der Cross-Industry-Innovation zum Konzept der Open Innovation sinnvoll.

Die Open Innovation bezeichnet die Öffnung des Innovationsprozesses, um externes Wissen für die Steigerung des eigenen Innovationspotenzials strategisch zu nutzen. Externe Wissensquellen können dabei Stakeholder des Unternehmens wie z.B. Lieferanten oder Kunden, Forschungsinstitute oder andere Unternehmen sein.[83]

Der Begriff Open Innovation wurde 2003 in der Literatur erstmalig von Henry Chesbrough erwähnt. Chesbrough spricht von einer Antithesis gegenüber des traditionellen, geschlossenen Modells.[84] Die folgende Abbildung 9 stellt das geschlossene und das offene Innovationsmodell einander schematisch gegenüber.

---

[82] Bild: Nike, verfügbar unter: http://news.nike.com/news/nike-shox-bb4 [zuletzt aufgerufen am 07.01.2017].

[83] Vgl.: Enkel, Gassmann, 2006, S. 1 und S. 3-4.

[84] Vgl.: Chesbrough, 2006, S. 1.

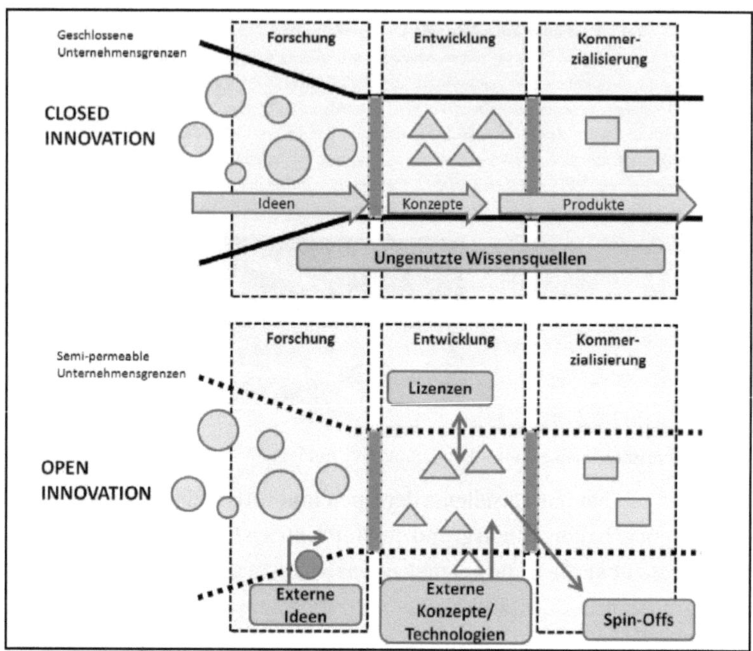

Abbildung 9: Closed Innovation vs. Open Innovation[85]

Der Innovationsprozess ist hier vereinfacht funktionell in Forschung, Entwicklung und Kommerzialisierung gegliedert.

Die Unternehmensgrenzen, die bei dem Closed-Innovation-Konzept sinnbildlich als geschlossen zu bezeichnen sind, besitzen bei dem offenen Konzept die Charakteristik einer semi-permeablen Membran, durch die Wissen systematisch hinein und hinaus fließen kann.

Erfolgreiche Innovationen erfordern bei dem Konzept des geschlossenen Innovationsprozesses eine starke interne F&E-Abteilung und eine hohe Kreativität sowie Wissens- und Erfahrungsbasis der Mitarbeiter. Viele Wissensquellen, die im externen Umfeld des Unternehmens bestehen können, bleiben dabei ungenutzt.

Bei dem Open-Innovation-Konzept werden externe Quellen genutzt, indem externe Ideen, Konzepte oder Technologien z.B. über Lizenzen übernommen werden. Auch Spin-Off's können auf Grundlage neuer Technologien/Kompetenzen entstehen,

---

[85] Vgl.: Eigene Darstellung in Anlehnung an: Chesbrough, 2011, S. 36 f.

wenn das Projekt nicht zu der gegenwärtigen Strategie passt oder nicht ausreichend erfolgsversprechend ist und deshalb ausgegliedert/externalisiert wird.[86]

In der Literatur findet sich eine Einordnung der Cross-Industry-Innovation als Disziplin oder Variante der Open Innovation. Enkel und Gassmann bezeichnen die CII als ein neues Phänomen des offenen Innovationsansatzes; diese Neuartigkeit betrifft sowohl Theorie als auch Praxis.

Externe Innovationsquellen stellen im Rahmen von CII industriefremde Branchen dar.

In Hinblick auf andere Open-Innovation-Ansätze handelt es sich somit um einen gänzlich neuen Ansatz. Enkel und Gassmann sprechen im Kontext der CII von einer kognitiven Distanz, welche die kognitive Spanne zwischen dem erworbenen Wissen und dem zu lösenden Problem beschreibt. Diese wird in der Praxis zumeist als problematisch beurteilt, weswegen Ideen- und Wissensquellen für Innovationen zumeist homogener Natur und innerhalb der eigenen Wertschöpfungskette (Value Chain) zu finden sind und dem traditionellen Open-Innovation-Konzept entsprechen. Die sich durch Heterogenität und damit verbundener kognitiver Distanz zum Innovationspartner ergebenden Chancen, wie es bei der CII der Fall sein kann, werden häufig außer Acht gelassen.

Ein Einbezug externer Akteure ist unter dem Gesichtspunkt der Innovationstreiber wie kürzer werdenden Innovationszyklen, wachsender Mobilität der Mitarbeiter über Branchen hinweg sowie dem Zugriff auf globales Wissen für den konstanten Innovationserfolg eines Unternehmens und damit zur Sicherung seiner Existenz bedeutsam.[87] Zudem fordern die Knappheit von Ressourcen und die Eskalation der Entwicklungskosten ein Umdenken von Unternehmen hin zum offenen Innovationskonzept.[88]

Der Fokus der Unternehmen wird auf homogene Wissensquellen gelegt und dessen Potenzial ausgeschöpft, wenngleich auch dieses Vorgehen negative Effekte mit sich bringen kann und der Neuheitsgehalt der Ideen limitiert ist. Mithilfe heterogener Quellen, die sich außerhalb der eigenen Branche finden, können sowohl inkrementale als auch radikale/disruptive Innovationen entstehen.[89]

---

[86] Vgl.: Chesbrough, 2014, S. 272.

[87] Vgl.: Enkel/Gassmann, 2010, S. 1.

[88] Vgl.: Enkel/Gassmann, 2004, S. 1.

[89] Vgl.: Enkel/Gassmann, 2010, S. 1ff.

In der folgenden Tabelle 5 werden die angesprochenen Konzepte zusammenfassend einander gegenübergestellt:

Ansatz	Quelle von Know-how, Lösungen, Konzepten etc.	Hauptmerkmale
Closed Innovation	**Unternehmen**	Geschlossener Innovationsprozess Fokus auf eine starke F&E- Abteilung Interne Ideenquellen Eher hohe Technologieunsicherheit Hohe F&E- Kosten Häufig Entwicklung inkrementaler Innovationen
Open Innovation	**Innerhalb der eigenen Value Chain**	Offener Innovationsprozess Externe Ideenquellen wie Lieferanten oder Kunden Breitgestreute Innovationsideen Höhere Marktsicherheit Häufig Ursprung radikaler Innovationen
Cross-Industry-Innovation	**Externe Branchen**	Offener Innovationsprozess Kooperation mit Partnern externer Branchen Heterogene Wissensquellen Hohe kognitive Distanz Kombination branchenexternen Wissens Eher geringe F&E- Kosten Höhere Technologiesicherheit Häufig Ursprung radikaler Innovationen

Tabelle 5: Closed-Innvation, Open-Innovation und CII in der Gegenüberstellung

2.4 Prozess der CII

Das Kapitel 2.4 umfasst

1)	die Darstellung des klassischen Innovationsprozesses,
2)	die Beschreibung des Einflusses der CII auf den Innovationsprozess sowie
3)	die separate Darstellung des CII-Prozesses.

Tabelle 6: Inhalte des Kapitels 2.4

Eine Implementierung von CII beeinflusst den traditionellen Innovationsprozess in den phasenspezifischen Aktivitäten. In der Literatur finden sich unterschiedliche Strukturierungen des klassischen Innovationsprozesses. Grundlage in der vorliegenden Arbeit stellt ein fünfstufiger Innovationsprozess mit jeweils drei Modulen dar, den die Abbildung 10 zeigt:

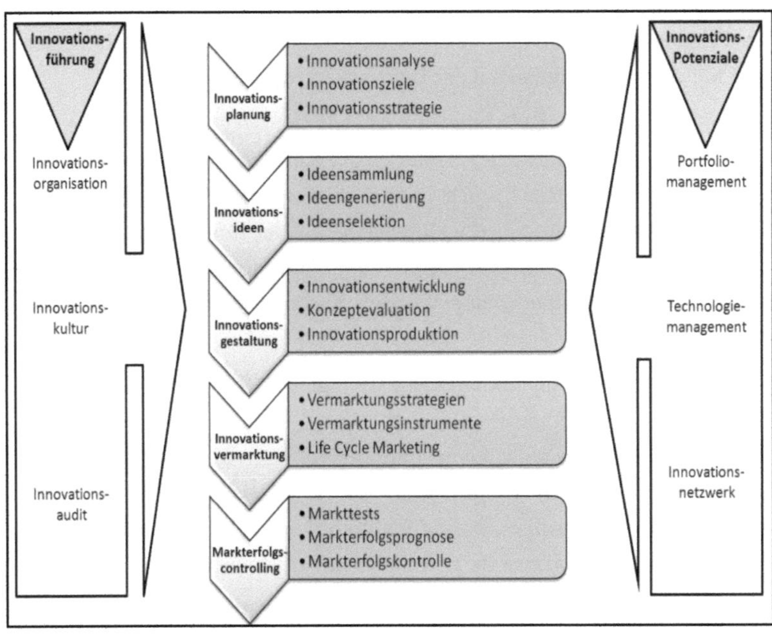

Abbildung 10: Der klassische Innovationsprozess[90]

---

[90] veränderte Darstellung nach: Müller, 2015, S. 2-0.

Die Innovationsplanung umfasst die Analyse der Unternehmens- und Umweltsituation, die Festlegung von Innovationszielen sowie die strategische Planung von Innovationsaktivitäten. Die Phase der Innovationsideen fokussiert die methodengestützte Sammlung und Generierung von Ideen sowie die anschließende Ideenelektion. In der dritten Phase, der Innovationsgestaltung, wird die Innovationsidee in ein Konzept transferiert, dieses anschließend evaluiert, um dann die technische Produktentwicklung und Anlaufproduktion zu beginnen. Die vierte Phase beschäftigt sich mit der Planung, der Bekanntmachung und der Kommerzialisierung des Produktes und entsprechenden Strategien und Instrumenten. Um den Produkterfolg zu fördern, erfolgen in der fünften Phase Markttests, die Prognose des Markterfolges und schließlich die Markterfolgskontrolle (zeitablaufbezogen und mehrdimensional (psychografisch, ökonomisch, finanzwirtschaftlich)), um negativen Entwicklungen frühestmöglich entgegensteuern zu können.[91]

Der Fokus dieser Arbeit liegt auf dem Bereich der Innovationsplanung, der Innovationsideen sowie in Teilen auf der Innovationsgestaltung.

Diese Bereiche stellen in Bezug auf die Cross-Industry-Innovation die wichtigsten Prozessschritte dar, die zugleich mit den größten Schwierigkeiten verbunden sind. Hindernisse ergeben sich auch im Hinblick auf die Rahmenbedingungen. Der Schwerpunkt der Rahmenbedingungen liegt auf der Innovationsorganisation und -kultur, der Identifikation und Bereitstellung relevanter Ressourcen, der Gestaltung einer Innovationskooperation sowie den Hintergründen des Patent- und Lizenzmanagements.

Beim klassischen Innovationsprozess erfolgen jegliche Prozesse intern und geschlossen („Closed-Innovation-Ansatz"). Für das Hervorbringen erfolgreicher Innovationen ist in diesem Fall eine kompetente F&E- Abteilung mit einer qualitativ hochwertigen internen Wissensbasis von wesentlicher Bedeutung.[92] Das Paradigma der Open Innovation steht dem offenen Innovationskonzept mit einem differenten strategischen Ansatz gegenüber. Der Ansatz der Cross-Industry-Innovation basiert ebenfalls auf einer Öffnung des Innovationsprozesses. Der schematische Ablauf phasenspezifischer Aktivitäten ist deshalb Änderungen unterworfen, wie es Abbildung 11 und 12 zeigen. Dies dient dazu, den CII-Prozess einerseits von

---

[91] Vgl.: Müller, 2015, S. 2-0.
[92] Vgl.: Leopold, 2015, S. 17.

dem klassischen Innovationsprozess zu lösen, um ihn separat betrachten zu können, andererseits lassen sich die Schritte weiterhin den Grundphasen des oben dargestellten Innovationsprozess zuordnen. Der Verfasser hat sich bei der Entwicklung der CII-Innovationsprozesse an dem „INNOWAVE"-Phasenmodell des Fraunhofer Institutes[93] sowie an den Modellen nach Enkel/Horváth[94] und Gassmann/Zeschky[95] orientiert und in Hinblick auf den klassischen Innovationsprozess angepasst.

Die Grundtypen der Cross-Industry-Innovation werden in Kapitel 3.3. detaillierter vorgestellt. Grundsätzlich liegt der Hintergrund der Differenzierung in der Stoßrichtung – also in der Direktion des Wissenstransfers, der einerseits vom Unternehmen in eine andere Branche oder aber von externen Branchen in das Unternehmen hinein verlaufen kann. Auf Grundlage dessen kann der für diese Arbeit relevante Ausschnitt des CII-Innovationsprozesses jeweils schematisch dargestellt werden:

---

[93] Fraunhofer IAO, 2011, S. 6.

[94] Gassmann/Zeschky, 2007, S. 9.

[95] Enkel/Horváth (Ili (Hrsg.)), 2010, S.

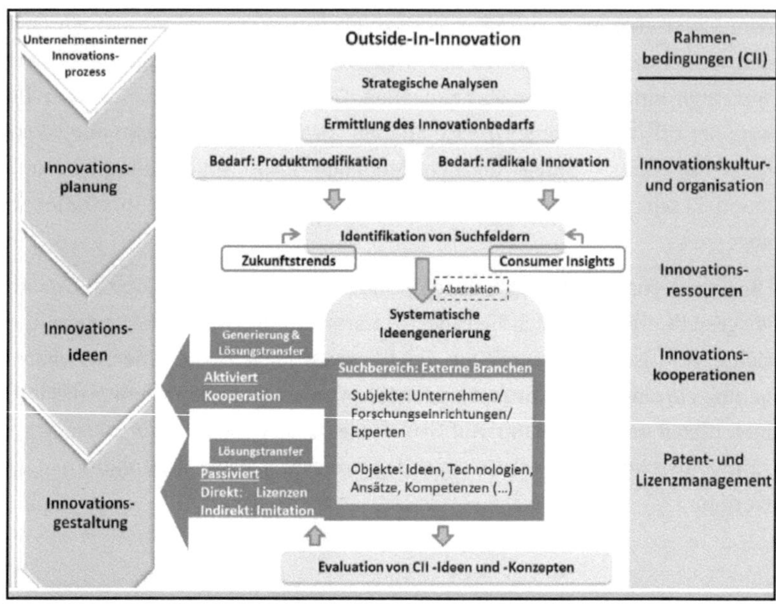

Abbildung 11: Prozess der Outside-In-Innovation[96]

Der Prozess der Cross-Industry-Innovation beginnt mit der Innovationsplanung. Hier ergibt sich die bestehende oder nicht bestehende Notwendigkeit von Innovationsaktivitäten durch die Durchführung strategischer Analysen. Dabei erfolgt eine Untersuchung des Unternehmens u.a. auf die gegenwärtige sowie prognostizierte Gewinn- und Umsatzstruktur, eine Identifikation der aktuellen Branchensituation – z.B. im Hinblick auf den direkten Wettbewerb – und eine Überprüfung der Marktumwelt, u.a. in Bezug auf technologische und rechtliche Veränderungen.

Aufgrund von Veränderungen im Markt oder in der Marktumwelt, wie grundlegend neue Technologien oder eine veränderte Wettbewerbsstruktur durch das Verschmelzen der Branchen, kann es zu einem marktinduzierten Innovationsbedarf kommen, auf den i.d.R. mit radikalen Innovationen reagiert werden muss.

Ein unternehmensinduzierter Innovationsbedarf kann z.B. sich durch einen Absatz- oder Umsatzrückgang bemerkbar machen. Anhand weiterer Analysen kann

---

96 Eigene Darstellung in Anlehnung an den Innovationsprozess nach Müller, 2015, S. 2-0; außerdem: Fraunhofer IAO, 2011, S. 6; Gassmann/Zeschky, 2007, S. 9; Enkel/Horváth (Ili (Hrsg.)), 2010, S.

bestimmt werden, ob eine Produktmodifikation im Sinne einer inkrementalen Innovation sinnvoll erscheint.

Für beiderlei Szenarien ist die Identifikation von Suchfeldern geeignet. Durch die Eingrenzung der Ideensuche mittels eines Suchfeldes wird die strategische Suchrichtung vorgegeben – es wird aber dennoch genügend Raum für potenzielle Ideen gelassen. Der Schwerpunkt der Suche sollte bei der Outside-In-Perspektive auf den attraktiven Marktsegmenten liegen. Im Unternehmen vorliegende Kompetenzen oder Technologien sollten für die Aufstellung einer Suchfeldmatrix vorab untersucht werden. Ist ein Suchfeld identifiziert, sind die Anforderungen an dieses Suchfeld oder eine konkrete Problemstellung bestmöglich zu abstrahieren. Dabei werden wesentliche, bekannte Merkmale des Segmentes oder Produktes separiert, wodurch der Suchraum für die Ideengenerierung möglichst weit geöffnet wird.

Die Ideengenerierung erfolgt mit dem Fokus auf externe Branchen. Geeignete Instrumente für die Ideengenerierung werden in Kapitel 5 vorgestellt. Innovationsobjekte können Kompetenzen, Prozesse, Produkte, Ideen, Technologien etc. sein.

Die Umsetzungsart von Suchprozess und anschließendem Transfer der Wissensinhalte kann variieren. Zum einen können Cross-Industry-Innovationen durch Analogiesuche in anderen Branchen und anschließender kreativer Imitation entstehen. Zum Anderen kann die Cross-Industry-Innovation das Ergebnis von Lizenzkäufen bzw. -vergaben sein. Weiterhin können CII durch cross-industrielle Kooperationen entstehen.[97] Dies können einzelne Individuen wie Experten, wissenschaftliche Institutionen oder Unternehmen sein.[98] In Anlehnung an Corsten werden die Transferprozesse, die im Rahmen von Kooperationen erfolgen, als aktivierter Transfer bezeichnet, da hier eine stetige Interaktion zwischen dem Wissensgeber und Wissensnehmer herrscht bzw. sich diese durch komplementäres Wissen aktiv ergänzen. Hierbei wird die Ideengenerierung häufig bereits gemeinsam durchgeführt. Transferprozesse, die lediglich auf Wissensbereitstellung über Dokumente oder Lizenzen beruhen (direkt), oder bei denen es sich gar auf eine kreative Imitation mit

---

[97] Vgl.: Zukunftsinstitut, 2009, S. 30, verfügbar unter: http://docshare01.docshare.tips/files/9495/94957408.pdf [zuletzt aufgerufen am 07.01.2017].

[98] Abele, 2016, S: 110 ff.

anschließender Wissenskombination nach der Analogiesuche beschränkt (indirekt; z.B. Bionik), werden als passivierte Transfers bezeichnet.[99]

Im Anschluss an die Ideengenerierung erfolgen eine Selektion und die Bewertung der Ideen und Konzepte.[100]

Der Schwerpunkt der Arbeit wird auf dem Prozess der Outside-In-Innovation liegen. Der Prozess der Inside-Out-Innovation wird in der folgenden Abbildung dennoch schematisch dargestellt:

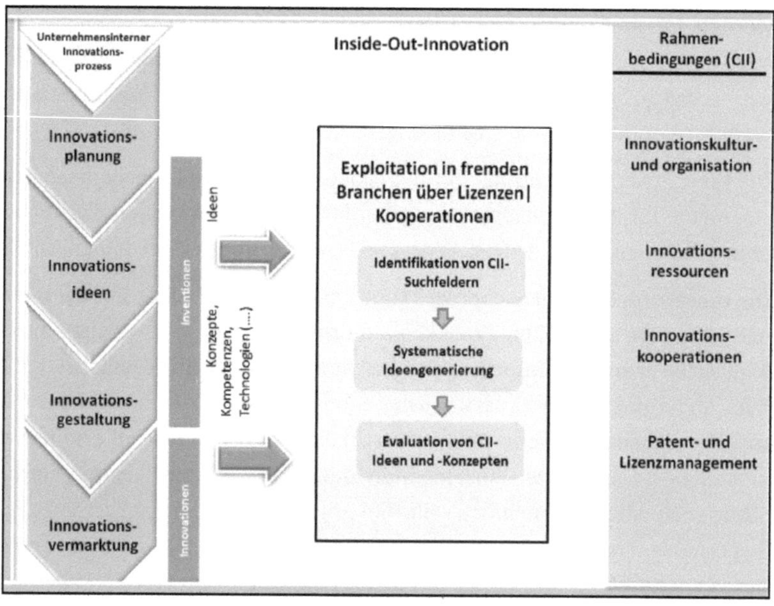

Abbildung 12: Prozess der Inside-Out-Innovation[101]

Bei der Inside-Out-Innovation erfolgt die ökonomische Verwertung eigener Ideen, Konzepte, Inventionen, Kompetenzen etc. in anderen Branchen. Nach der

---

[99] Vgl.: Corsten, 1982, S. 33f. (Anmerkung: Corsten bezieht sich auf den Transfer von Technologien; in der vorliegenden Arbeit bezieht sich der Transfer auf Inhalte jeglicher Art (Ideen, Konzepte, Wissen, Kompetenzen, Technologien etc.), weshalb seine Unterteilung von Technologietransferformen lediglich auf das Konzept der CII übertragen wird).

[100] Die Konzeptentwicklung und letztliche Adaption wird aufgrund des Umfangs in dieser Arbeit lediglich angeschnitten.

[101] Eigene Darstellung in Anlehnung an den Innovationsprozess nach Müller, 2015, S. 2-0; außerdem: Fraunhofer IAO, 2011, S. 6; Gassmann/Zeschky, 2007, S. 9; Enkel/Horváth (Ili (Hrsg.)), 2010, S.

Feststellung der Zweckmäßigkeit einer externen ökonomischen Verwertung im Rahmen der Innovationsplanung sind Suchfelder zu identifizieren, die die Auswahl attraktiver Branchen einschränken können. Zudem können über Suchfelder interessante Kooperationspartner identifiziert werden. Auch im Rahmen der Inside-Out-Innovation ist die Ideenfindung sinnvoll, um u.a. branchenexterne Anwendungsfelder zu identifizieren. Die Wichtigkeit einer anschließenden Evaluation der Ergebnisse steht außer Frage.

3 Formulierung der CII-Strategie

3.1 Problemdefinition

Das vorliegende Kapitel bezieht sich auf die Cross-Industry-Innovation als strategisches Element zur Erreichung angestrebter Ziele.

Zur Auslösung jeglicher Innovationsbestrebungen sind Impulse erforderlich. Auslöser können dabei sowohl die gegenwärtige und prognostizierte Unternehmenssituation als auch die Marktsituation sein. Die Entwicklung der Cross-Industry-Innovationsstrategie sollte unter Berücksichtigung der Situation und zukünftigen Entwicklungen erfolgen.

Zur Identifikation eines bestehenden Innovationsbedarfs sind strategische Analysen erforderlich. Anhand der Ergebnisse kann anschließend eine Diagnose erstellt werden. Diese kann einen Bedarf ablehnen oder sowohl inkrementale Innovationen im Sinne einer Produktmodifikation als auch radikale Innovationen in Form von Unternehmens- oder Marktinnovationen fordern.

Über die Definition der drei Grundtypen der Cross-Industry-Innovation lassen diese sich in unterschiedlicher Ausprägung als Strategieelemente einsetzen. Die Stoßrichtung der Innovationsaktivitäten wird damit bestimmt.

Davon ausgehend werden im letzten Unterkapitel die durch Integration der CII zu erreichende Ziele definiert.

3.2 Analyse des Innovationsbedarfs

Das Kapitel 3.2 beinhaltet Erläuterungen zur gegenwärtigen und zukünftigen Situation, die mithilfe von Instrumenten identifiziert werden kann. Dabei stehen im Fokus:

1)	die Untersuchung der Unternehmenssituation (Beispiel: Ziellückenanalyse),
2)	die Analyse der Marktstruktur (Beispiel: Branchenstrukturanalyse | Porter) sowie
3)	die Untersuchung der Marktumwelt (Beispiel: Globale Umweltanalyse).

Tabelle 7: Inhalte des Kapitels 3.2

Innovationsimpulse können auf Markt- oder Technologieebene, aber auch seitens der Unternehmung ausgelöst werden. Wird ein Problem auf Ebene des Marktes wahrgenommen, so wird dies als markt- bzw. problemuinduzierter Innovationsbedarf – auch „Market-Pull" genannt – definiert. Hierbei werden neuartige Produkte oder Verfahren gesucht, die Kundenansprüche bestmöglich erfüllen.[102] Häufig kommt es dabei auch lediglich zu Verbesserung bestehender Produkte. Meist besteht ein hoher Zeit- und Wettbewerbsdruck.

Weiterhin versteht sich unter der Bezeichnung „Technologie-Push" die Erschließung neuer Nutzenpotenziale durch neue Technologien oder durch eine neue Kombination bekannter Technologien. Entstehen dabei radikale Produkt- oder Prozessinnovationen, so können neue Märkte emergieren.[103]

Unternehmensinduzierte Innovationsbemühungen entstehen u.a. in Folge von Gewinn- oder Umsatzdefiziten oder einer geringen Innovationsrate.[104]

Viele Veränderungen in der Branche oder weiteren Umwelt können Innovationsaktivitäten auslösen. Als Beispiele seien veränderte Kundenansprüche durch ein neues Konsumverhalten, neue Regulationen oder ein intensiver Wettbewerb genannt.

Um Defizite, Problematiken oder relevante, externe Veränderungen aufzuspüren, sind zu Beginn von Innovationsprojekten stets Situations- und Problemanalysen durchzuführen. Auf diese Weise kann ein möglicher Innovationsbedarf diagnostiziert werden. Dabei ist die Ist-Situation und die prognostizierte Markt- und Unternehmenssituation festzustellen und zu beurteilen. Abweichungen zum Soll-Zustand können erkannt und ergründet werden. Vorhandene Ressourcen können identifiziert werden.[105]

Aufgrund einer hohen Dynamik des Innovationsbedarfs durch externe und interne Einflüsse, ist der Bedarf fortlaufend zu prüfen.[106] Dabei sind Analysen hinsichtlich der Unternehmenssituation sowie der Marktstruktur und der Marktumwelt vorzunehmen. Deshalb wird im Folgenden kurz auf die entsprechenden Bereiche eingegangen sowie Beispiele für Instrumente genannt.

Sich ergebende strategische Lücken geben i.d.R. Hinweis auf den Bedarf von Innovationsaktivitäten. Unter einer strategischen Lücke wird das fehlende Umsatz-

---

[102] Vgl.: Vahs/Brem, 2015, S. 248.

[103] Vgl.: Herstatt/Lettl, 2000, S. 4.

[104] Clausen/Geschka/Krug (Ili (Hrsg.)), 2012, S. 99 f.

[105] Vgl.: Vahs/Brem, 2015, S. 248 ff.

[106] Vgl.: Steinhoff/Trommsdorff, 2013, S. 91.

volumen[107] verstanden, welches zu Beginn geplant wurde. Die Lücke entspricht somit der Differenz zwischen Soll-Zustand und dem Zustand, der sich unter den derzeitigen Bedingungen ergeben würde (= realistische Umsatzerwartung bzw. prognostizierte Umsatzentwicklung ohne Gegenmaßnahmen).[108] Zur Ermittlung der Lücke wird die sogenannte „Gap-Analyse" bzw. „(Ziel)lückenanalyse" angewandt. Die Lücke zwischen Soll-Umsatzentwicklung und der realistischen Umsatzerwartung wird häufig in eine operative und eine strategische Lücke unterteilt. Die operative Lücke kann durch kurzfristig umsatzwirksame Maßnahmen, wie z.B. über Marketinginstrumente (Preisanpassungen, intensive Kommunikation etc.), oder mittelfristig über Produktmodifikationen im Sinne von Verbesserungen, Varianten oder Differenzierung geschlossen werden. Doch langfristig genügen diese Maßnahmen nicht. Somit ist es unabdingbar, innovative Produkte auf den Markt zu bringen.[109] Die folgende Abbildung 13 fasst die Gap-Analyse schematisch zusammen:

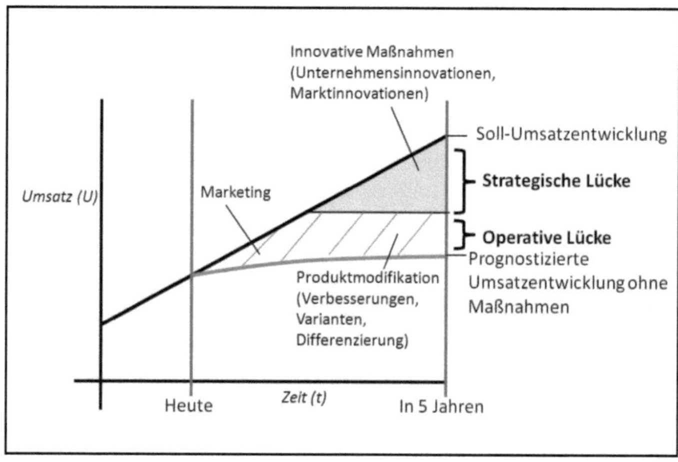

Abbildung 13: Strategische und operative Lücken[110]

Erkenntlich wird dabei die auftretende Differenz zwischen der Soll-Umsatzentwicklung, die zu Beginn geplant wurde, und der prognostizierten Umsatz-

---

[107] Kann sich z.B. auch auf die ökonomische Größe Gewinn beziehen; beispielhaft wird hier von der Größe Umsatz gesprochen.

[108] Vgl.: Ili, 2012, S. 99.

[109] Vgl.: Broda, 2005, S. 83; Ili, 2012, S. 99.

[110] Eigene Darstellung in Anlehnung an: Broda, 2005, S. 83; Herrmann/Huber, 2013, S. 67; Ili, 2012, S. 100.

entwicklung, die sich unter aktuellen Bedingungen und ohne Gegenmaßnahmen ergeben würde. Kurz- bis mittelfristig können gezielte Marketingmaßnahmen und Produktmodifikationen die Lücke schließen, auf Dauer sind aber Innovationen erforderlich.

Die folgende Tabelle 8 fasst die Grundlagen der Gap-Analyse sowie die Bedeutung im Kontext der Cross-Industry-Innovation zusammen:

Gap-Analyse/ Ziellückenanalyse	
Gegenstand	Bildung von Zukunftsprognosen für die Umsatz- oder Gewinnentwicklung des Unternehmen Dient der frühzeitigen Planung von Gegenmaßnahmen bei Soll-Abweichung
Vorgehensweise	Definition der zu betrachtenden ökonomischen Zielgrößen Identifikation von Ergebnisindikatoren (Treiber für Umsatz bzw. Gewinn); Voraussetzung ist hierbei eine hohe Korrelation der Ergebnisindikatoren mit den zu erreichenden Zielen Prognose des zu erreichenden Gewinns/Umsatzes (Zielerreichungsgrad) bei unveränderten Aktivitäten mithilfe der Ergebnisindikatoren Bestimmung einer Zielerreichungslinie (ebenfalls anhand der Indikatoren) bei Verbesserung der Abläufe (definiert die teilende Linie zwischen operativer und strategischer Lücke) Festlegung der Zielleitlinie (Soll-Größe); hierbei werden durch den Verlauf zu erreichende Zwischenziele definiert Ableitung von Maßnahmen
Ziel(e)/Vorteile	Konkretisierung und Quantifizierung von Zielvorstellungen Manifestierung des Bewusstseins für einen (innovativen) Handlungsbedarf Schaffung einer zeitlichen Struktur Stoßrichtung des strategischen Handlungsbedarfs wird ersichtlich
Bedeutung für die Cross-Industry-Innovation	In Bezug auf die Schaffung radikaler Innovationen bietet die CII eine ressourcenschonende Lösung – z.B. durch den Einsatz bewährter Technologien (Outside-In-Innovation) Mittels der Inside-Out-Innovation können weitere Umsatzpotenziale erschlossen werden

Tabelle 8: Zusammenfassung der GAP-Analyse und Bedeutung für die CII [111]

---

[111] Vgl.: Broda, 2005, S. 84; Herrmann/Huber, 2013, S. 68, Ili, 2015, S. 100.

Auch weitere Beobachtungen können Grund für Innovationsmaßnahmen darstellen. So bemerkte Hilti (vgl.: Fallbeispiel 2) eine sinkende Kundenloyalität und fand mittels CII – in Form eines innovativen Geschäftsmodells – eine Lösung:

Hilti adaptiert Geschäftsmodell für Flottenmanagement

Grund für den Werkzeughersteller und -vertreiber nach anderen Geschäftsmodellen zu suchen, war seine Konfrontation mit abnehmender Kundenloyalität. Um ein in seiner Industrie möglichst neuartiges Geschäftsmodell zu adaptieren, suchten die Verantwortlichen in fremden Branchen. Hilti stieß auf das Geschäftsmodell eines Automobilherstellers für dessen Flottenmanagement. Dort wird das Prinzip „Produkt als Dienstleistung" verfolgt: So wird der Fuhrpark eines Industriekunden mittels Dienstleister bedient. Auf diese Weise kann sichergestellt werden, dass in regelmäßigen Abständen Wartungen, Reparaturen und Reinigungen stattfindet, um die ständige Funktionalität des Fuhrpark zu gewährleisten. Für das Unternehmen Hilti stellte eine Adaption eine attraktive Möglichkeit dar, Kunden auf neuartige Weise anzusprechen: Sein Angebotsprogramm, wie Schleifgeräte oder Bohrmaschine, bietet das Unternehmen zur Vermietung an. Dienstleistungsverträge bietet das Unternehmen langfristiger und attraktiver Form an und gewährleistet so regelmäßige Wartung und daraus resultierend möglichst geringe Ausfallzeiten. Hilti kann diese Form des Geschäftsmodells dazu nutzen, um ein Nutzungsbild über die einzelne Produkte sowie bei der Verwendung aufkommende Problematiken und Schwachstellen zu identifizieren, um sein Angebot zu verbessern und die Kundeloyalität langfristig zu stärken.

Fallbeispiel 2: Produkt als Dienstleistung: Hilti adaptiert innovatives Geschäftsmodell[112]

Abschließend fasst die Tabelle 9 die Analyseobjekte der Unternehmensanalyse zusammen und gibt einen Überblick über weitere relevante Instrumente. Es wird zudem hervorgehoben, welche CII-spezifischen Fragen sich im Kontext der gegenwärtigen Unternehmenssituation beispielhaft ergeben, um die Zweckmäßigkeit der CII zu prüfen.

Unternehmensanalyse		
Analyseobjekte	**CII- Bedeutung**	**Analysemethoden**
Angebotsprogramm (z.B. Absatzstruktur, Gewinn- und Umsatzstruktur, Kundenstruktur)	Ist ein Bedarf inkrementaler oder radikaler Neuerungen bzw. Erweiterungen gegeben? Ist die Gewinn- und Umsatzstruktur zu optimieren? Ist eine Diversifikation des Angebots zur Erhöhung des Umsatzes sinnvoll?	ABC-Analyse Erfolgsanalyse GAP-Analyse Kernkompetenzanalyse Lebenszyklus- analyse

---

[112] Vgl.: Enkel/Dürmüller (Gassmann/Sutter Hrsg.), 2011, S. 222.; Bild: http://www.ors-rents.com/wp-content/uploads/2012/08/Hilti1.png [zuletzt aufgerufen am 07.01.2017].

Unternehmensanalyse		
Analyseobjekte	**CII- Bedeutung**	**Analysemethoden**
Ökonomischer Produkterfolg (z.B. Produktpopularität, Gewinn, Kundenloyalität…)	Ist eine Gewinnsteigerung durch eine CII-induzierte Kostenreduktion anzustreben? Sollte die Kundenloyalität durch zuverlässige, erprobte Innovationen gesteigert werden? Erfordern turbulente Zeiten eine Minimierung des Risikos eines Marktflops?	Portfolioanalyse Wertketten-analyse
Technische Produktleistung (z.B. Funktionsleistung, Produkt-Benchmarking)	Können Produktfunktionen durch CII optimiert werden? Könnten Benchmarks durch erfolgreiche Kooperationen erreicht werden?	
Produktvermarktung (z.B. Preisstruktur)	Kann die Preisstruktur durch CII beeinflusst oder besser kalkuliert werden?	
Unternehmensressourcen (z.B. Knowhow und Budget der F&E, Produktionssystem)	Kann der Zugang zu externen Ressourcen die Situation verbessern?	
➔ Unternehmensinduzierter Innovationsbedarf		

Tabelle 9: Die Unternehmensanalyse und ihre Bedeutung im Rahmen der CII[113]

Impulse, die zu Innovationsaktivitäten führen, können auch durch den Markt entstehen, auf dem das Unternehmen agiert. Die gegenwärtige Marktstruktur ist hinsichtlich Veränderungen und letztlich hinsichtlich der Attraktivität für das Unternehmen zu prüfen. Dabei ist die Entwicklung des Gesamtmarktes (z.B. Volumen, Potenzial, Sättigungsgrad) zu prognostizieren. Weiterhin ist das Gesamtgefüge in die wirkenden Kräfte aufzuteilen und diesbezüglich zu untersuchen. Relevante Kräfte stellen entsprechend des 5-Forces-Modells nach Porter Nachfrager, Wettbewerber, Lieferanten und Substitute dar. Mit zunehmender Bedrohung durch die Kräfte sinkt die Attraktivität der Branche (vgl. Abbildung 14).

---

[113] In Anlehnung an: Müller, 2015, S. 2-1.

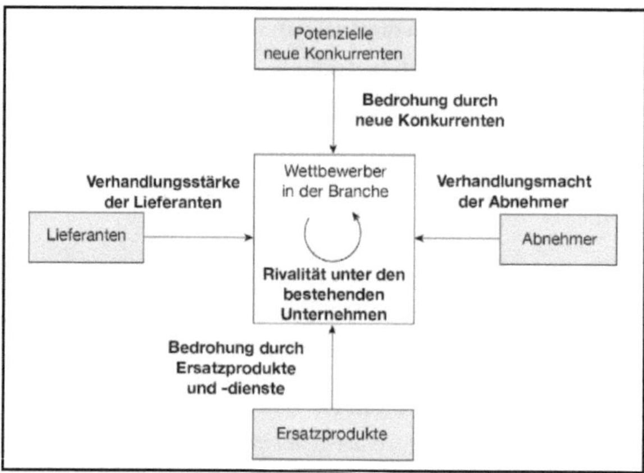

Abbildung 14: Die Branchenstrukturanalyse nach Porter[114]

Der Wettbewerb innerhalb der eigenen Branche ist hinsichtlich der Intensität zu bewerten. Ein intensiver Wettbewerb, welcher durch Preiskämpfe geprägt ist, deutet auf ausgeschöpfte Potenziale hin. Bedeutsam ist auch die Beachtung potenzieller neuer Konkurrenten. Durch cross-industrielle[115] Strategien können potenziell neue Wettbewerber, die sich gegenwärtig in einer anderen Branche befinden, ihr technologisches Know-how aus differenten Anwendungsbereichen dazu nutzen, mit großem Wettbewerbsvorteil in den Markt einzutreten, wenn sich dort für sie neue Anwendungsfelder ergeben (Inside-Out-Innovation).[116]

Die Abnehmer verfügen über die Möglichkeit, Produkte jederzeit zu vergleichen und besitzen dadurch eine hohe Informationsbasis. Dadurch ist der Wechsel zu anderen Produkten für sie einfacher und ihre Verhandlungsmacht steigt. Durch Preisveränderungen oder qualitative Veränderungen können Lieferanten Macht ausüben. Ihre Verhandlungsmacht steigt oder sinkt u.a. mit dem Konzentrationsgrad der Lieferanten in einer Branche und der Einzigartigkeit ihrer angebotenen Leistung.[117] Ersatzprodukte bzw. Substitute stellen ebenfalls eine Gefahr dar, wenn das Preis-/Leistungsverhältnis der Substitute in Relation zu dem eigenen Preis-

---

[114] Quelle: Porter, 2013, S. 38.

[115] Über die Branchengrenzen hinweg (im Sinne der CII)

[116] Vgl.: Steinhoff/Trommsdorf, 2013, S. 100.

[117] Vgl.: Porter (Harvard Business Manager), 1979, S. 138 ff.

/Leistungsverhältnis optimaler ist.[118] Über eine Nutzwertanalyse[119] kann die Bewertung der gegenwärtigen und zukünftigen Branchensituation erfolgen, indem die Ausprägungen wirkender Kräfte mit Punkten bewertet werden.

Anzumerken ist an dieser Stelle, dass eine Branchenlogik in dem Sinne kaum mehr vorliegt. Die im zweiten Kapitel angesprochenen Systemveränderungen bzw. das Phänomen der Dekonstruktion verweisen auf die verschwimmenden Branchengrenzen, wodurch die eindeutige sachliche und räumliche Abgrenzung einer Branche kaum möglich ist.[120]

Aus diesem Grund bietet sich für die Analyse der Branchenstruktur die erweiterte Analyse an, bei welcher der Fokus auf andere Gewinnpotenziale erweitert wird. Beispiele sind hierfür die Steigerung des Gewinns durch Ausdehnung der Wertschöpfung oder durch Kooperationen. Gewinnpotenziale durch die Ausdehnung der Wertschöpfung können durch die Analyse des „Profit-Pools" einer Branche ermittelt werden. Dabei wird der Gesamtgewinn einer Branche entlang seiner Wertschöpfungskette untersucht, indem diese in Stufen (z.B. in Segmente) aufgeteilt wird. Als Beispiel sei in der Automobilindustrie neben der Herstellung von Neuwagen und dem Vertrieb der Neu- und Gebrauchtwagen auch das Segment der Dienstleistungen, wie z.B. Leasing- und Versicherungsanbieter, zu erwähnen.[121] Möchte ein Unternehmen seine eigene Kompetenz in einem Segment einer anderen Branche diversifizieren, so ist die Untersuchung der dortigen Gewinnsituation von hoher Bedeutung. Auch die Analyse von Komplementoren – potenzielle Kooperationspartner, die komplementäre Produkte anbieten – bietet sich an.[122]

Zudem ist die Analyse der Systemtransformation bzw. Dekonstruktion im Rahmen der CII sehr bedeutsam. Die Abbildung 15 zeigt die neuen Märkte, die durch das Zusammenfließen der Branchen entstehen. Die Entwicklung der neu entstehenden Branchen und Märkte ist von Unternehmen fortwährend zu beobachten und zu analysieren. Für die CII lassen sich so attraktive Segmente mit hohem Potenzial oder geeignete Kooperationspartner identifizieren. Zudem können durch die CII an

---

[118] Vgl.: Hungenberg, 2014, S. 103.

[119] Das Instrument der Nutzwertanalyse wird in Kapitel 6.4 näher erläutert

[120] Vgl.: Hungenberg, 2014, S. 106.

[121] Vgl.: Hungenberg, 2014, S. 108.

[122] Vgl.: Hungenberg, 2014, S. 111 f.

den Schnittstellen von Branchen und die Verknüpfung des spezifischen Know-hows verschiedener Branchen ganz neue Märkte geschaffen werden.

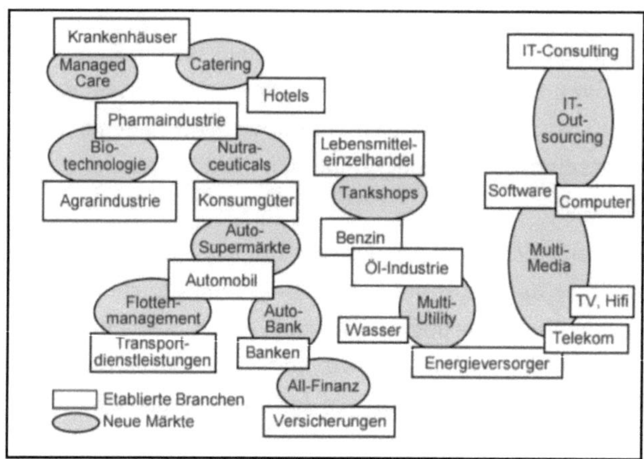

Abbildung 15: Dekonstruktion schafft neue Märkte[123]

Der Branchenzyklus potenziell attraktiver Branchen, in welche das Unternehmen Innovation, Technologien oder Kompetenzen diversifizieren möchte, kann mittels Lebenszyklusmodellen überprüft werden.[124]

Die folgende Tabelle 10 stellt eine Zusammenfassung dar und liefert weitere Beispiele geeigneter Analyse-Instrumente:

Marktstruktur		
Analyseobjekte	**CII-Bedeutung**	**Analysemethoden**
Marktsituation (z.B. Marktpotenzial/-volumen/-sättigung, Neu-/Ersatzbedarf...)	Welche branchenexterne Märkte sind besonders attraktiv? Wo finden sich interessante Schnittstellen von Branchen? Wie können Eintrittsbarrieren durch systematische Kombination bestehender Wissensinhalte geschaffen bzw. erhöht werden?	(Branchenstruktur-analyse) Erweiterte Branchenstruktur-analyse (z.B. mittels Profit-Pool-Analyse oder Komplementoren-analyse)
Nachfrager (z.B. Customer Insights, Kaufverhalten ...)	Welcher Kundennutzen kann durch CII geschaffen werden?	Dekonstruktions-analyse

---

[123] Quelle: Hungernberg, 2014, S. 115.

[124] Vgl.: Hungenberg, 2014, S. 119 f.

Marktstruktur		
Analyseobjekte	**CII-Bedeutung**	**Analysemethoden**
Wettbewerber (z.B. Anzahl, Angebotsprogramm, Ressourcen...)	Kann der intensive Wettbewerb durch Inside-Out-Innovation verlassen werden? Können signifikante Differenzierungsvorteile durch die Outside-In-Innovation geschaffen werden, um im intensiven Wettbewerb zu bestehen?	Analyse des Branchenlebens-zyklus Kaufverhaltens-analyse Marktentwicklungs-analyse Konkurrenten-analyse
→ Marktinduzierter Innovationsbedarf		

Tabelle 10: Die Analyse der Marktstruktur und ihre Bedeutung im Rahmen der CII[125]

Die Marktumwelt nimmt maßgeblich Einfluss auf die strategische Innovationsausrichtung des Unternehmens. Sie ist einem ständigen Wandel unterlegen und muss fortwährend überprüft werden. Folgende Bereiche sind dabei zu analysieren:

- Ökonomische Umwelt
- Gesellschaftliche bzw. soziokulturelle Umwelt
- Technologische Umwelt
- Ökologische Umwelt
- Politisch-rechtliche Umwelt

Die ökonomische Umwelt umfasst dabei u.a. die gegenwärtige und zu erwartende Innovationsneigung von Unternehmen, die wirtschaftliche Gesamtsituation in Bezug auf die Konjunkturphasen sowie das aktuelle Preisniveau in Bezug auf Inflation oder Deflation.

Die demographische Entwicklung, in der sich z.B. eine sich verändernde Alterspyramide, ein Wandel kultureller Werte und ein verändertes bzw. regionalabhängiges Bildungsniveau spiegeln können, ist im Rahmen der Analyse der gesellschaftlichen Umwelt zu prüfen. Im Hinblick auf die technologische Umwelt sind u.a. neue Patentanmeldungen oder neue Schlüssel- oder Substitutionstechnologien herauszufiltern. Ein verändertes Wertebewusstsein drückt sich auch in der ökologischen Umwelt aus. Unternehmen streben vermehrt nach der Schonung endlicher Ressourcen und daraus resultierend auf alternative Energiequellen. Über diesen Wandel herrscht bei vielen Unternehmen bereits ein Bewusstsein, sodass bei entsprechenden Innovationsbemühungen Rücksicht auf Aspekte des Umweltschutzes

---

[125] In Anlehnung an: Müller, 2015, S. 2-1.

genommen werden. Einen wichtigen Analysebereich stellt zudem die politisch-rechtliche Umwelt dar. Staatliche Förderungen zur Stärkung der nationalen Innovationskraft sind nicht selten. Neue Regulierungen stellen für Unternehmen in Bezug auf gegenwärtige und möglicherweise neue Geschäfte eine Gefahr dar, wenn die Überprüfung dieser vernachlässigt wird.

Mittels Cross-Impact-Analyse können die Wechselwirkungen der verschiedenen Umwelteinflüsse untersucht werden. Die entsprechenden Ereignisse sind dabei zunächst durch Experteninterviews zu bestimmen. Anschließend werden Eintrittswahrscheinlichkeiten bestimmt. Der dritte Schritt beinhaltet die bedingten Wahrscheinlichkeiten des Eintritts, die auch Ergebnis der Expertenbefragungen sein können. Aus der Gegenüberstellung ergibt sich die Cross-Impact-Matrix. Die eingeschätzten Wahrscheinlichkeiten können z.B. durch Tendenzen (+++/++/+/0/-/--/--), aber auch durch Werte in den Zellen angegeben werden. Anschließend sind die Tendenzen oder Werte über die Spalten und Zeilen zu aggregieren, um die Zusammenhänge zu ermitteln. Sensitivitätsanalysen können im Anschluss durchgeführt werden, um die einzelnen Felder bei Veränderungen zu testen. Die Matrix dient einerseits zur Planung, kann aber auch zu Entscheidungszwecken eingesetzt werden.[126]

---

[126] Vgl.: Tiberius, 2011, S. 64 f.

Die Tabelle 11 stellt die Analysebereiche und die jeweilige Bedeutung für die CII sowie geeignete Analyseinstrumente dar.

Marktumwelt		
Analyseobjekte	**Bedeutung für CII**	**Analysemethoden**
Ökonomische Umwelt	Besteht der Bedarf radikaler Lösungen bei geringem Kostenaufwand?	Globale Umweltanalyse (PESTEL-Analyse)
Gesellschaftliche Umwelt	Worin liegen aktuelle Trends? Wie kann die Lebensqualität verbessert werden?	Cross-Impact-Analyse (Wechselwirkungs-analyse) Delphi- Analyse
Technologische Umwelt	Welche attraktiven Technologien bestehen? Liegt eine Patentierung vor? Haben Technologien mit einem hohen Reifegrad Potenzial für die Anwendung in anderen Branchen?	SWOT- Analyse Technologieanalyse
Ökologische Umwelt	Finden sich in der Natur interessante Lösungsmechanismen, die auf eigene Produkte übertragbar sind?	
Politisch-rechtliche Umwelt	Liegen neue Regulierungen im Rahmen des Patent- und Lizenzrechts vor?	
➔ Marktumweltinduzierter Innovationsbedarf		

Tabelle 11: Die Analyse der Marktumwelt und ihre Bedeutung für die CII

3.3 Grundtypen der CII

Das Kapitel 3.3 befasst sich mit den Grundtypen der Cross-Industry-Innovation und deren Einordnung in den Strategiekontext:

1)	Stoßrichtung der Innovationsbemühungen (Inside-Out, Outside-In, Coupled Innovation)
2)	CII als strategisches Element (Radikale/Totale CII, Inkrementale/Partielle CII)

Tabelle 12: Inhalte des Kapitels 3.3

Zunächst erfolgt eine Systematisierung der Cross-Industry-Innovation, die sich an der Definition der jeweiligen Direktion der Innovationsbemühungen orientiert. Diese Stoßrichtungen finden sich generell bei Open-Innovation-Konzepten, bei denen ein Wissenstransfer in das Unternehmen oder aus dem Unternehmen heraus erfolgt. Die Unternehmensgrenze wird dabei sinnbildlich in eine semi-permeable Membran verwandelt, durch die Transaktionen mit der Umwelt hinsichtlich des internen Innovationsprozesses flexibler erfolgen können. [127] Durch eine Studie von Gassmann und Enkel, in der bereits gesammelte Daten[128] auf Open-Innovationen-Konzepte übertragen wurden, stellte sich heraus, dass nicht jedes Unternehmen den gleichen Hauptprozess wählt und nicht jedes Unternehmen alle drei Prozesse im gleichen Ausmaß beansprucht.[129]

In Abbildung 16 sind die drei CII- Prozesse am Beispiel des jeweiligen Know-how-Transfers von Unternehmen verschiedener Branchen dargestellt. Das Know-how kann dabei auch für Technologien oder Innovationen – von dessen Idee bis hin zum marktreifen Produkt – stehen.

Die drei Direktionen definieren in der vorliegenden Arbeit die Grundtypen von CII:

1. Die **Outside-In-Innovation (OII)**, die dazu dient, externes Wissen in das eigene Unternehmen zu integrieren und an das Zielprodukt anzupassen mit dem Ergebnis eines häufig hohen Innovationsgrades des Endproduktes.

2. Die **Inside-Out-Innovation (IOI)**, bei welcher eigene Technologien, Patente oder Kompetenzen in fremde Industrien transferiert werden, um bei geringem Aufwand zusätzlichen Umsatz zu generieren.[130]

3. Die **Coupled Innovation,** bei der die Mehrzahl der Innovationsprozess-schritte mit dem Kooperationspartner gemeinsam durchlaufen wird.[131]

---

[127] Vgl.: Enkel/Gassmann, 2004, S. 1.

[128] Die Daten wurden ursprünglich über zehn Jahre für eine Analyse von Innovationsaktivitäten von Unternehmen vier verschiedener Bereiche gesammelt. Vgl.: Enkel/Gassmann, 2004, S. 2.

[129] Vgl.: Enkel/Gassmann, 2004, S. 6.

[130] Vgl.: Dürmüller/Enkel (Gassmann, Sutter (Hrsg.)), 2013, S. 217 f.

[131] Vgl.: Enkel/Gassmann, 2004, S. 6 ff.

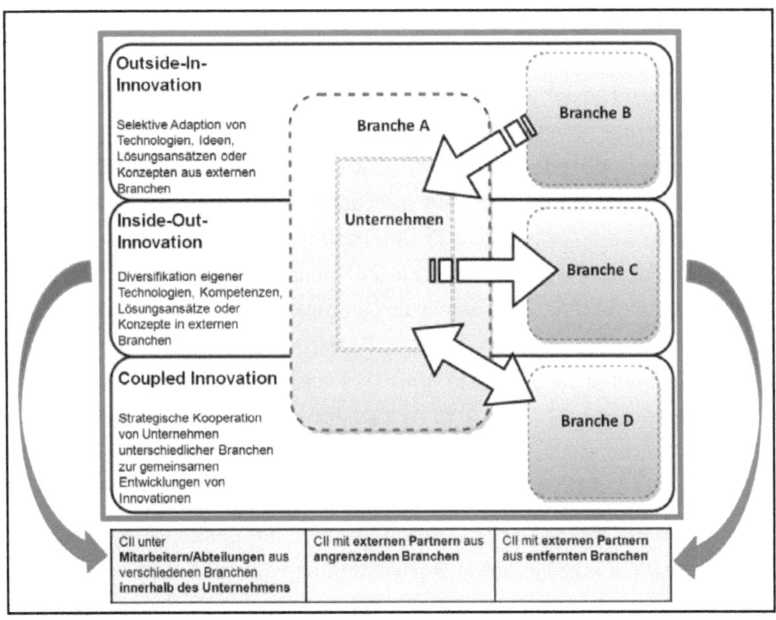

Abbildung 16: Die drei Grundtypen des CII-Konzeptes[132]

Bei der Anwendung der Inside-Out-Innovation bieten Unternehmen eigens entwickelte Lösungsansätze für branchenexterne Anwendungsfelder an. Die Lösung kann dabei in der eigenen Industrie bereits etabliert, für die externe Industrie allerdings neu sein.[133] Das Innovationspotenzial ist in dem jeweils eigenen Industriezweig begrenzt und kann durch das Aufbrechen der eingrenzenden Schranken in fremden Branchen ein neues Potenzial eröffnen.[134]

Bei der Inside-Out-Innovation steht die externe Exploitation in keinem Wettbewerb mit der internen Verwertung, sondern bietet einen komplementären Nutzen. Unternehmen können dabei z.B. bei geringem Aufwand durch den Verkauf von Technologielizenzen zusätzlichen Umsatz generieren. Eine Entlastung des eigenen F&E-Budgets kann durch diese zusätzlichen Einnahmen erzielt werden, was im

---

132 eigene Darstellung in Anlehnung an: Gassmann/Enkel, 2004, S. 6.

133 Vgl.: Z_Punkt: Innovation über Branchengrenzen hinweg wird zum strategischen Imperativ, verfügbar unter: http://www.z-punkt.de/themen/artikel/innovation-ueber-branchengrenzen-hinweg-wird-zum-strategischen-imperativ/76 [zuletzt aufgerufen am 07.01.2017]; außerdem: Vgl.: Enkel/Gassmann, 2004, S. 11.

134 Vgl.: Dürmüller/Enkel (Gassmann, Sutter (Hrsg.)), 2013, S. 217.

Kontext steigender F&E-Kosten in der Mehrzahl der Industrien eine nicht unwesentliche Bedeutung besitzt. Die externe Exploitation kann sowohl singulär als auch ergänzend zu der internen Verwertung der Innovation erfolgen.[135] Der Inside-Out-Ansatz unterstützt die Denkweise, nach welcher der Ort der Invention nicht zwangsläufig der Ort der Vermarktung sein muss. Der Fokus von Unternehmen, die diesen Ansatz verfolgen, liegt i.d.R. auf Forschung & Entwicklung (F&E). An dieser Stelle sei das US-amerikanische IT-Unternehmen IBM (International Business Machines Corporation) genannt, welches 2013 einen Umsatz von etwa 1,1 Milliarden US-Dollar durch Einnahmen aus Lizenzgebühren verzeichnete. Das innovative Unternehmen begann frühzeitig mit dem Patentieren der in der eigenen F&E entwickelten Technologien. Viele der von IBM Research[136] erstellten Inventionen oder Konzepte werden bei IBM nicht in verkaufsfertige Produkte umgewandelt, sondern über entsprechende Lizenzvergaben verwertet. Einen wichtigen Faktor stellen für IBM deshalb Patentstrategien dar.[137]

Vorteile bei der Inside-Out-Innovation liegen in der Senkung der Fixkosten in der F&E sowie die Risikoallokation. Auch Branding kann als Grund angeführt werden, diesen Ansatz zu verfolgen, wenn Kernkompetenzen für Entwicklung und Kommerzialisierung vorhanden sind, aber in dem beabsichtigten Markt keine eigene Marke vertreten ist. Ein weiterer Grund kann darin liegen, einen neuen Technologiestandard zu setzen oder ein wichtiger, unterstützender Partner mit neuer Technologie in der Value Chain zu werden. Durch unterschiedliche Produktlebenszyklen in verschiedenen Branchen kann ein Produkt, das in der gegenwärtigen Branche längst eine gewisse Reife oder gar Sättigung erreicht hat, in einem anderen Markt einer anderen Branche ein großes, neues Potenzial besitzen. Häufig machen z.B. Investitionen in neue IT-Produkte nur Sinn, wenn sich diese in anderen Industrien kommerzialisieren lassen.[138]

Das folgende Fallbeispiel 3 zeigt anhand der US-Raumfahrtbehörde NASA (National Aeronautics and Space Administration) praktische Beispiele von Inside-Out-Innovationen, durch welche andere Branchen maßgeblich geprägt wurden.

---

135 Optimus-Spitzencluster, verfügbar unter: http://optimus-spitzencluster.de/openinnovation.pdf [zuletzt aufgerufen am 07.01.2017].
136 Name des IBM-Forschungszentrums.
137 Vgl.: Csik/Frankenberger/Gassmann, 2013, S. 161.
138 Vgl.: Enkel/Gassmann, 2004, S. 11 f.

Innovationen der NASA haben viele Branchen geprägt

Die folgenden Beispiele stellen lediglich eine Auswahl der Lösungen und Technologien dar, die mittels NASA ihren Weg von der Weltraum-Branche in ferne Branchen gefunden haben.

Babynahrung

Für die von der NASA durchgeführten Mars-Missionen wurden Lebenserhaltungssysteme entwickelt. Dabei wurde eine zentrale Naturquelle für Omega-3-Fettsäuren entdeckt, die für die physische Entwicklung (u.a. Herz und Hirn) des Kindes von ausgesprochener Bedeutung sind. In nahezu jeglicher Babynahrung (99%) ist dieser natürliche Zusatz heute enthalten.[139]

Memory Foam

Der elastische Schaumstoff wurde ursprünglich von NASA-zugehörigen Forschern entwickelt, um die Piloten während des Flugs bestmöglich vor den wirkenden Kräften zu schützen. Diese Technologie findet sich heute in ergonomischen Kissen, Helmen oder Schuhen wieder.[140]

Nanofilter-Technologie

Die NASA Innovatoren entwickelten eine Nanofiltrationstechnologie, bei der verunreinigtes Wasser durch schmale Carbon-Nanoröhren geführt und dabei mittels Umkehrosmose filtriert wird. Das Wasser wird dabei u.a. von Chemikalien oder Bakterien befreit. Diese Innovation wurde für die Raumfahrt entwickelt, um eine Wiederverwendung von Wasser ohne die Notwendigkeit von Elektrizität zu ermöglichen. Die Technologie hat seinen Weg auf die Erde gefunden und wird z.B. bei Wasserflaschen („Water-to-Go")[141] verwendet, bei welchen die integrierte Nano-Technologie dafür sorgt, Wasser aus einem Fluss aufzubereiten und dadurch bedenkenlos trinkbar zu machen. Weitere Möglichkeiten zur Verbreitung dieser Kompetenz in anderen Industrien bestehen z.B. in dessen Nutzung in medizinischen Einrichtungen, Laboren oder Industrieanlagen.[142]

Nitinol

Bei Nitinol (Nickel-Titanium-Legierung) handelt es sich um ein Material mit der Fähigkeit der Resilienz – also dem stetigen Zurückkehren in die ursprüngliche Form (Formgedächtnis). Die NASA nutzte das Material zur Herstellung von Satellitenscharnieren und Antennen, da für diese die Anforderung besteht, die Erde zunächst in gefalteter Form zu verlassen und sich erst bei der Ankunft im Weltraum zu entfalten.[143] Im Rahmen der Kieferorthopädie wird das Material für die Bögen bei Zahnspangen

---

[139] Vgl.: Wirtschaftswoche: NASA-Technologien im Alltag, verfügbar unter: http://www.wiwo.de/technologie/forschung/nasa-technologien-im-alltag-diese-erfindungen-verdanken-wir-der-weltraumforschung/12474036.html [zuletzt aufgerufen am 07.01.2017].

[140] Vgl.: NASA: Memory-Foam, verfügbar unter: https://www.nasa.gov/offices/oct/40-years-of-nasa-spinoff/memory-foam [zuletzt aufgerufen am 07.01.2017].

[141] Vgl.: Watertogo, verfügbar unter: http://watertogo.ch/filter-facts [zuletzt aufgerufen am 07.01.2017].

[142] Vgl.: NASA: Water-Filtering-Device, 2012, verfügbar unter: https://www.nasa.gov/centers/johnson/techtransfer/technology/MSC-24180-1_Water-Filtering-Device.html [zuletzt aufgerufen am 07.01.2017].

[143] Vgl.: Spinoff.NASA, verfügbar unter: https://spinoff.nasa.gov/Spinoff2015/ip_4.html [zuletzt aufgerufen am 07.01.2017].

> verwendet, die durch das Formgedächtnis eine Kraftwirkung auf die Zähne auslösen, um zu einer optimalen Zahnstellung zu führen.[144] Auch der endovaskuläre Stent, welcher in der Gefäßchirurgie angewandt wird, besteht aus diesem Material und stellt eine Innovation dar. Er wird dabei zusammengedrückt in einer Herzaorta platziert und kehrt durch die körpereigene Wärme wieder in seine Ausgangsform zurück, um Gefäße offen zu halten.[145]

Fallbeispiel 3: Etablierung innovativer Lösungen der Weltraumforschung in fernen Branchen

Im Rahmen der Outside-In-Innovation werden Wissen oder Lösungen, die sich in anderen Branchen profiliert haben, in die eigene Branche importiert. Der Lösungsansatz wird dabei entsprechend der Produktvorstellung adaptiert.[146] Im Vordergrund steht dabei die Suche nach analogen Lösungen für die eigene Problemstellung oder neue Innovationspotenziale durch die Neukombination bestehender Wissensinhalte zu heben.[147] Auch bei dieser Art der CII liegen Ort der Invention und Vermarktung nicht zwangsläufig beieinander. Kompetenzen, die für die Erschließung attraktiver Marktbereiche erforderlich sind, können extern erschlossen werden. Der Kauf von Patenten innovativer Technologien gestaltet sich häufig ressourcenschonender als die Eigenentwicklung. Das Unternehmen kann durch die Outside-In-Innovation Zugang zu gar einzigartigen Ressourcen erhalten. Externe, möglichst komplementäre Wissensinhalte können mit internen Inhalten systematisch kombiniert werden und so zu bahnbrechenden Innovationen führen. Enkel und Gassmann stellten heraus, dass es sich bei OII-fokussierten Unternehmen häufig um Unternehmen aus low-tech-Industrien oder aber Unternehmen mit hoher Wissensintensität, wie 3M oder Procter & Gamble, handelt.[148] Das folgende Fallbeispiel 4 zeigt das Ergebnis einer erfolgreichen Outside-In-Innovation durch erfahrungsbasierte Analogiesuche eines Technologie-Dienstleisters für das Unternehmen TextileCo:

---

[144] Vgl.: Fields/Proffit/Sarver, 2014, S. 30 ff.; Der Spiegel, 1969, verfügbar unter: http://www.spiegel.de/spiegel/print/d-45589414.html [zuletzt aufgerufen am 07.01.2017].

[145] Vgl.: GIT-Labor, verfügbar unter: http://www.git-labor.de/forschung/materialien/weltraumtechnologien-fuer-industrielle-anwendungen [zuletzt aufgerufen am 07.01.2017].

[146] Vgl.: Gassmann, O.; Enkel, E. (2004), S. 11f.

[147] Vgl.: Zeppelin Universität, 2014, verfügbar unter: https://www.zu.de/universitaet/newsletter/newsletter-inhalte/forschungsprojekt-cross-industry-innovation.php [zuletzt aufgerufen am 07.01.2017].

[148] Vgl.: Enkel/Gassmann, 2004, S. 9 f.; Dürmüller/Enkel (Gassmann, Sutter (Hrsg.)), 2013, S. 217.

Nähmaschinenhersteller findet analoge Lösung in Computermaus

Bei den Nähmaschinen von TextileCo stellte sich ein nicht unerhebliches Anwendungsproblem heraus: Die Geschwindigkeit des Nähfußes unterschied sich von der Geschwindigkeit des Materialtransporteurs, was zu ungleichen Stichlängen führte. Zunächst wurde nach Möglichkeiten gesucht, beide Geschwindigkeiten zu synchronisieren. Eine präzise Kalibrierung des Materialtransporteurs war aufgrund der hohen Geschwindigkeit des Nähfußes notwendig. In dem Bereich der Kalibrierung fehlten TextileCo die entsprechenden Kompetenzen, weshalb das Unternehmen sich dazu entschied, nach externen Lösungen zu suchen. Ein Team der F&E abstrahierte das vorliegende Problem durch den Suchbegriff „real-time-gauging". Mithilfe eines Technologie-Dienstleisters wurde das Unternehmen fündig: Der Dienstleister hatte zuvor an einem Projekt gearbeitet, bei welchem ebenfalls Feedbackschleifen im Fokus standen und ein ähnlicher Sensor verbaut wurde. Die Lösung fand sich bei der optischen Computermaus. Der Sensor-Chip der Maus wurde an das Zielprodukt adaptiert, denn der Sensor musste auch auf sehr dunkle Stoffe reagieren können. Die Entwicklungszeit für die Innovation war deutlich geringer, als bei anderen Projekten. Zudem war das Produkt nun auch für Näh-Anfänger geeignet und TextileCo konnte somit eine neue Zielgruppe ansprechen.

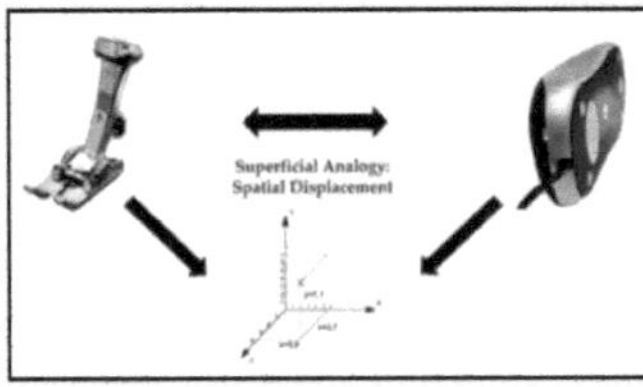

Fallbeispiel 4: TextileCo adaptiert Sensor der optischen Computermaus für seine Nähmaschinen[149]

Von einer Coupled Innovation ist die Rede, wenn Unternehmen bestrebt sind, in einer strategischen Innovationskooperation (z.B. Allianzen und Joint Ventures) Zukunftsmärkte zu erschließen. Den „Innovations- und Entwicklungsprozess", der den Prozess von der Idee bis hin zur Vermarktung der Innovation umfasst, bestreiten die Unternehmen dabei entweder gemeinsam oder teilweise gemeinsam – er kann auch arbeitsteilig durchlaufen werden. Der Prozess erfordert offensichtlich die intensivste Zusammenarbeit und Auseinandersetzung der kooperierenden Unternehmen, da es zu keinem Ex- oder Import von Lösungen kommt, sondern ein völlig neuer Lösungsansatz entwickelt wird, der das Ziel einer gemeinsamen Erschließung eines neuen Geschäftsfeldes inne trägt. Die Frühphase des Prozesses, das sogenannte "Fuzzy Front End"[150], wird hierbei somit durch das gemeinsame

---

149 Vgl.: Gassmann/Zeschky (Hoffmann et al. (Hrsg.)), 2016, S. 235 f.; Bild: Gassmann/Zeschky (Hoffmann et al. (Hrsg.)), 2016. S. 236.

150 Fuzzy Front End: Bezeichnet die ersten Phasen des Innovationsprozesses, die u.a. die Ideengenerierung und Konzeptevaluation umfassen. Diese sind häufig von fehlenden

Agieren der Unternehmensparteien charakterisiert, während es bei den anderen beiden Methoden häufig erst in späteren Phasen zu einer Zusammenarbeit kommt.[151] Das externe Unternehmenswissen ist dabei möglichst komplementär zum internen.[152] Die Unternehmen agieren als strategisches Netzwerk. Das Endprodukt können radikale Innovationen darstellen. Vorteilhaft ist der verschiedenartige Blickwinkel der kooperierenden Unternehmen – durch spezifisches Branchenwissen und eine unterschiedliche Erfahrungsbasis. Vor allem in Bezug auf implizites Wissen, welches nicht über Patentkauf vermittelt werden kann, gestalten sich Coupled Innovationen als bedeutsam. Der Wissenstransfer gestaltet sich als bidirektional; beide Unternehmen profitieren i.d.R. von der Kooperation. Im Rahmen der Coupled Innovation kann zwar eine Risikominimierung erreicht werden, die Entwicklungszeit wird aber i.d.R. nicht verkürzt. Die Auswahl des geeigneten Partners ist für das Ergebnis fundamental.[153]

Das Fallbeispiel 5 beschreibt die systematische Kooperation des Automobilherstellers Porsche mit dem Medizintechnik-Unternehmen Olympus zur Verbesserung der intuitiven Bedienung der Bordelektronik.

---

zuverlässigen Informationen und bewährten Entscheidungsregeln sowie geringfügig definierten Prozessschritten geprägt. Vgl.: Dahl; Moreau, 2002, S. 47.

[151] Vgl.: Z_Punkt: Innovation über Branchengrenzen hinweg wird zum strategischen Imperativ, verfügbar unter:
http://www.z-punkt.de/themen/artikel/innovation-ueber-branchengrenzen-hinweg-wird-zum-strategischen-imperativ/76 [zuletzt aufgerufen am 07.01.2017].

[152] Vgl.: Enkel/Gassmann, 2004, S. 6.

[153] Vgl.: Enkel/Gassmann, 2004, S. 12.

Vom Operationssaal in den Sportwagen – Die Kooperation von Porsche und Olympus

Um der Produktanforderung einer möglichst unkomplizierten Interaktion zwischen Fahrer und Automobil gerecht zu werden, kooperierte Porsche mit einem Unternehmen aus der Medizintechnik. Die Kooperation ergab sich aus der hohen Übereinstimmung bei einer Suchfeldanalyse mit dem Schwerpunkt „Interaktion Mensch – Maschine". Zunächst fand ein Ideenworkshop mit den Führungskräften beider Unternehmen aus den Abteilungen F&E und Vertrieb statt. Grundlage der Ideengenerierung war das Touchscreen-Interaktionskonzeptes des Medizintechnikherstellers, welches von dem Unternehmen präsentiert wurde. Die Wirkungsweise und das Funktionsprinzip des Konzeptes wurden dabei analysiert. Anschließend erfolgte eine Abstraktion der Anforderungen hinsichtlich der Interaktion zwischen Gerät und Chirurgen im Rahmen einer Gruppendiskussion sowie eine Herausstellung des Zusammenhangs der Anforderungen mit den Funktionalitäten. Auf diese Weise konnten relevante technische Funktionen identifiziert werden. Kern der anschließenden Kreativitätsphase war die Entwicklung von Ideen hinsichtlich der Übertragung der Technologien in das Automobil.

Das Ergebnis der Kooperation war ein großer Erfolg mit der Entwicklung folgender Ideen:

- Automatische Anpassung der Anzeigen an die Fahrsituation
- Integrierte Lichtkonzepte zur Konzentrationssteigerung
- Dokumentation der Fahrten mittels Videoaufnahmen
- Unterstützung der Fahrwerkregelung durch Kameras

Fallbeispiel 5: Porsche adaptiert durch Kooperation branchenfremde Systemlösung für ein intuitives Sportwagen-Cockpit.[154]

Eine ebenso innovative Zusammenarbeit ergibt sich aus der aktuellen Kooperation von Google und Novartis, die das Fallbeispiel 6 beschreibt. Google ergänzt fehlende Kompetenzen im Bereich der Augenheilkunde durch das fachspezifische Know-how des Pharmaunternehmen Novartis, das eine entsprechende Division besitzt. Die Unternehmen verknüpfen durch die intelligente Kontaktlinse ein Healthcare-Produkt mit vernetzter Technologie und gestalten so einen neuen Markt im Bereich der Wearables. Durch eine frühzeitige Patentanmeldung sicherte sich Google die Schutzrechte an der Technologie und trifft so Vorbereitungen für die Weiterentwicklung der Smart Lens mit anderen Funktionen.

---

[154]Vgl.: vgl.: Ili, 2010, S. 139 ff.; Bilder: Management-Krankenhaus, verfügbar unter: http://www.management-krankenhaus.de/sites/management-krankenhaus.de/files/images/special/611482_original.jpg [zuletzt aufgerufen am 07.01.2017]; Porsche Newsroom, verfügbar unter: https://porschenewsroom.s3.amazonaws.com/porsche_newsroom/produkte/panamera/panamera-weltpremiere-berlin_28-juni-2016/galerie-neu/b-p16_0381_a4_rgbjpg/f26deb41-e9c2-4855-bd1d-279ef2a917c8_teaser_original_720.jpg [zuletzt aufgerufen am 07.01.2017].

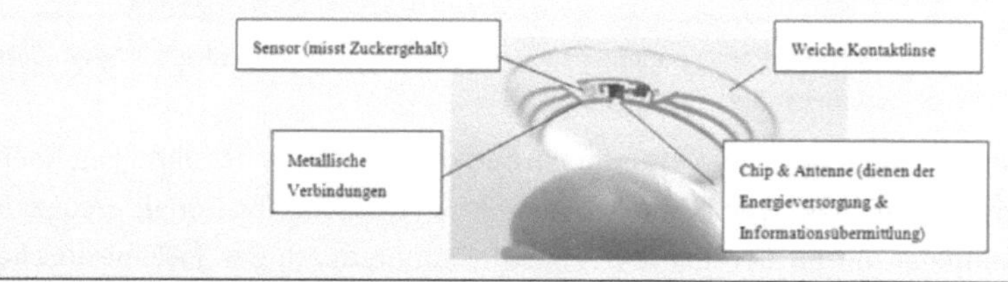

Kooperation von Google und Novartis zur Entwicklung intelligenter Kontaktlinsen
Einen Beitrag hin zur Medizin 4.0 möchten Google und das Pharmaunternehmen Novartis in Form einer Wearable für das menschliche Auge leisten. Es handelt sich dabei um eine intelligente Kontaktlinse, welche über die Tränenflüssigkeit den Blutzuckerspiegel misst und Diabetikern damit die Überprüfung der Werte erleichtert. Das Projekt wird von Verily Life Sciences, der Forschungsabteilung von Alphabet Inc. – seit 2015 Muttergesellschaft von Google –, in Kooperation mit Alcon, der Sparte für Augenpflege bei Novartis, durchgeführt. Technologische Basis stellen ein kleiner Power Chip sowie eine kaum sichtbare elektronische Schaltung dar. Die funktionale Kontaktlinse überträgt die ermittelten Daten über eine Kommunikationsschnittestelle auf ein mobiles Endgerät, wie z.B. das Smartphone.[156] Der Blutzuckergehalt soll sekündlich gemessen werden. Auch soll ein Notruf ausgelöst werden, wenn die Werte lebensbedrohlich sind.[157] Im März 2015 wurde Google das Patent für diese bislang einzigartige Technologie von der U.S. Patent and Trademark Office erteilt.[158] Alcon wurde eine Lizenz für die Technologie ausgestellt. Es wurden bereits klinische Studien mit einem Prototypen durchgeführt. Einige Tests verliefen bisweilen nicht zufriedenstellend; dem Unternehmen fehlen wichtige Kompetenzen, um benötigte Teile in entsprechender Größe zu entwickeln. Die Entwickler seitens Google arbeiten an einer Lösung. Anschließend erfolgen humanistische Studien sowie eine Prüfung zur Zulassung seitens FDA[159], bevor eine Kommerzialisierung möglich ist.[160] Ein Patent für die Kommunikation mit der Kontaktlinse für das entsprechende Endgerät („Reader") wurde 2015 angemeldet.[161] Das Patent für eine weitere bislang einzigartige Technologie wurde am 24. Oktober 2014 eingereicht und im April 2016 von der U.S. Patent and Trademark Office veröffentlicht. Eine Erteilung steht noch aus.[162] In der Offenlegungsschrift wird eine Technologie beschrieben, die noch komplexer ist als es bei der Kontaktlinse zur Überprüfung der Glukose-Werte der Fall ist. Inbegriffen sind hierbei auch eine Kamera (elektronische Linse), die sich für ein räumlicheres Bild sowohl in der rechten als auch der linken Kontaktlinse befindet, Sensoren, eine Antenne, die über Funkwellen mit Strom versorgt wird, sowie ein Akkumulator. Die Linsen würden direkt in den Augapfel implantiert.[163]

Fallbeispiel 6: Google und Novartis entwickeln eine intelligente Kontaktlinse[155]

Fallbeispiel 7 beschreibt eine Kooperation zwischen Openmatics und Microsoft zur Effizienzsteigerung des Flottenmanagements. Als zusätzliche Wissensquelle des letztlichen Endproduktes diente also die Branche der Sport- und Unterhaltungselektronik. Openmatics sucht und hält systematisch den Kontakt zu (branchenfremden) Kooperationspartnern:

---

[155] Bild: Patently Mobile: http://www.patentlymobile.com/2014/07/a-new-google-smart-contact-lens-patent-comes-to-light-covering-glucose-testing-beyond.html [zuletzt aufgerufen am 07.01.2017].

> **Durch Coupled Innovation zu effizienterem sowie transparenterem Flottenmanagement**
>
> Openmatics, das Tochterunternehmen von ZF (Zahnradfabrik Friedrichshafen), besteht seit 2010. Kernprodukt des Unternehmens ist eine Telematik-Plattform, die zusammen mit der Intel Corporation entwickelt wurde. Hauptkomponenten des Systems sind eine On-Board-Unit (OBU), die sich im Fahrzeug befindet, ein Web-Portal und einige Anwendungen (Apps). Die Anwendungen umfassen u.a. Diagnose-Tools, Instrumente der Fahrzeugortung und der Analyse über den Kraftstoffverbrauch. Auf diese Weise kann der Status des Fahrzeuges optimal überwacht werden. Ein Tool, um auch die wertvolle Fracht beaufsichtigen zu können, fehlte. Um die Sicherheit der Fracht während des Transportes gewährleisten zu können, begann Openmatics 2013 die Suche nach einer Technologie, die Zustand und Ort der Ware stetig identifizieren kann. Über die Analyse des Marktes und dem Dialog mit relevanten Partnern erfuhr das Unternehmen, dass weitere Systeme die Voraussetzung sind, um diese Form der Überwachung anbieten zu können. Über eine Kooperation mit Microsoft kam schließlich die innovative „Bluetooth Smart- Technologie" zum Einsatz. Diese Technologie ist in leistungsstarken, robusten „Bluetooth-Low-Energy"-Funkchips kleiner Größe integriert, die am Transportgut angebracht werden und mithilfe von Sensoren Ereignisse wie Erschütterungen, Lichtveränderungen oder Temperaturveränderungen messen. Die ermittelten Daten können anschließend in einem Radius von 30 Metern entweder auf der Telematik-Hardware oder auch über Tablet und Smartphone empfangen werden. So kann der Status der Ware jederzeit abgefragt sowie auf den Echtzeitalarm unmittelbar reagiert werden, um Schäden zu verhindern. Die neue Datenplattform erhielt den Namen „deTAGtive logistics".
>
> Die Basis der Anwendung stellt die Microsoft-Cloud-Computing-Plattform, bestehend aus drei Komponenten, dar:
>
> - Microsoft Azure IoT-Hub: Verbindet die Bluetooth Tags miteinander
> - Microsoft Azure SQL Datawarehouse: Speichert die eingehenden Daten
> - Microsoft Azure Stream: Verarbeitet und analysiert die Daten in Echtzeit
> - Über Webapplikationen werden die Ergebnisse dargestellt.
>
> Um sich durch innovative Lösungen weiter vom Wettbewerb abzuheben, nutzt Openmatics den regelmäßigen Dialog mit relevanten Kooperationspartnern verwandter oder ferner Industrien z.B. über Messen oder Kongresse.

Fallbeispiel 7: Coupled Innovation: ZF und Microsoft - Gemeinsam für mehr Effizienz in der Logistik[156]

Um Innovationsziele, die in Kapitel 2.4 dargelegt werden, effizient wie effektiv zu erreichen, stellt das Unternehmen auf der Basis der Analyseergebnisse eine Innovationsstrategie auf. Im Rahmen dessen legt das Unternehmen eine Produkt-Markt-Kombination fest. Dadurch wird die Stoßrichtung der Innovationsbemühungen bestimmt und der später aufzustellende Ideensuchraum eingegrenzt.[157] Die potenziellen Innovationsfelder mit der entsprechenden Strategie sind in der

---

[156] Vgl.: Dingler/Enkel (Abele (Hrsg.)), 2016, S. 116; vgl.: ZF, verfügbar unter: https://www.zf.com/corporate/de_de/press/list/release/release_20043.html [zuletzt aufgerufen am 07.01.2017].

[157] Vgl.: Müller, 2015, S. 2-21.

folgenden Abbildung 17 dargestellt. Außerdem wird verdeutlicht, welchen Beitrag die CII als strategisches Element für das jeweilige Innovationsfeld leisten kann.

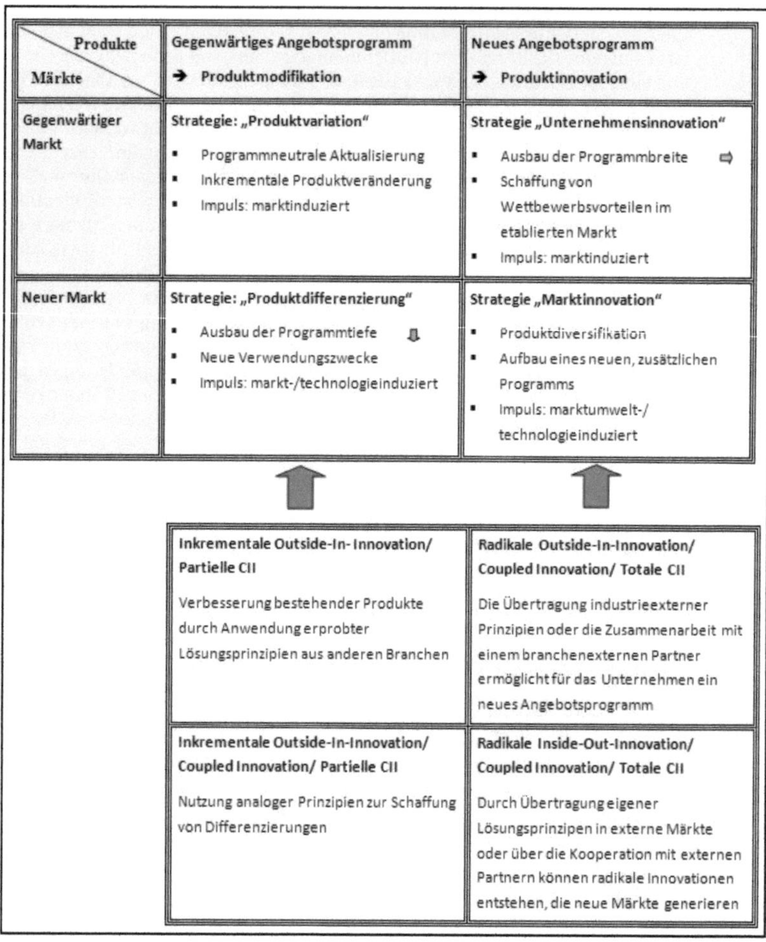

Abbildung 17: Innovationsfelder und CII als strategisches Element[158]

In der Abbildung sind somit vier verschiedene CII-Strategien dargestellt. Zur Aufwertung des gegenwärtigen Produktprogramms nutzt das Unternehmen die Produktmodifikation. Eine Möglichkeit ist dabei die Verfolgung der Strategie der Produktvariation. Dabei wird das Angebot programmneutral aktualisiert, was

---

[158] Eigene Darstellung in Anlehnung: Müller, 2015, S. 2-21.

bedeutet, dass es in keinster Weiser erweitert wird. Produktveränderungen gestalten sich als inkremental. So kann z.B. die Rezeptur eines Joghurts verbessert werden, um die Qualität zu steigern und dem Kundenanspruch gerechter zu werden. CII kann in diesem Fall dazu dienen, Basistechnologien fremder Branchen zu übernehmen, um das Produkt zu verbessern. Bei einem Getränkehersteller kann dieser Verbesserungswunsch z.B. in einer Optimierung des Ausgießmechanismus liegen. Ein namentlich nicht genannter Getränkehersteller suchte nach einem geeigneten Ausgießsystem für Suppen. Über Patentrecherchen wurde er in der eigenen Branche nicht fündig und wagte einen Blick über die Branchengrenzen. Ein geeignetes System fand er letztendlich in der Ölförderung, die sich ebenfalls mit der Beförderung zäher Flüssigkeiten auseinandersetzte. Dort war der ideale Mechanismus bereits etabliert und somit erprobt. Den Mechanismus konnte der Getränkehersteller übertragen und an sein Produkt anpassen und somit den Kunden die Verwendung dessen erleichtern.

Um spezifische Kundenbedürfnisse gezielter ansprechen zu können, kann ein Unternehmen die Strategie der Produktdifferenzierung verfolgen. Kern der Strategie ist die systematische Erweiterung der Programmtiefe. Dabei ergeben sich neue Verwendungszwecke des gegenwärtigen Angebotsprogramms in neuen Märkten. Beispielhaft kann hier das Unternehmen Bernina, welches Nähmaschinen entwickelt, genannt werden. Für Anfänger des maschinellen Nähens hat das Unternehmen zusammen mit dem technischen Dienstleister Zühlke nach einer Lösung geforscht, um die Stichlänge besser kontrollieren zu können, was ungeübten Nähern häufig schwer fällt. Das Unternehmen entdeckte die Lösung des Problems bei der optischen Computermaus, welche sich an die Geschwindigkeit der Handbewegung anpasst. Durch Übertragung und Adaption des optischen Sensors wird es den Anfängern ermöglicht, eine saubere Naht durch gleichmäßige Länge der Stiche zu hinterlassen. Die Innovation wurde von Bernina patentiert und nennt sich „Bernina Stichregulator".[159] Ein weiteres Beispiel stellt der Milchaufschäumer des Unter-

---

[159] Enkel (3M Die Erfinder), verfügbar unter: http://die-erfinder.3mdeutschland.de/innovationsprozesse/warum-das-rad-neu-erfinden-cross-industry-innovation-als-neuer-trend-im-innovati [zuletzt aufgerufen am 07.01.2017]; Bernina, verfügbar unter: https://www.bernina.com/de-DE/Warum-BERNINA-DE/Innovationen/BERNINA-Stichregulator-BSR [zuletzt aufgerufen am 07.01.2017].

nehmens Nespresso dar, der für seinen Milchaufschäumer das Prinzip des magnetischen Antriebs nutzt, welches bei Labormischern zu finden ist.[160]

Entsteht ein neues Angebotsprogramm, so handelt es sich um eine tatsächliche Produktinnovation.

Kommt es dabei zu einer horizontalen Erweiterung, so handelt es sich um eine Unternehmensinnovation. Dabei wird das Unternehmen in für sich neuen Innovationsfeldern tätig. Geschaffen werden dabei Produkte mit Wettbewerbsvorteilen im etablierten Markt, welche für das Unternehmen in seiner Produktion und Vermarktung neu sind. Durch die Integration von branchenexternen Technologien kann diese Strategie unterstützt werden. Dies kann einerseits über den Weg der Suche und Übertragung externer Prinzipien in Form von Imitation oder Überlassung von Wissen erfolgen; weiterhin kann eine Kooperation zur Gestaltung eines neuen Angebotsprogramms dienen. So kooperiert der Design-Uhrenhersteller Michael Kors mit dem IT-Giganten Google zur Entwicklung einer Smart Watch. Davon profitieren beide Unternehmen: Michael Kors nimmt auf diese Weise das Angebotsprogramm „Smart Watches" in sein Geschäftsmodell auf, Google profitiert von dem Design: Smart Watches waren bis dato zumeist durch sportliches Design geprägt – ein edles Design spricht nun neue Kundengruppen an.[161]

Durch eine Inside-Out-Innovation kann das Unternehmen eine Marktinnovation erschaffen und durch diese radikale, disruptive Innovation einen neuen Markt aufbauen. Die Strategie hinter der Generierung eines neuen Marktes nennt sich Produktdiversifikation (vgl.: Fallbeispiel 8). Dabei baut das Unternehmen ein neues, zusätzliches Programm für einen neuen Markt auf. Viele Unternehmen setzen die CII als Strategie zur Generierung radikaler Innovationen ein.[162]

---

160 Enkel (3M Die Erfinder), verfügbar unter: http://die-erfinder.3mdeutschland.de/innovationsprozesse/warum-das-rad-neu-erfinden-cross-industry-innovation-als-neuer-trend-im-innovati [zuletzt aufgerufen am 07.01.2017].

161 Vgl.: Smartwatch.de: https://www.smartwatch.de/news/michael-kors-stellt-in-kooperation-mit-google-eigene-smartwatch-vor/ [zuletzt aufgerufen am 07.01.2017].

162 Vgl.: Dingler/Enkel (Abele (Hrsg.)), 2016, S. 111.

Gore-Tex – profitable Diversifikation durch Inside-Out-Innovation

1957 schlug der Student Bob Gore Polytetrafluorethylen-(PTFE[172]-)Band erstmalig als Isoliermethode vor. In Tests bewies er dessen signifikante Vorteile gegenüber etablierten Isoliermethoden. Mit dem Erfolg der entwickelten Isolierdrähte und Isolierkabel, die es sogar durch die Geschäftsbeziehung mit NASA bis zum Mond schafften, und der Gründung der Gore GmbH (Deutschland) wuchs ein erfolgreiches Unternehmen heran. 1969 wurde die Gore-Tex entdeckt, welche aus expandierten Polytetrafluorethylen besteht (auch ePTFE genannt). Ein Jahr später wird die Gore-Tex-Faser zum ersten Mal hergestellt. Mit dieser Innovation eroberte das Unternehmen Gore die Textilbranche. Die Kernkompetenz liegt in der Herstellung der Gore-Tex-Membran, welche die Kleidung wasserdicht, windundurchlässig und dennoch atmungsaktiv hält und damit 1976 eine Neuheit auf dem Bekleidungsmarkt darstellte. Der Markt für „funktionelle Outdoor-Bekleidung" entstand.[173] Doch die innovative, patentierte Gore-Tex-Membran barg für noch viel mehr Bereiche und Industrien ein großes Nutzenpotenzial. So findet das patentierte Gore-Tex seit 1975 Anwendung in der Medizinbranche im Bereich der Gefäßchirurgie für die „Gore-Tex-Vascular Grafts" (Gefäßimplantate), die sich durch eine hohe Stärke, einfache Handhabung und Anpassungsfähigkeit auszeichnen.[174] Im Bereich der Kosmetik bringt das Unternehmen 1992 eine Zahnseide unter dem Namen „Glide" heraus, welche durch die Gore-Tex besser gleitet und ein Ausfransen der Zahnseide reduziert.[175] Die Marke wurde 2003 an Procter & Gamble verkauft.[176] Als weiteres Produkt für den Endverbraucher bietet das Unternehmen Gore Gitarrensaiten, welche mit Gore-Tex umwoben sind, an („Elixir Strings").[177] Auch in vielen anderen Branchen, wie die Automobil- oder Militärbranche, ist das Unternehmen vertreten. Das Unternehmen Gore hat seine innovative Technologie diversifiziert und steigert damit systematisch seine Profitabilität.[178]

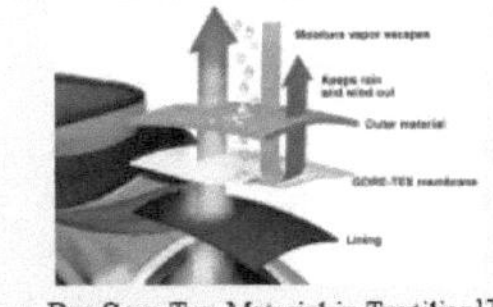

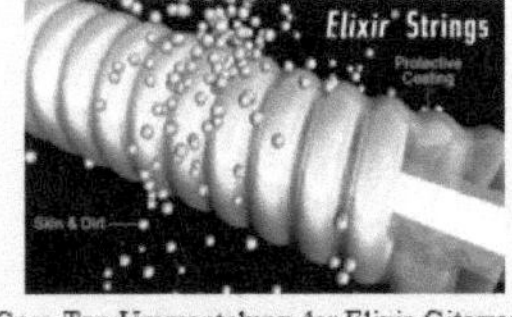

Das Gore-Tex-Material in Textilien[179]   Die Gore-Tex-Ummantelung der Elixir-Gitarrensaiten[180]

Fallbeispiel 8: Gore-Tex – Profitable Diversifikation durch Inside-Out-Innovation

Häufig werden radikale Innovationen auch mittels Coupled Innovation geschaffen: Dr. Michael Brinkenhoff MD war als chirurgischer und medizinischer Augenarzt tätig und verfügte somit über ein hohes Know-how in dem Bereich der Ophthalmiatrie. Mit diesem Wissen und der Erfahrung über den Nebeneffekt schnell wachsender Wimpern bei Einnahme eines bestimmten medizinischen Präparates entwickelte er mit Biochemikern, die ein qualitativ hochwertiges Wissen in ihrem Gebiet besaßen, die „Revitalash-Formel". Es handelt sich dabei um ein Kosmetikprodukt, welches bewiesenermaßen das Wimpernwachstum anregt. Die Marke Revitalash wird von dem Unternehmen Athena Cosmetics vertrieben.[163] Durch das

---

163 Vgl.: Revitalash Geschichte, verfügbar unter: http://revitalash-deutschland.de/revitalash-geschichte.html [zuletzt aufgerufen am 07.01.2017.

Wimpernserum Revitalash wurde ein völlig neuer Markt geschaffen, der heute durch einige konkurrierende Unternehmen bestimmt wird.

Oftmals betrifft die CII nicht das gesamte Produkt. Dies ist häufig bei der Übertragung von Lösungsprinzipien aus externen Branchen, die anschließend in das Zielprodukt integriert werden, der Fall. Somit gestaltet sich die im Endprodukt bestehende Cross-Industry-Innovation manchmal als „partiell", da nicht das gesamte Produkt eine Innovation darstellt. Zumeist kann dann von inkrementalen Innovationen, also Produktverbesserungen, die Rede sein. Beruht das gesamte Produkt auf dem Prinzip einer branchenfremden Analogie, wird dies in der vorliegenden Arbeit als eine tatsächliche Cross-Industry-Innnovation bezeichnet. Stellt die Analogie aus der externen Branche jedoch nur einen Part da, welcher nicht das gesamte Prinzip des Produktes beeinflusst, definiert der Verfasser dies als eine partielle Cross-Industry-Innovation. Dies spiegelt wider, dass die CII eine strategische Unterstützung der Zielerreichung darstellt und damit als strategisches Element eingeordnet werden kann. Das folgende Fallbeispiel 9 verdeutlicht die partielle Form der CII:

Das Steuerungsdevice „iDrive" von BMW

BMW identifizierte die Masse an Steuerungselementen innerhalb der Fahrzeuge als ein großes Defizit für die Anwenderfreundlichkeit und damit als einen signifikanten Nachteil im Hinblick auf den Kundennutzen. Aus diesem Grund strebte das Unternehmen nach einer Lösung für ein intuitives Steuerungskonzept, über das Instrumente wie Radio oder Navigationssystem verwaltet werden können.

Das Team musste die Fragestellung abstrahieren und neuformulieren, um nach einer geeigneten Lösung forschen zu können. Die zentrale Fragestellung nach erfolgreicher Abstraktion lautete: „Welche Bedienelemente können mehr als eine Funktion steuern?"[182]. Auf diese Weise konnte anschließend nach Analogielösungen gesucht werden. Fündig wurde BMW in der Spielindustrie. Hier dominieren Maus, Tastatur oder Joystick als zentrales Steuerungselement für sämtliche Funktionen, deren Umfang mit jedem neuen Spiel zunehmen kann. Die Joystick-Technologie stufte das Team als ideale, intuitive Steuerungslösung für Hunderte von Funktionen im Fahrzeugcockpit ein. Die Ingenieure adaptierten das Prinzip für die gewünschte Funktionalität und integrierten es unter dem Namen „iDrive" zunächst in die 7er-Modellserie und anschließend in weitere Serien.

Fallbeispiel 9: Partielle CII: Das iDrive-Bedienkonzept von BMW[164]

---

[164] Vgl.: Enkel and Dürmüller (Gassmann, Sutter (Hrsg.), 2013, S. 220 f.; Massis/Lazzarotti/Pizzurno/Salzillo, S.223, verfügbar unter: http://cdn.intechopen.com/pdfs-wm/33289.pdf; Bild: http://www.bmw.de/de/footer/publications-links/technology-guide/idrive-touch-controller.html [zuletzt geprüft am 07.01.2017].

Das iDrive-Konzept von BMW ist als partielle Cross-Industry-Innovation einzuordnen. Das analoge Prinzip verbessert das jeweilige Automobil im Sinne einer inkrementalen Innovation. Dem gegenüber wurde das Neurotoxin Botulinumtoxin (Handelsname u.a. Botox) zu früheren Zeiten zur Behandlung von Bewegungsstörungen eingesetzt.[165] Das Prinzip wurde später für die Schönheitschirurgie zur Faltenbehandlung eingesetzt und ist somit als tatsächliche Cross-Industry-Innovation nach dem Prinzip einer radikalen Innovation einzuordnen. Die folgende Tabelle 13 erlaubt eine Einordnung der Ausprägung der CII im Hinblick auf die physische und strategische Ebene.

	Tatsächliche CII	**Partielle CII**
Physische Ebene	Branchenfremdes Prinzip definiert das neue Produkt	Branchenfremdes Prinzip stellt einen Teil des Produktes dar
Strategische Ebene	Häufig: Radikale Innovation	Häufig: Inkrementale Innovation

Tabelle 13: Tatsächliche CII und Partielle CII

3.4 Ziele der Cross-Industry-Innovation

Der Einsatz von Cross-Industry-Innovation bietet eine Vielzahl von Chancen, die Innovationsperformance eines Unternehmens zu verbessern.

Mittels Cross-Industry-Innovation kann der Innovationsgrad des Unternehmens erhöht werden. Durch die optimale und minder offensichtliche Kombination von Wissensinhalten können radikale Innovationen mit einem hohen Differenzierungsgrad hervorgebracht werden.

Im Rahmen des Outside-In-Prozesses kommt es zu einer Reduktion der Entwicklungszeit, wenn Prinzipien externer Branchen in angepasster Form übernommen werden können. Neben der Zeitreduktion kommt es i.d.R. auch zu einer Verminderung der Entwicklungskosten. Dies kann bei allen drei Stoßrichtungen der Fall sein. Das Adaptieren branchenfremder Prinzipien oder der Erwerb von Lizenzen kann kostengünstiger als die komplette Eigenentwicklung sein.[166] Beim Coupled Prozess führt die steigende Menge zu niedrigeren Stückkosten. Der Verzicht einer umfang-

---

[165] Bruch-Gerharz, 2002, S. 10f., verfügbar unter: http://www2.hhu.de/kojda-pharmalehrbuch/apothekenmagazin/Fortbildungsartikel/2002-04.pdf [zuletzt geprüft am 07.01.2017].

[166] Vgl.: Dingler/Enkel (Abele (Hrsg.)), 2016, S. 110 f.; Holyoak, 2001; Hargadon/Sutton, 1997.

reichen Modifikation der Fertigungsanlagen, die hohe Kosten mit sich bringen und die time- to- market[167] negativ beeinflussen würde, ist ein weiterer Vorteil von CII.

Diesen Mehrwert durch die Implementierung von CII bestätigten zwölf befragte Unternehmen, die gezielt Innovationspartnerschaften mit Akteuren fremder Branchen eingehen. Durchschnittlich erfolgt eine Reduktion der Entwicklungszeit um 50 bis 80 Prozent und eine Senkung auf etwa zwei Drittel der ansonsten anfallenden Entwicklungskosten. Die Projektfindungsphase verlängert sich dabei durchschnittlich um 50 Prozent, die Hauptprojektphase verkürzt sich allerdings signifikant, da dieser Prozess lediglich die Adaption der Problemlösung auf das eigene Produkt umschließt und nicht die sonst damit einhergehenden umfangreichen Entwicklungsprozesse.

Die Befragung ergab außerdem, dass das Produktportfolio durch CII auf einfache Weise strategisch ausgeweitet werden kann, Patentprobleme reduziert werden können und der ROI um 50 Prozent gesteigert werden konnte. Des Weiteren spielt das reduzierte Entwicklungsrisiko für Unternehmen bei der Entscheidung für CII eine wesentliche Rolle. Eine adaptierte Lösung wurde in der Regel schon auf dem externen Markt in seiner Funktionsfähigkeit geprüft, was interne Entscheidungen im Innovationsprozess beschleunigt.

Durch die Analogiebetrachtung auf das eigene Leistungsangebot setzt sich das Unternehmen intensiv mit den eigenen Kernkompetenzen und entscheidenden Erfolgsparametern auseinander.[168] Aufgrund der maximalen Nutzung entwickelter Technologien kann die F&E-Profitabilität gesteigert werden. Dies bietet sich z.B. an, wenn sich Inventionen im eigenen Unternehmen nicht realisieren lassen oder abgebrochene Projekte Potenzial für eine externe Exploitation besitzen. Durch die systematische Nutzung kann die Umsetzungsrate von Forschungsprojekten gesteigert werden.[169]

---

[167] Zeitspanne von der Idee bis zur Marktreife.

[168] Vgl.: Lummer, A.: Innovation: der Cross-Industry-Ansatz, in: Produktmanagement, verfügbar unter: http://www.produktmanager-blog.de/innovation-der-cross-industry-ansatz/ [zuletzt aufgerufen am 07.01.2017]; außerdem: Vgl.: Gassmann; Enkel, 2004, S. 9.; außerdem: Vgl.: Möslein; Zerfaß, 2009, S. 187 ff; vgl.: Enkel/ Dürmüller (Gassmann/Sutter (Hrsg.)), 2013, S. 217.

[169] Optimus-Spitzencluster, verfügbar unter: http://optimus-spitzencluster.de/openinnovation.pdf [zuletzt aufgerufen am 07.01.2017].

Die folgende Tabelle 14 fasst die mit der Cross-Industry-Innovation zu verfolgenden Ziele zusammen:

Ziele der Cross-Industry-Innovation
• Erhöhung des Innovationsgrades (Potenzial für die Entwicklung radikaler Innovationen)
• Steigerung der Innovationsperformance
• Schaffung eines hohen Differenzierungspotenzials
• Verstärkung der Fokussierung auf die eigene Entwicklung von Schlüsseltechnologien (Inside-Out-Innovation)
• Reduktion der Time-to-Market[170]
• Reduktion der Entwicklungskosten durch die interne Verwertung externer Entwicklungsergebnisse (Outside-In-Innovation)
• Generierung eines zusätzlichen Umsatzpotenzials durch die Multiplikation des eigenen Wissens (Inside-Out-Innovation)
• Reduktion des Risikos durch die Zusammenarbeit mit Innovationspartnern mit entsprechendem Know-how und bereits bewährter Lösungen
• Zugang zu neuem, komplementärem Wissen und einzigartigen Ressourcen (Coupled Innovation)
• Einfache strategische Ausweitung des Produktportfolios
• Intensivere Auseinandersetzung mit eigenen Kernkompetenzen und entscheidenden Erfolgsparametern
• Steigerung der F&E-Profitabilität

Tabelle 14: Chancen der Cross-Industry-Innovation[171]

---

[170] Zeitspanne zwischen Produktidee und Markteinführung.

[171] Vgl.: Lummer, A.: Innovation: der Cross-Industry-Ansatz, in: Produktmanagement, verfügbar unter: http://www.produktmanager-blog.de/innovation-der-cross-industry-ansatz/ [zuletzt aufgerufen am 07.01.2017]; außerdem: Vgl.: Gassmann; Enkel, 2004, S. 9.; außerdem: Vgl.: Möslein; Zerfaß, 2009, S. 187 ff; vgl.: Enkel/ Dürmüller (Gassmann, Sutter (Hrsg.)), 2013, S. 217.

4 Die Identifikation von Suchfeldern

4.1 Problemdefinition

Die Suchfeldbestimmung ist der Ideengenerierung vorgeschaltet. Ein Suchfeld bietet einen Rahmen, in welchem das Unternehmen innovativ tätig sein möchte. Vahs und Brem definieren Suchfelder folgendermaßen: „Suchfelder stellen das Bindeglied zwischen dem Innovationsanstoß und der Ideengewinnung dar. Sie bilden den Rahmen für die Aktivitäten, die sich auf die konkrete Problemlösung richten und sollen vor allem in der Phase der Ideengewinnung als Orientierungshilfe dienen, um die Vielzahl der ermittelten Ideen einordnen und damit die Ideenfindung effizienter gestalten zu können."[172] Vor allem in Bezug auf die Cross-Industry-Innovation ist es grundlegend, einen geeigneten Rahmen zu finden, der einerseits viel Raum für das Finden potenzieller Analogien lässt, gleichzeitig aber ein Abweichen vom strategischen Fokus verhindert. Es sind Felder auszuwählen, welchen ein hohes Nutzenpotenzial zuzuschreiben ist und welche unternehmensinterne oder -externe Problemlösungen oder eine Möglichkeit zur Füllung von Bedarfslücken bereitstellen.[173] Eine strategische Ausrichtung durch Suchfelder ist zudem zweckmäßig, um eine Effizienz des CII-Innovationsprozesses zu gewährleisten, indem eine Fehlallokation der Ressourcen vermieden wird.[174]

Als Basis der Suchfeldbestimmung werden u.a. die Ergebnisse der Situationsanalyse herangezogen, die den Anstoß für Innovationsbemühen darstellen. Ist die Strategie gewählt, so sind zumeist konkretere Analysen und Beobachtungen durchzuführen, um potenzielle Suchfelder zu identifizieren. Das Zukunftsinstitut unterscheidet zwei verschiedene Herangehensweisen, um ein mögliches Suchfeld zu ermitteln: Die erste Möglichkeit stellt die genaue Analyse der Abnehmer dar. Der potenzielle Abnehmer steht als Individuum im Zentrum der Analyse und durch ihn wird ein konkretes Problem definiert. Diese Methode kann als „Pull-Ansatz" bezeichnet werden. Der Grund für diese Bezeichnung liegt in der Tatsache, dass das Problem dabei aus dem Verhalten des Kunden und seiner Produktnutzung „herauszuziehen" ist. Der „Push-Ansatz" hingegen bezieht sich nicht auf das Individuum, sondern auf die Veränderungen innerhalb der Gesellschaft und den neu-

---

[172] Vahs/Brem, 2015, S. 256.

[173] Vgl.: Abele, 2013, S. 5.

[174] Vgl.: Vahs/Brem, 2015, S. 256.

entstehenden Bedürfniswelten. An dieser Stelle sind Trends und dessen Erforschung von großer Bedeutung. Die Identifikation der Megatrends kann dabei unterstützen, neue attraktive Märkte zu entdecken.[175] Das durch den Pull-Ansatz identifizierte Kundenproblem kann durchaus ebenfalls zu neuen attraktiven Märkten führen; es kann jedoch auch rein inkrementale Verbesserungen bewirken (vgl.: Abbildung 18).

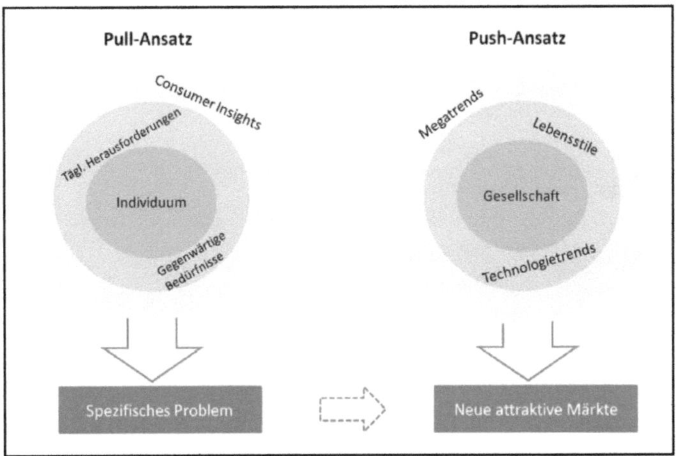

Abbildung 18: Push- und Pull-Ansatz – Herangehensweisen bei der Suchfeldanalyse[176]

Diese beiden markt- bzw. kundenorientierten Herangehensweisen strukturieren in der vorliegenden Arbeit die Analysen zur Suchfeldbestimmung.

---

[175] Zukunftsinstitut, 2009, S. 51 ff, verfügbar unter: http://docshare01.docshare.tips/files/9495/94957408.pdf [zuletzt aufgerufen am 07.01.2017].

[176] Eigene Darstellung in Anlehnung an: Zukunftsinstitut, 2009, S. 53.

4.2 Analyse spezifischer Kundenprobleme

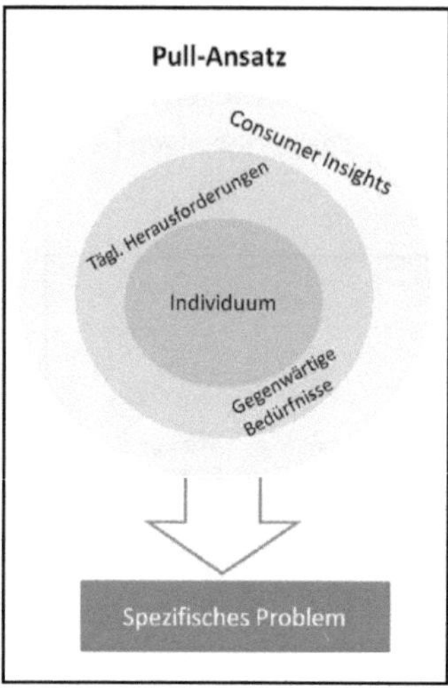

Abbildung 19: Der Pull-Ansatz[177]

Die Grundlage dieser Herangehensweise stellt ein konkretes Kundenproblem dar, das mittels Cross-Industry-Innovation gelöst werden soll. Das Individuum, welches den Kern der Vorgehensweise darstellt, können Abnehmer, Mitarbeiter oder Geschäftspartner sein. Das zu identifizierende Problem kann in den internen Prozessen, Produkten oder Services liegen.

Die Bedürfnisse, Herausforderungen oder Probleme, die sich möglicherweise im Alltag des Kunden ergeben, sollen über die Consumer Insights identifiziert werden. Dabei ist nicht allein die Auswertung demografischer Daten erforderlich – von Bedeutung sind auch Herausforderungen, die sich im Alltag des Kunden ergeben. Über die Identifikation der Consumer Insights sollen außerdem Einblicke in das Verhalten und die Motivation der Kunden ermöglicht werden.

Um Consumer Insights zu ermitteln, eignet sich u.a. die sogenannte ethnografische Marktforschung, bei welcher Kunden in einer realen Umgebung bei ihren alltäglichen Handlungen beobachtet werden. Spezielle Mitarbeiter von Ethicon (vgl.: Fallbeispiel 10), einem innovativen Herstellerunternehmen für medizinische Produkte, nehmen regelmäßig an Operationen teil, um ein Verständnis dafür zu

---

[177] Eigene Darstellung in Anlehnung an: Zukunftsinstitut, 2009, S. 51.

entwickeln, an welcher Stelle möglicherweise Schwierigkeiten bei den Eingriffen vorliegen. Der gesamte Prozess wird dabei gefilmt, tontechnisch aufgezeichnet und zu einem späteren Zeitpunkt zusammen mit den Operationsteams angeschaut und analysiert. Bereits häufiger stieß Ethicon dabei mit den Teams auf mögliche Ansatzpunkte für innovative Produkte oder Verbesserungen. Auf diese Weise nimmt Ethicon an den realen Abläufen der Tätigkeiten potenzieller Anwender teil und kann die dabei in Erscheinung tretenden (Anwendungs-)Problematiken bestmöglich identifizieren.[178]

Ethicon entdeckt relevante Analogie für Bauchwandplastik im Autositz

Die Medizinbranche beweist seit jeher eine hohe Kreativität durch bahnbrechende innovative Ansätze zur Rettung von Leben oder Erleichterung physiologischer Beschwerden.

Die Firma Ethicon suchte nach einem Material für die Überbrückung von Gewebsschwachstellen, die bei Hernien[198] auftreten. Die Bauchwandplastik sollte eine ausreichende Festigkeit bei möglichst geringem Einsatz körperfremder Materialien besitzen. Das Unternehmen recherchierte in anderen Industrien nach Analogien. Fündig wurde Ethicon schließlich bei dem Material für Autositze und somit in der Automobilbranche. Anforderungen an Autositze liegen in der flexiblen und elastischen Formgebung und Leichtigkeit. Um diese zu erfüllen, werden bei Autositzen „Stoffe mit zwei textilen Außenseiten, [...]" verwendet, die mittels „[...]Abstandsfäden einerseits verbunden und andererseits auf Distanz gehalten werden." Das Lösungsprinzip einer dreidimensionalen Struktur wurde auf die Bauchwandplastik übertragen. Für das Gitterkonstrukt wurden allerdings resorbierbare Materialien verwendet.

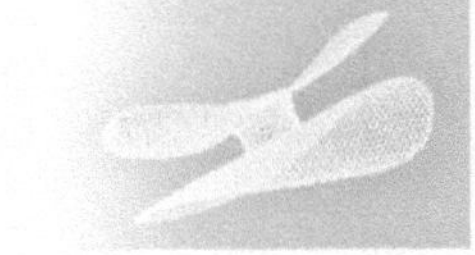

Fallbeispiel 10: Ehticon nimmt an alltäglichen Prozessen zur Problemidentifikation teil[179]

Die ethnografische Marktforschung, in dem Fall in Form teilnehmender Beobachtung, ist somit zielführender als die klassische Marktforschung. Die Bewertung beruht auf der Tatsache, dass sich der potenzielle Abnehmer in seiner alltäglichen Umgebung befindet und der Kontext, in dem das Individuum agiert, somit um einiges realer ist, als es bei einer Beobachtung in einem Studio im Sinne der klassischen Marktforschung möglich wäre. Auf diese Weise können Motivationen, die nicht vom potenziellen Abnehmer verbalisiert werden können, erkannt werden. Die gesamte Dynamik des Nutzungsprozesses eines Produktes kann nur erforscht werden,

---

[178] Vgl.: Herstatt/Kalogerakis/Schulthess, 2014, S. 10.
[179] Engel/Herstatt, 2006, S. 39.

wenn es tatsächlich unter nicht-künstlichen Bedingungen genutzt wird. Diese Dynamik und sich ergebende alternative Nutzungssituationen können durch die klassische Marktforschung und seitens der Produktentwickler, die eine konkrete Art der Nutzung unterstellen, nicht erfasst werden.[180]

Gegenwärtige Kundenbedürfnisse führen häufig zu inkrementalen Innovationen.[181] Um die aktuellen Kundenprobleme zu erkennen, ist der konsequenten Dialog mit ihnen erforderlich. Dies kann z.B. über E-Mail-Befragungen erfolgen. Zudem können entsprechende Informationen durch den Einsatz von Social Media (z.B. soziale Netzwerke oder Blogs) abgerufen und ausgewertet werden.[182]

4.3 Analyse von Trends und Technologien

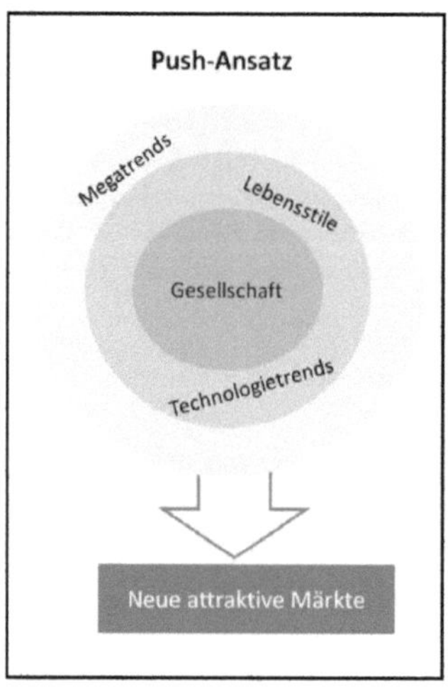

Abbildung 20: Der Push-Ansatz[183]

Im Rahmen des Push-Ansatzes gilt es, Trends der Zukunft aufzuspüren. Zukünftige Trends sind geprägt durch gesellschaftliche Veränderungen, die sich u.a. in Kulturen oder zwischenmenschlichen Beziehungen finden.[184] Auch neue Technologien

---

[180] Joisten/Schmeißer, 2008, S. 3.

[181] Frischeisen/Tomczak/Vogt (Hoffmann et al. (Hrsg.)), 2016, S. 203.

[182] Vgl.: Jung/Lehmkuhl/Küpper/Nierlich/Rosenberger (Hoffmann et al. (Hrsg.)), 2016, S. 341.

[183] Eigene Darstellung in Anlehnung an: Zukunftsinstitut, 2009, S. 51.

[184] Vgl.: Zukunftsinstitut, 2009, S. 53.

prägen die Märkte der Zukunft; so sorgt u.a. die Vernetzung für eine zunehmende Verschmelzung von Märkten und Branchen.

Die Technologiefrühaufklärung stellt ein wesentliches Vorgehen zur rechtzeitigen Identifikation technologischer Trends dar. Der Begriff der Technologiefrühaufklärung umfasst Aktivitäten, wie das Erkunden, Observieren und Beurteilen der technologischen Entwicklungen. Im Fokus stehen dabei das sogenannte Technologie-Scanning, Technologie-Monitoring sowie das Technologie-Scouting.[185] Die folgende Abbildung 21 fasst die drei Formen der technologischen Frühaufklärung zusammen:

Tätigkeit	Beobachtungsobjekt	Perspektive	Zielsetzung
Scanning	Technologisches Unternehmensumfeld	Ungerichtet und unfokussiert	Überblick über globale Technologietrends
Monitoring	Bestimmte Technologiefelder	Gerichtet und schwach fokussiert	Verfolgen der Geschehnisse in relevanten Technologiefeldern
Scouting	Bestimmte Technologiethemen und Wissensträger	Gerichtet und stark fokussiert	Beschaffung von detaillierten Technologie-Informationen

Abbildung 21: Technologiefrühaufklärung[186]

Das Technologie-Scanning zeichnet sich durch eine relativ unfokussierte Erkundung aus, die unabhängig von den strategischen Anforderungen sein sollte. Bereits hier bietet es sich an, den Blick über die Branchengrenzen hinaus zu wagen und somit auch dortige Technologien frühzeitig zu scannen. Gefundene Technologien sollten frühestmöglich hinsichtlich ihrer Attraktivität bewertet werden. Beim Scanning erfolgt häufig eine Zusammenarbeit mit wissenschaftlichen Institutionen. Diese sind auf verschiedene Technologieregionen global verteilt. Auch der Besuch wissenschaftlicher Kongresse eignet sich, um auf neue Technologien aufmerksam zu werden.

Beim Technologie-Monitoring werden ausgewählte Technologiefelder kontinuierlich beobachtet, um mögliche Weitentwicklungen und ähnliche Geschehnisse

---

[185] Vgl.: Clausen/Geschka/Krug (Ili (Hrsg.)), 2012, S. 109.
[186] Quelle: Clausen/Geschka/Krug (Ili (Hrsg.)), 2012, S. 109.

rechtzeitig zu bemerken. Dafür eignen sich u.a. Analysen von Patenten, Verfolgen und Auswerten relevanter Literatur, Veröffentlichungen und Zukunfts-/Trendstudien sowie systematische Recherchen im Internet und Datenbanken. Auf höchst attraktive Technologiefelder ist beim Technologie-Scouting ein starker Fokus zu legen. Für die relevanten Themen sind detaillierte Informationen zu beschaffen und möglicherweise Wissensträger zu kontaktieren. Anzumerken ist, dass die Phase des Scoutings bereits ein Suchfeld voraussetzt und somit in einer späteren Phase des Innovationsprozess anzusiedeln ist, da dann bereits Technologiethemen festgelegt sind und nach geeigneten Partnern gesucht wird. Im Unternehmen kann eine Technologiefrüherklärungsstelle aufgebaut werden, die koordinierend und integrierend agiert. Hier sollten die Ergebnisse zusammenlaufen. Optimal ist eine kontinuierliche, also beispielsweise vierteljährliche Verteilung der Informationen – z.B. in Form von Dossiers. Die genannten Formen der Technologiefrühaufklärung werden auf die oben beschriebene Weise i.d.R. von Großunternehmen durchgeführt, während sich kleinere Unternehmen für die Erkennung von Technologietrends häufig auf Internet- und Literatursuchen beschränken. Sind technologische Trends analysiert, werden sie i.d.R. den für das Unternehmen als attraktiv beurteilten Marktsegmenten gegenübergestellt, um ein Suchfeld zu definieren. [187]

Um den Fokus nicht nur auf Technologietrends, sondern zudem auf andere gesellschaftliche Entwicklungen zu richten, eignen sich Szenario-Techniken. Diese beziehen bestenfalls alle externen Faktoren in die Erstellung eines möglichst stimmigen Zukunftsbildes mit ein. Es handelt sich bei der Szenario-Technik um ein qualitatives Prognoseverfahren. Im Fokus liegt dabei die Beschreibung eines möglichen Zukunftsbildes, welches auf „[...]einem komplexen Netzwerk interagierender Einflussfaktoren fußt."[188] Die sich ergebenden, potenziellen zukünftigen Situationen werden anschließend bewertet und können u.a. im Rahmen der Innovationsstrategie Beachtung finden. Da sich äußere Einflüsse im Zeitverlauf häufig ändern, werden bei der Szenario-Analyse Extremszenarien in positiver und negativer Ausprägung berücksichtigt.

---

[187] Vgl.: Clausen/Geschka/Krug (Ili (Hrsg.)), 2012, S. 108-111.

[188] Hoffmann/Lennertz/Schmitz/Stölzle/Uebernickel, S. 154; vgl. auch: Gausemeier, 1998, S. 114.

Die folgende Abbildung 22 stellt die Technik grafisch dar:

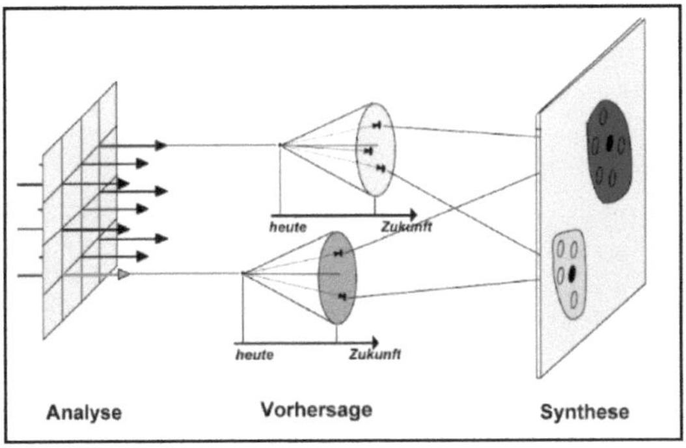

Abbildung 22: Die Szenario-Technik zur Prognostizierung möglicher Zukunftstrends[189]

Gausemeier unterscheidet im Hinblick auf die Szenario-Technik fünf Phasen. In der ersten Phase ist zu klären, welche Ziele mit der Szenario-Technik verfolgt werden. Die Ziele können vielseitig sein und sich somit auf verschiedene Bereiche fokussieren. Unter dem CII-Blickwinkel bieten sich vor allem Gestaltungsfelder wie Produkte (Welche Anforderungen sind an Produkte der Zukunft zu richten?), Branchen (Was sind die Trends der Branche? Was sind die Trends anderer Branchen?) oder Technologien (Wie steht es um aktuelle Schlüsseltechnologien? Welche Schlüsseltechnologien werden für die Zukunft attraktiv sein?) an. Mit der Auswahl eines Gestaltungsfeldes wird ein Kurs eingeschlagen und zudem eine Ausgangslage für mögliche Szenarien geschaffen, denn die aktuelle Situation im jeweiligen Gestaltungsfeld ist im ersten Schritt zu beschreiben, um so die Ist-Situation zu definieren. In der zweiten Phase der Szenario-Analyse erfolgt die Analyse des Feldes im Hinblick auf relevante Einflussfaktoren. Die sich aus der Analyse in Phase zwei ergebenden Schlüsselfaktoren stellen Einflussfaktoren dar, die einen besonders starken Einfluss innerhalb des Gestaltungsfeldes nehmen. In der nächsten Phase werden Zukunftsprojektionen („Vorhersagen") der Schlüsselfaktoren erstellt. Die vierte Phase beinhaltet die Bildung der Szenarien. Dabei werden aus den Projektionen mehrere mögliche Szenarien entwickelt und anschließend bewertet. Einander ähnelnde Projektionen können zu einem Bild kombiniert werden („Synthese"). In der fünften Phase erfolgt der Szenario-Transfer, indem die Auswirkungen auf das

---

[189] Quelle: Gassmann/Kobe, 2006, S. 19.

Gestaltungsfeld genauer untersucht werden.[190] Die untenstehende Abbildung 23 fasst das Vorgehen zusammen:

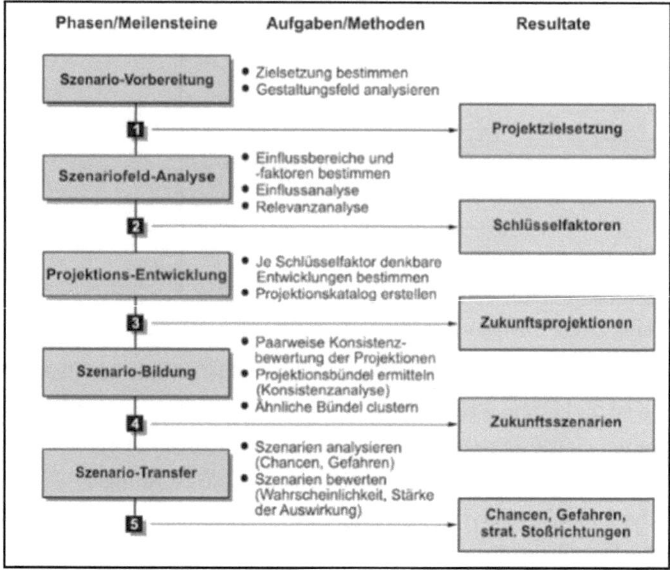

Abbildung 23: Das fünfstufige Vorgehen bei der Szenario-Technik[191]

Auch institutionelle Einrichtungen wie Universitäten oder Trend- und Zukunftsforschungsinstitute können geeignete Ansprechpartner zum Aufspüren von Megatrends darstellen.[192]

---

[190] Vgl.: Gausemeier/Plass/Wenzelmann, 2014, S. 47 ff.

[191] Quelle: Gausemeier/Plass/Wenzelmann, 2014, S. 48.

[192] Vgl.: Stadler (Hoffmann et al. (Hrsg.)), S. 21; Wicker, 2010, S. 5 f.

4.4 Analyse der Unternehmenskompetenz

In Kapitel 4.4 werden Instrumente zur Kompetenzanalyse vorgestellt. Es handelt sich dabei um die

1)	VRIO-Methode sowie
2)	die Kompetenz-Markt-Matrix/Kompetenz-Geschäftsfeldattraktivität-Matrix.

Tabelle 15: Inhalte des Kapitels 4.4

Bevor jegliche Suchbemühungen in Hinblick auf Innovationsideen oder Problemlösungen initiiert werden, sollte Klarheit über die eigenen Kompetenzen und Fähigkeiten bestehen. Ein geeignetes Instrument stellt hierbei die Kernkompetenzanalyse dar.[193]

Neben der Identifikation der gegenwärtigen Kompetenzen sowie zukünftig benötigter Kompetenzen, besteht durch die Kompetenzanalyse die Möglichkeit, Substitutionstechnologien oder Kompetenzlücken zu erkennen. Dies wiederum beeinflusst die spätere Bestimmung eines geeigneten Suchfeldes.

Vor allem in Bezug auf die Inside-Out-Innovation bietet es sich an, die eigenen Kompetenzen im Detail zu definieren, um potenzielle neue Verwendungsbereiche für unternehmensinterne Kompetenzen zu finden. Aber auch im Rahmen der Outside-In-Innovation ist die Analyse der Kompetenzen bedeutsam. Bestehen Defizite im Bereich wichtiger Kompetenzen, die erforderlich sind, um ein überaus attraktives Marktsegment oder gar einen neuen Markt zu erschließen, so bietet es sich an, diese Kompetenzen außerhalb zu beschaffen und/oder mit Experten zu kooperieren.

Hamel und Prahalad definieren Kernkompetenzen als ein „[...]Bündel an Fähigkeiten und Technologien, die es einem Unternehmen ermöglichen, seinen Kunden einen bestimmten Nutzen anzubieten.“[194] Es handelt sich um interne Ressourcen und Fähigkeiten, die dem Unternehmen im gegenwärtigen Marktumfeld dazu verhelfen, Wettbewerbsvorteile zu realisieren.[195] Die größte Schwierigkeit besteht darin, Kernkompetenzen von gewöhnlichen Kompetenzen abzugrenzen. Zur Identifikation von Kernkompetenzen eignet sich die sogenannte VRIO-Methode. Dabei werden Fähigkeiten auf die folgenden Kriterien geprüft:

---

[193] Wird häufig bereits im Rahmen der Innovationsplanung durchgeführt.

[194] Hamel/Prahalad, 1995, S. 302

[195] Vgl.: Hamel/Prahalad, 1995, S. 302.

Wert (Value)	→ V
Seltenheit (Rareness)	→ R
Imitierbarkeit (Imitability)	→ I
Organisation (Organization)	→ O

Wird den Kunden durch die eigenen Fähigkeiten im Rahmen eines wettbewerbsfähigen Kostenniveaus ein relevanter Nutzen gestiftet und dabei ein entsprechender Gewinn generiert, besitzen diese Fähigkeiten einen Wert für das Unternehmen. Der relevante Kundennutzen und die wettbewerbsfähigen Kosten sind dabei maßgeblich. Die Fähigkeiten müssen dem Kunden einen Nutzen stiften, sodass er bereit ist, eine monetäre Gegenleistung zu erbringen. Zudem müssen die Kosten zur Bereitstellung des Angebots gedeckt werden und der Gewinn angemessen ausfallen.[196]

Die Seltenheit einer Ressource bzw. Fähigkeit dient der Differenzierung am Markt: Je seltener die Ressource, desto größer das Differenzierungspotenzial. Bestenfalls handelt es sich um eine einzigartige Ressource. Die Differenzierung über eine gewisse Seltenheit wird auch als „Unique Selling Proposition" (USP) bezeichnet. Diese Einzigartigkeit kann u.a. über Patentanmeldung, die sich z.B. auf Struktur oder Design beziehen kann, für das Unternehmen gesichert und, wenn es dem Unternehmen strategisch sinnvoll erscheint, über den Verkauf von Lizenzen und dem damit einhergehenden Vertragsabschluss über Nutzungsrechte weitergegeben werden. Die seltene Ressource schafft nur dann einen Wettbewerbsvorteil, wenn auch der Grundnutzen für den Kunden erfüllt wird. Zudem muss eine nachhaltige Absicherung z.B. in Form von Markenaufbau stattfinden, um zeitnahe Imitation zu vermeiden. Diese Imitierbarkeit muss somit so weit verhindert werden, dass das Kopieren unverhältnismäßig hohe Kosten verursacht oder für den Wettbewerber idealerweise nicht möglich ist. An dieser Stelle sind zwei Kriterien zu nennen, die Hinweise auf die Imitierbarkeit geben. Zunächst ist eine Pfadabhängigkeit bedeutsam. Grundlage der Pfadabhängigkeit ist ein Entwicklungspfad, der im Laufe des Innovationsprojektes durch Entscheidungen und Aktivitäten entstanden und von Investition und dem Aufbau spezifischen Wissens gesäumt ist. Eine hohe Pfadabhängigkeit führt somit meist zu einer geringen Imitierbarkeit. Weiterhin seien Ressourceninterdependenzen zu nennen, die durch wechselseitige Verbindungen externer und interner Ressourcen gekennzeichnet sind. Durch die einander ergänzenden und aufeinander aufbauenden Aktivitäten entstehen Verbundeffekte, die

---

[196] Vgl.: Büchler, 2015, S. 70 ff.; auch: Barney, 1997, S. 125 ff.

das Projekt, den Verlauf sowie das Ergebnis einzigartig machen. Die Ressourcen müssen nachhaltig in die Unternehmensorganisation eingebaut werden, um dauerhaft von ihnen zu profitieren. Innerhalb der Organisation sind Ressourcen, Prozesse, Fähigkeiten und jegliche Strukturelemente ineinander verwoben und stehen in ständiger Interaktion. Die einzigartige Verknüpfung kann zur Generierung einzigartigen Kundennutzens führen. Nach einem speziellen Stufen-Schema lassen sich Fähigkeiten und Ressourcen anschließend in Bezug auf die genannten Kriterien prüfen (vgl. Abbildung 24):

Besitzt die Ressource einen Wert?	Ist die Ressource selten?	Ist der Aufwand der Imitation hoch/ unverhältnismäßig?	Eingliederung in die Organisation zur dauerhaften Nutzenstiftung	Wettbewerbspolitische Auswirkungen	Ökonomische Performance
Nein	-	-	Nein	Wettbewerbs-nachteil	Unterdurchschnittlich
Ja	Nein	-		Wettbewerbs-parität	Durchschnittlich
Ja	Ja	Nein		Temporärer Wettbewerbsvorteil	Überdurchschnittlich
Ja	Ja	Ja	Ja	Nachhaltiger Wettbewerbsvorteil	Überdurchschnittlich

Abbildung 24: Einschätzung der Fähigkeiten und Ressourcen anhand des VRIO-Schemas[197]

Die Nachhaltig des Wettbewerbsvorteils und der damit verbundene ökonomische Erfolg steigt folglich mit dem Erfüllungsgrad der Kriterien seitens der Fähigkeiten und Ressourcen. Eine Kernkompetenz liegt nach diesem Schema dann vor, wenn alle Kriterien mit „Ja" zu beantworten sind.

Krüger und Homp definieren Kernkompetenzen als „[...] die dauerhafte und transferierbare Ursache für den Wettbewerbsvorteil einer Unternehmung, die auf Ressourcen und Fähigkeiten basiert."[198] Die Dauerhaftigkeit bzw. Nachhaltigkeit wird

---

[197] Nach: Barney, 2007, S. 70; Büchler, 2015, S. 72; S. 70
[198] Homp/Krüger, 1997, S. 27.

auch hier aufgegriffen. Zusätzlich wird das Merkmal der Transferierbarkeit herausgestellt. Das Unternehmen muss also dazu in der Lage sein, die Kernkompetenz für die Entwicklung neuer Produkte oder Erschließung neuer Märkte einzusetzen.[199] Die Transferierbarkeit von Kompetenzen ist nach dem Cross-Industry-Innovation-Prinzip Voraussetzung, um eigene Kompetenzen in anderen Branchen gewinnbringend einzusetzen und besitzt in dieser Arbeit deshalb große Relevanz.

Mithilfe eines Kernkompetenz-Markt-Portfolios lassen sich Handlungsoptionen in Bezug auf die Kernkompetenzsituation und externe Markterfordernisse ableiten (vgl. Abbildung 25):

Kernkompetenzen

		Bestehend	**Neu**
	Bestehend	**I) Lückenfüllung** Effizientere Nutzung und Ausschöpfung bestehender Chancen auf dem gegenwärtigen Markt zur Erhöhung des Marktanteils	**II) Herausragende Position** Nutzung neuer Kompetenzen zum Schutz und Ausbau der gegenwärtigen Marktposition
Markt	**Neu**	**III) Weiße Flecken** Einsatz bestehender Kompetenzen bzw. intelligente Kombination dieser für die Schaffung neuer Produkte/Dienstleistungen und dessen Etablierung in den Zukunftsmärkten	**IV) Mega-Chancen** Etablierung auf den spannendsten Märkten der Zukunft durch die Nutzung neuer Kompetenzen

Abbildung 25: Kernkompetenz-Markt-Matrix[200]

Das Feld I) stellt die traditionelle Marktdurchdringungsstrategie dar, bei der bestehende Kompetenzen so eingesetzt werden, dass Potenziale des bestehenden Marktes bestmöglich ausgeschöpft werden. In dem Feld II) geht es um den Einsatz neuentwickelter Kompetenzen, um die gegenwärtige Marktposition zu stärken oder auszubauen. In Bezug auf die Cross-Industry-Innovation kann es sich dabei auch

---

[199] Vgl.: Homp/Krüger, 1997, S. 26.
[200] Nach: Buchholz, 2013, S. 254; Auch: Hamel/Prahalad, 1995, S. 227.

lediglich um für das Unternehmen neue Kompetenzen handeln, die durch die Outside-In-Stoßrichtung aus einer fremden Branche für eigene Zwecke transferiert werden. Feld III) beinhaltet die Penetration eines neuen Marktes mithilfe bestehender Kompetenzen. Im Sinne der CII können dabei eigene Kompetenzen für die Etablierung in fremden Branchen verwendet werden (Inside-Out-Innovation). Feld IV) steht für die Diversifikation, bei der neue Kompetenzen in neuen, spannenden Märkten zum Einsatz kommen. Hierbei bietet sich die Coupled Innovation durch Innovationskooperation an.

Durch die Veränderung der Dimensionen in „Geschäftsfeldattraktivität" (niedrig/hoch) und „Kernkompetenzen" (bestehend/nicht bestehend) lässt sich eine weitere Matrix mit entsprechenden Handlungsoptionen aufbauen (vgl. Abbildung 26):

Kernkompetenzen

		Bestehend	Nicht bestehend
Geschäftsfeld-attraktivität	**Niedrig**	Rückzug und/oder Suche nach attraktiven Marktfeldern	———
	Hoch	Einsatz bestehender Kompetenzen zur Etablierung im Geschäftsfeld ➜ Inside-Out-Innovation	Beschaffung benötigter Kompetenzen zur Bearbeitung des Geschäftsfeldes ➜ Outside-In-Innovation ➜ Coupled Innovation

Abbildung 26: Kompetenz-Geschäftsfeldattraktivität-Matrix[201]

Bei der Identifikation von Geschäftsfeldern mit niedriger Attraktivität ist es unzweckmäßig, entsprechende Kompetenzen aufzubauen. Sind entsprechende Kompetenzen vorhanden, so empfiehlt sich der Rückzug oder die Suche nach attraktiven Marktfeldern, in welchen die entsprechende Kompetenz ebenfalls erforderlich ist. Werden allerdings sehr attraktive Marktfelder fremder Branchen identifiziert, so können bestehende Kompetenzen im Sinne einer Inside-Out-Innovation, eingesetzt werden, um sich dort zu etablieren. Sind entsprechende Kompetenzen in dem Unternehmen nicht vorhanden, so bietet es sich an, die erforderlichen

---

[201] Eigene Darstellung, in Anlehnung an: Buchholz, 2013, S. 257; auch: Buchholz/Olemotz,1995, S. 31.

Kompetenzen extern zu beschaffen. Dies kann einerseits im Rahmen einer Outside-In-Innovation, andererseits aber auch über eine Coupled Innovation mit bidirektionalem Wissenstransfer erfolgen.

4.5 Die Suchfeldmatrix

Eine Suchfeldmatrix eignet sich, um potenzielle Suchfelder zu identifizieren. Meist findet dabei eine Matrix mit den Dimensionen „Attraktive Marktsegmente" und „(Technologische) Know-how-Stärken" (alternativ: „Kompetenzen" oder „Kernfähigkeiten") Anwendung. Die Dimension „Relevante neue Technologien" kann die Matrix sinnvoll erweitern (vgl.: Abbildung 27).[202]

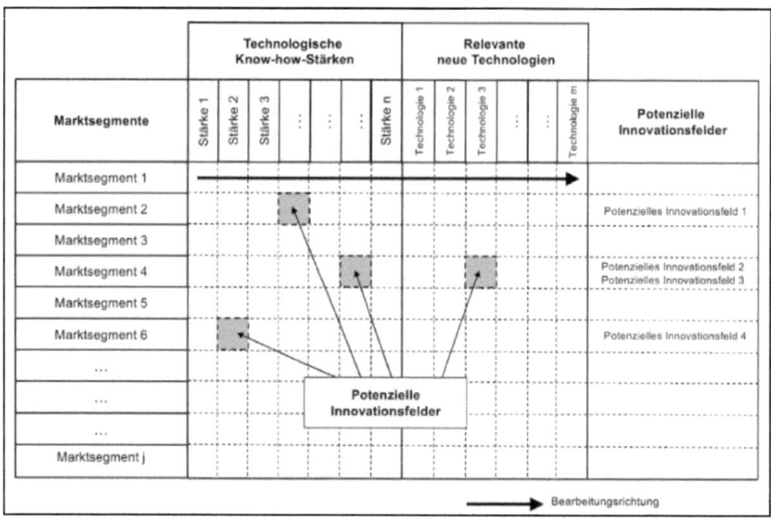

Abbildung 27: Möglicher Aufbau einer Suchfeldmatrix[203]

Es findet somit eine Konfrontation der für die Generierung einer Innovation wichtigen Einflussfelder statt.[204] Attraktive Marktsegmente, die mittels des Push-Ansatzes erfasst wurden, können hier abgetragen werden, ebenso dabei identifizierte Technologien. In der Dimension der Know-how-Stärken können die ermittelten (Kern-)Kompetenzen eingetragen werden. Werden bei der Konfrontation Marktsegmente entdeckt, die mit einer Kernkompetenz des Unternehmens abzudecken

---

202 Vgl.: Clausen/Geschka/Krug (Ili (Hrsg.)), 2012, S. 95.

203 Quelle: Clausen/Geschka/Krug (Ili (Hrsg.)), 2012, S. 95.

204 Vgl.: Clausen/Geschka/Krug (Ili (Hrsg.)), 2012, S. 96.

sind, und befinden sich diese in einer externen Branche, so besteht die Möglichkeit, den Markt mittels einer Outside-In-Innovation zu bearbeiten. Kann ein Marktsegment mit einer neuen Technologie bearbeitet werden, so muss zunächst ein Abgleich stattfinden, ob die zur Entwicklung dieser Technologie notwendigen Kompetenzen vorliegen. Liegen diese nicht vor, so kann über den Weg der Outside-In-Innovation bzw. Coupled Innovation nachgedacht werden, wenn die Technologie sich bereits in einer anderen Branche etabliert hat (Outside-In-Innovation) oder mithilfe branchenexterner Kompetenzen eine Kooperation Sinn macht (Coupled Innovation).

Die Kompetenzen oder Kernfähigkeiten lassen sich mittels Abstraktion, die in Kapitel 4.6 angesprochen wird, auf eine allgemeinere Ebene transferieren, um den Lösungsraum beliebig weit zu öffnen.

Der Verfasser stellt an dieser Stelle eine weitere Möglichkeit einer Suchfeldmatrix vor, die in der folgenden Abbildung 28 dargestellt wird.

	Techno-logien	Megatrends					Suchfeld	Input-Branchen	Lead-Unter-nehmen
		Green-Movement	Gesundheit	Fitness	Vernetzung	Individualität			
Etablierte Technologien/ Kompetenzen	Smartphones							Mobile Endgeräte	Apple Inc., Samsung Group, Sony Corp. ...
	RFID-Chips			X	X			Informations-technologien (IT)	I.D. Systems Inc. ...
	(...)							(...)	(...)
Technologien/ Kompetenzen der Zukunft	Wearable-Devices		X			X	Wearables mit Fokus auf dem Bereich Gesundheit	(...)	Google Inc., Sony Corp. ...
	Social Media							(...)	Facebook Inc. ...
	Virtual Reality							(...)	Samsung Group ...
	3D-Druck		X			X		Generative Fertigungs-verfahren	EOS GmbH ...
Input-Branchen		- Energie - (...)	- Food - Medizin	-Sport-bekleidung - Food	- IT	- Dienst-leistungen - Mode			
Lead-Unternehmen		- RWE (Innogy SE) - (...)	- Bayer AG - Novo Nordisk A/S - (...)	- Adidas AG - Reebok Int. ltd. - (...)	- IBM Corp. Microsoft Corp. - (...)	- Nike Inc.(NikeiD) - (...)			

Abbildung 28: Die CII-Suchfeldmatrix[205]

Megatrends werden von wissenschaftlichen Instituten regelmäßig ermittelt und veröffentlicht.[206] Die Bezeichnung dieser Trends für die Suchfeldmatrix kann durch das Unternehmen selbst gewählt werden. Die Megatrends, die für das Unternehmen als tatsächlich attraktiv bewertet werden, können anschließend als Dimension abgetragen werden. Beispielhaft wurden die Trends „Green-Movement", „Gesundheit", „Fitness", „Vernetzung" und „Individualität" ausgewählt.[207] Den Megatrends werden Technologien oder Kompetenzen gegenübergestellt. Diese können wiederum nach bereits etablierten Technologien bzw. Kompetenzen oder Technologien und relevanten Kompetenzen der Zukunft getrennt werden. Durch die Konfrontation von Technologien mit den Trends der Zukunft lassen sich interessante Suchfelder generieren, die über entsprechende Ideen zu radikalen Innovationen führen können. Wird ein attraktives Suchfeld identifiziert, ist zunächst zu prüfen, ob diese

---

[205] Eigene Darstellung in Anlehnung an: Zukunftsinstitut, S. 55, verfügbar unter: http://docshare01.docshare.tips/files/9495/94957408.pdf [zuletzt aufgerufen am 07.01.2017].

[206] Z.B. Die Gartner-Group, das Zukunftsinstitut oder das Fraunhofer Institut.

[207] Vgl.: Zukunftsinstitut, verfügbar unter: https://www.zukunftsinstitut.de/dossier/megatrends/ [zuletzt aufgerufen am 07.01.2017].

mittels eigener Kompetenzen bzw. zugrundliegender Technologien bearbeitet werden kann. Kann dabei die eigene Kompetenz/Technologie in anderen Branchen diversifiziert werden, so entspräche dies der Definition der Inside-Out-Innovation.

Liegen relevante Kompetenzen oder Technologien nicht vor, so sollte ein Blick auf die Input-Branchen geworfen werden, um einen Überblick zu erhalten, wo diese Technologien oder Megatrends möglicherweise bereits umgesetzt werden. Weiterhin lassen sich über identifizierte Lead-Unternehmen, also Unternehmungen, die die entsprechende Kompetenzen/Technologien besitzen oder führend in einer Branche sind, potenzielle Kooperationspartner erkennen. Beispielhaft wurde hier ein Suchfeld durch die Konfrontation mit dem Technologiebereich „Wearables" und dem Megatrend „Gesundheit" identifiziert. Das Suchfeld „Wearable mit Fokus auf den Bereich Gesundheit" kann eine Fülle von Ideen eröffnen. Als Beispiel sei an dieser Stelle die Smart Lens aus der Kooperation von Google und Novartis (Vergleiche Fallbeispiel 5) zu nennen, deren Idee durch die Konzentration auf das Suchfeld ihren Ursprung hätte finden können.

Mithilfe der dargestellten Suchfeld-Matrix soll somit ein Rahmen für die Suche nach neuen, radikalen Lösungen im Sinne der Cross-Industry-Innovation geschaffen werden. Potenziell interessante Branchen, die Analogien oder interessante Kompetenzen bereithalten, können so auf systematische Weise gefunden werden. Aufgrund einer Aufstellung erfolgreicher Unternehmen aus der jeweiligen Branche lassen sich Know-how-starke Kooperationspartner ermitteln, mit denen eine Partnerschaft noch vor der Ideengenerierung abgestimmt werden kann und mit welchen anschließend die Ideensuche und weitere Phase im Sinne einer Coupled Innovation durchlaufen werden.

Da an dieser Stelle jedoch noch keine konkrete Idee bzw. Problemlösung vorliegt, müssen mithilfe systematischer Instrumente der Ideengenerierung (Kapitel 5) mögliche Analogien oder Produktlösungen aufgedeckt werden. Die Suchfeldmatrix und die anschließende Auswahl von Suchfeldern helfen dabei, der Ideensuche eine strategische Richtung vorzugeben.

4.6 Abstraktion der Problemdefinition

Liegt eine Problemdefinition vor, die z.B. mittels des Pull-Ansatzes definiert werden konnte, so ist es vor allem in Hinblick auf die Cross-Industry-Innovation bedeutsam, das Problem auf eine abstrakte Ebene zu transferieren. In der Literatur zum Themenkomplex der CII werden vielfach die Prozessschritte Abstraktion –

Analogiesuche – Adaption erwähnt. Diese finden sich in integrierter Form auch in der vorliegenden Arbeit wieder. In Kapitel 4.5 erfolgt dazu eine Abstraktion; mittels Ideengenerierung in Kapitel 5 sollen mögliche Analogien oder Lösungsansätze ferner Branchen aufgespürt werden. Die Adaptionphase wird in dieser Arbeit im Rahmen der Auswahl geeigneter CII-Konzepte (Kapitel 6) angeschnitten.[208]

Hinter diesem kreativen Prozess verbirgt sich im Prinzip ein Wechsel von Divergenz und Konvergenz (vgl. Abbildung 29):

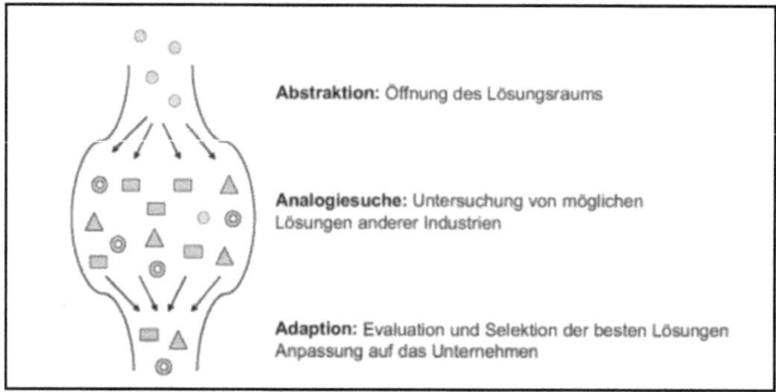

Abbildung 29: Der Wechsel von Divergenz und Konvergenz[209]

In diesem Zusammenhang ist auch von divergentem und konvergentem Denken zur Problemlösung die Rede. Das divergente Denken beschreibt ein Verlassen der vorhandenen Denkmuster, um auf kreative Weise Verknüpfungen in horizontale und vertikale Richtungen herstellen zu können. Da die neuen Märkte heute, wie eingangs erwähnt, quer zu den etablierten Branchen liegen, ist dieser Denkprozess für die Cross-Industry-Innovation unerlässlich. Das konvergente Denken dagegen ist durch eine hohe Verstandsorientierung gekennzeichnet und wird auch als methodisch-analytisches Denken bezeichnet.[210]

Die Abstraktion dient dazu, das eigentliche Problem in seine wesentlichen Aspekte zu zerlegen, um es auf eine allgemeinere Ebene zu transferieren.[211] Bei den

---

[208] Die Adaption (die physische Anpassung einer gefundenen Analogie auf das Zielprodukt) bedarf einer intensiveren Auseinandersetzung als es im Rahmen der vorliegenden Arbeit möglich wäre und wird aus diesem Grund nur angeschnitten.

[209] Mit Ergänzungen in Anlehnung an: Enkel/Dürmüller (Gassmann, Sutter (Hrsg.), 2013, 199.

[210] Vgl.: Strebel, 2007, S. 277.

[211] Vgl.: Ponn, 2011, S. 65; vgl.: Dingler/Enkel, 2016, S. 113.

wesentlichen Aspekten handelt es sich um erkannte Merkmale, die sich verallgemeinern lassen, um einen „[...] übergeordneten Zusammenhang zu finden sowie die Komplexität eines Problems zu reduzieren."[212] Die für die Zielsetzung irrelevanten Details werden dabei außen vor gelassen.[213] Im Rahmen der Outside-In-Innovation kann sich das entsprechende Projektteam auf den Kundennutzen, vorhandene (Anwendungs-)Problematiken sowie die notwendigen Funktionalitäten/Wirkungsweisen fokussieren. Sollen Kompetenzen, Produkte oder Problemlösungen außerhalb diversifiziert werden, so ist es für das Team entscheidend, notwendige Kompetenzen herauszustellen und zu ermitteln, für welche(n) (branchenfremde(n)) Anwendungsbereich(e) sie außerhalb des aktuellen Produkt-Markt-Feldes eingesetzt werden können.[214] Es erfolgt also ein divergenter Prozess in Form einer Öffnung des Lösungsraums. Der konventionelle Lösungsraum kann auf diese Weise verlassen werden.

Die Herausforderung besteht in der Wahl des geeigneten Abstraktionsgrades. Ist der Grad der Abstraktion sehr gering, so gestaltet sich die Identifikation weniger offensichtlicher Analogien als schwieriger, da der Lösungsraum klein gehalten wird. Die Wahrscheinlichkeit radikaler Innovationen wird dadurch reduziert. Ist der Abstraktionsgrad wiederum zu hoch, so gefährdet dies die tatsächliche Umsetzbarkeit der Lösung in der eigenen Branche.[215]

Die Abstraktion stellt hohe Anforderungen an die Teams, da sowohl bei der Inside-Out-Innovation als auch bei der Outside-In-Innovation abstraktes Denken sowie ein Hineindenken in eine fremde Expertise erforderlich sind. Als Unterstützung zur Abstraktion sind entsprechende Methoden erforderlich. Viele der geeigneten Methoden sind in der Praxis verbreitet, um Ideen zu generieren und werden häufig dem Sammelbegriff „Kreativitätstechniken" untergeordnet.[216]

---

[212] Kalogerakis, 2010, S. 34.

[213] Vgl.: Ponn, 2011, S. 65.

[214] Vgl.: Enkel/Dürmüller (Gassmann/Sutter (Hrsg.), 2013, S. 220.

[215] Vgl.: Dingler/Enkel (Ebele (Hrsg.)), 2016, S. 113.

[216] Vgl.: Hausschild/Salomo/Schultz/Kock, 2016, S. 313.

Eine erste Möglichkeit der Abstraktion stellt die Verfremdung des Problems dar. Dabei kann folgendermaßen vorgegangen werden:

- Beschreibung des Problem mit einer anderen Wortwahl

- Übersetzung des Problems in eine Fremdsprache und Rückübersetzung seitens eines Dritten

- Graphische oder verbale Darstellung des Problems

- Darstellung des Problems in einem Rollenspiel und eine damit verbundene Erläuterung des Problems aus verschiedenen Sichtweisen[217]

Eine weitere Möglichkeit stellt die Problemzerlegung bzw. Kompetenzzerlegung und die daraus entstehende Suchfeldhierarchie dar. Die Suchfeldhierarchie wird dabei nach dem Konkretisierungsgrad der Problemstellung geordnet. Je nachdem, welche Strategie verfolgt wird und wie hoch der zeitliche Druck zur Lösungsfindung ist, kann dabei ein bestimmter Konkretisierungsgrad gewählt werden.[218] Im Rahmen der CII-Strategie bietet es sich an, die Hierarchie rückwärts zu durchlaufen und das Problem somit auf allgemeinere Ebenen zu abstrahieren. Mit zunehmender Divergenz sind analoge Kompetenzen/Prozesse/Lösungsansätze anderer Branchen leichter identifizierbar (vgl. Abbildung 30).

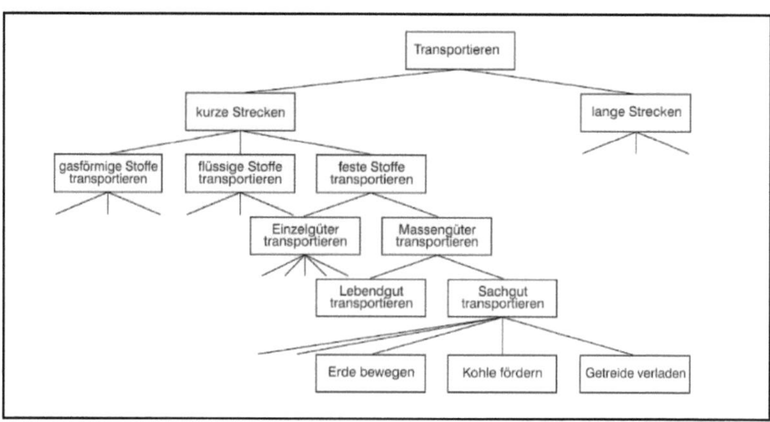

Abbildung 30: Suchfeldhierarchien[219]

---

[217] Vgl.: Hausschild/Salomo/Schultz/Koch, 2016, S. 313; Ward, 2004, S. 181 f.; Van Gundy, 1982, S. 153 ff.

[218] Vgl.: Wiendahl, 2014, S. 109.

[219] Wiendahl, 2014, S. 109.

In Abbildung 30 wird das Transportieren als übergeordnete Kompetenz angesehen und anschließend über entscheidende Kriterien mit jeder weiteren Hierarchieebene konkretisiert. Dreht man die Hierarchie um, so wird z.B. das Kriterium „Kohle fördern" über das Kriterium „Sachgut transportieren" abstrahiert. Liegt also ein konkretes Problem vor, dessen Lösung zu einer Produktverbesserung führen soll, so bieten sich vor allem die oben erwähnten Methoden an, die letztlich zu einer Abstraktion der Problemstellung führen. Der Abstraktionsgrad ist dabei selbst zu bestimmen. Bedacht werden sollte die Tatsache, dass vor allem ein hoher Abstraktionsgrad einer Analogiesuche und -identifikation fernab der eigenen Branche größere Chancen lässt, als eine allzu spezifische Bezeichnung für das Kriterium. Beispielhaft wird an dieser Stelle der Getränkehersteller auf der Suche nach einem neuen Ausgießprinzip genannt: Das Problem lag in dem Ausgießmechanismus von Suppen. Eine Abstraktion um eine Hierarchiestufe bringt dabei das Kriterium „Ausgießen zähflüssiger Substanzen" hervor. Dies konnte als Kriterium angeführt werden, um analoge Lösungsprinzipien anderer Branchen aufzudecken. Über eine Patentrecherche wurde das Unternehmen auf Technologien aus der Ölförderung aufmerksam.[220] Da es sich hier um eine inkrementale Produktverbesserung/CII im Sinne einer partiellen Cross-Industry-Innovation handeln würde, bei der das Unternehmen weiterhin im gegenwärtigen Markt agiert, ist die Gegenüberstellung mit einem attraktiven Marktsegment im Sinne einer Suchfeldmatrix nicht zweckführend. Anzumerken ist an dieser Stelle, dass die in Kapitel 5 vorgestellten Instrumente der Ideengenerierung häufig den Schritt der Abstraktion umfassen und Möglichkeiten der Abstraktionsunterstützung dort näher erläutert werden. Die Tabelle 16 gibt vorab einen Überblick:

---

[220] Vgl.: Enkel (3M Die Erfinder), verfügbar unter: http://die-erfinder.3mdeutschland.de/open-innovation/warum-das-rad-neu-erfinden-cross-industry-innovation-als-neuer-trend-im-innovationsm [zuletzt aufgerufen am 07.01.2017].

	Abstraktionsobjekt		
	Kompetenz	**Produktfunktionen**	**Problem**
Innovationsziel	• Etablierung in neuen, (branchenfremden) Märkten • Neue Geschäftsideen	• Neue Märkte • Neue Technologien • Produktmodifikation	• Neue Lösungen • Produktmodifikation
Methodiken	• Brainstorming • Brainwriting • Synektik	• Funktionalmarkt-analyse (FMA) • Progressive Abstraktion • Osborn-Checklist • TRIZ-Erfindungsmethodik	• TRIZ-Erfindungsmethodik • Morphologische Methode • Osborn-Checklist • Attribute Listing • Progressive Abstraktion • 5W-Methode • Synektik
OII/IOI/Coupled Innovation	➤ Inside-Out-Innovation	➤ Inside-Out-Innovation ➤ Outside-In-Innovation	➤ Outside-In-Innovation ➤ Coupled Innovation

Tabelle 16: Geeignete Instrumente zur Abstraktion[221]

Die Abstraktion kann u.a. in Hinblick auf Kompetenzen, einzelne Produktfunktionen oder vorliegende Probleme erfolgen. Mit der Abstraktion der Kompetenz kann das Ziel verfolgt werden, eigene Kompetenzen im Sinne einer Inside-Out-Innovation zur Diversifikation in anderen Branchen zu nutzen, um neue Geschäftsideen für neue Anwendungsfelder zu generieren. Die Abstraktion kann z.B. über intuitive Methoden, wie Brainstorming und Brainwriting, bei welchen spontane Assoziationen geäußert oder schriftlich festgehalten werden, erfolgen.[222]

Bei der Zerlegung von Produktfunktionen können die Funktionalmarktanalyse (FMA) oder progressive Abstraktion hilfreich sein. Dabei wird angestrebt, Produkte zu verbessern, neue Anwendungsbereiche zu erschließen oder Funktionen neu zu verknüpfen. Dieses Vorgehen ist vor allem für die Inside-Out-Innovation oder die Coupled Innovation zweckmäßig. Die TRIZ-Erfindungsmethodik eignet sich sowohl für die Abstraktion von Produktfunktionen als auch für die Abstraktion eines (Anwendungs-)Problems, da hierbei eine Identifikation grundsätzlicher Funktionsprinzipien erfolgt.[223]

---

[221] In Anlehnung an: Gassmann/Sutter, 2013, S.200; Vgl.: Dingler/Enkel (Ebele (Hrsg.)), 2016, S. 113.

[222] Vgl.: Winkelhofer, 2006, S. 73.

[223] Vgl.: Gassmann/Sutter, 2013, S.200

Mit der Zerlegung spezifischer Probleme wird die Identifikation neuer Lösungsansätze angestrebt. Dies können ganz neuartige Lösungen für den Markt oder inkrementale Verbesserungen für bestehende Anwendungsprobleme sein. Durch die Outside-In-Innovation können dabei analoge Lösungen gesucht oder im Rahmen der Coupled Innovation gänzlich neue Lösungen generiert werden. Zweckmäßig ist hierbei die Funktionalmarktanalyse, bei der davon ausgegangen wird, dass ein Technologiepotenzial den Bedarf mehrerer Funktionalmärkte abdeckt.[224] Die Methode der TRIZ-Erfindungsmethodik oder der morphologische Kasten, welcher das Problem in mehrere Dimensionen und Ausprägungen zerlegt, bietet sich im Rahmen radikaler Innovationen, also für neue Gesamtlösungen, an.[225] Die Osborne-Checklist ist durch ein Fragen-System zu charakterisieren, das mehrere Blickwinkel auf das Produkt/Problem zulässt. So ist u.a. zu beantworten, ob das Produkt x woanders eingesetzt werden könnte, was an dem Produkt x ausgetauscht werden könnte oder welches Spiegelbild Produkt x besitzt (Was ist das Gegenteil?). Die Checklist enthält also Elemente, durch welche die Problemstellung systematisch umgestellt und aus einer anderen Perspektive betrachtet werden kann. Sie eignet sich vor allem für inkrementale Innovationen und auch im Rahmen der Abstraktion von Produktfunktionen.[226] Auch das Attribute-Listing, bei welchem das Produkt in einzelne Merkmale zerlegt wird, ist bei Produktverbesserungen zweckmäßig.[227] Die 5W-Methode eignet sich zur Fehler-Ursache-Analyse, indem fünfmal die Frage „Warum?" gestellt wird und die mögliche Ursache so systematisch aufgeschlüsselt werden kann.[228] Auch die Synektik, welche in Kapitel 5.3 näher beleuchtet wird, bietet sich bereits in der Abstraktionsphase an.

---

224 Vgl.: Corsten/Gössinger/Müller-Seitz/Schneider, 2016, S. 262.

225 Vgl.: Herrmann/Huber, 2013, S. 155; Ideenfindung: Morphologischer Kasten, verfügbar unter: http://www.ideenfindung.de/morphologischer-kasten.html [zuletzt aufgerufen am 07.01.2017].

226 Kreativitätstechniken: Osborn-Checkliste, verfügbar unter: http://xn--kreativittstechniken-jzb.info/osborn-checkliste/ [zuletzt aufgerufen am 07.01.2017].

227 Vgl.: Ideenfindung: Attribute-Listing, verfügbar unter: http://www.ideenfindung.de/attribute-listing-Brainstorming-Kreativit%C3%A4tstechnik-Ideenfindung.html [zuletzt aufgerufen am 07.01.2017].

228 Vgl.: go-inno: Methodenmatrix – 5W, verfügbar unter: http://www.methodenmatrix.de/pdf/Methodenbeschreibungen/Methodenbeschreibung%205W.pdf [zuletzt aufgerufen am 07.01.2017].

5 Generierung von CII-Ideen

5.1 Problemdefinition

Um innovative Ideen zu generieren, bedarf es Instrumente, die die Mitarbeiter im Hinblick auf ihre Kreativität und Abstraktionsfähigkeit bei der Analogiesuche unterstützen. Besonders hinsichtlich der Ideen, die sich hinter den Grenzen des Unternehmens und der Branche befinden könnten, sind an die Instrumente und Methoden spezielle Ansprüche zu stellen

Folgende Ansprüche sind grundlegend:

- Förderung der Abstraktionsfähigkeit der Mitarbeiter

- Förderung der Kreativität der Mitarbeiter

- Ausweitung der (Analogie-)Suche auf branchenfremde Bereiche

- Mögliche Eingliederung externer Kooperationspartner

Im folgenden Kapitel werden Instrumente zur Generierung in ihrem Gegenstand und der Vorgehensweise vorgestellt sowie im Hinblick auf die Eignung zur Generierung von Cross-Industry-Innovationen evaluiert. Die folgende Tabelle 17 stellt zum Ende eines jeden Unterkapitels eine Zusammenfassung des vorgestellten Instrumentes einschließlich einer Bewertung hinsichtlich der oben genannten Kriterien und der Eignung im Hinblick auf die herausgestellten CII-Typen dar.

Instrument (Name)				
Gegenstand	Definition und Ziel(e)			
Vorgehensweise	Kurze Beschreibung des Vorgehens			
Evaluation	Abstraktion		Wird die Abstraktionsfähigkeit gefördert?	
	Kreativität		Wird die Kreativität gefördert?	
	Branchenexterne Analogiesuche		Können branchenfremde Bereiche einbezogen werden?	
	Eingliederung Kooperationspartner		Ist eine Eingliederung externer Partner möglich?	
Eignung für die CII-Typen				
Outside-In-Innovation	Inside-Out-Innovation	Coupled Innovation	Tatsächliche CII	Partielle CII
Liegt vor? [x]	Liegt vor? [x]	Liegt vor? [x]	Liegt vor? [x]	Liegt vor? [x]

Tabelle 17: Schema zur Zusammenfassung und Evaluation der Methoden

5.2 Methode des lateralen Denkens / De Bono

> „Statt der vorgezeichneten, geradlinigen Bahn zu folgen, bemühen wir uns, die Handlungsmuster querfeldein zu durchbrechen."[229] (De Bono)

Edward de Bono, britischer Mediziner, prägte den Begriff des lateralen Denkens im Jahre 1967. Laterales Denken bedeutet für ihn, „[...] abseits der eingeschliffenen Denkschienen nach neuen Lösungsansätzen und Alternativen zu suchen."[230] De Bono bezieht sich dabei vor allem auf die menschliche Wahrnehmung, die durch unterschiedliche Blickwinkel individuell ausfällt. Es gilt, verschiedene Blickwinkel einzunehmen und eine festgefahrene, geradlinige Wahrnehmung zu ändern (vgl.: Abbildung 31).[231]

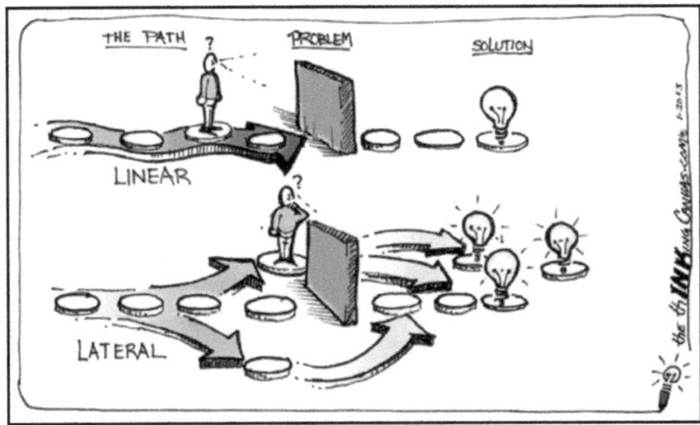

Abbildung 31: Lateral Thinking – gewohnte Denklinien verlassen[232]

De Bono entwickelte ein eigenes Konzept zur Suche und Identifikation neuer Lösungen:

---

229 De Bono, 1996, S. 52.

230 De Bono, 1996, S. 51.

231 De Bono, 2005, S. 84.

232 Bild: Verfügbar unter: http://iecn.com/wp-content/uploads/2016/03/Jan-15-Linear-vs-lateral01.png [zuletzt aufgerufen am 07.01.2017].

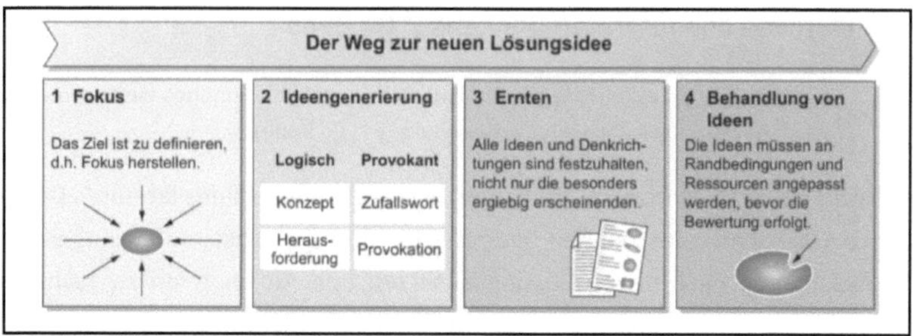

Abbildung 32: Weg zum Finden neuer Lösungen nach de Bono[233]

Der von ihm beschriebene Weg zu neuen Lösungen führt über vier Phasen (vgl. Abbildung 32): Fokus, Ideengenerierung, Ernten und Behandlung von Ideen. In der Phase Fokus erfolgt die Definition des Ziels, welches mittels der Lösungssuche erreicht werden soll. De Bono unterscheidet dabei zwischen einer Konzentration auf Teile eines Produktes, auf welche zuvor kein Fokus gelegt wurde – den einfachen Fokus („Neuland")[234] –, und der Konzentration auf konkrete Probleme – den spezifischen Fokus.[235]

In der Phase der Ideengenerierung kommt De Bonos Paradigma des lateralen Denkens zum Tragen. In der Vergangenheit hat er das Paradigma in eine Reihe von Denktechniken transferiert. Die Denktechniken können in logische und provokante Denktechniken unterteilt werden.

Ein Beispiel für logische Denktechniken stellen Konzepte/Alternativen dar. Dabei werden existierende Lösungen oder Ideen abstrahiert und damit in ihrer Komplexität auf das Wesentliche reduziert.[236] Ein weiteres Beispiel ist die Denktechnik Herausforderung. Dabei wird die bisherige Lösung infrage gestellt. Diese Hinterfragung erfolgt anhand dreier Warum-Fragen. Im Anschluss daran werden die Gründe ermittelt und Alternativen gesucht. Ein weiterer Name dieser Technik lautet CBA-Methode (Hinterfragung (**C**ut), Ermittlung der Gründe (**B**ecause) und Finden von Alternativen (**A**lternative).[237] Ein Beispiel für eine provokante Denktechnik nach de Bono ist die Provokation. Ziel ist die Umkehrung verinnerlichter

---

[233] Quelle: Gausemeier/Ebbesmeyer/Kallmeyer, 2001, S. 129.

[234] Vgl.: De Bono, 1996, S. 85-88.

[235] Vgl.: De Bono, 1996, S. 88-91.

[236] Vgl.: Gausemeier/Ebbesmeier/Kallmeier, 2001, S. 129.

[237] Vgl.: De Bono, 1996, S. 98.

Denkmuster. Die Provokation kann z.B. durch Übertreibung oder Wunschdenken erfolgen.[238] In der Phase des Erntens empfiehlt de Bono, die gesammelten Ideen zu dokumentieren. Dabei ist der Grad der Qualität und Reife der Ideen unbedeutend. In der Phase Behandlung von Ideen kommt es zur Modellierungen und Konsolidierungen von Ideen sowie dem Vergleich der Ideen, um anschließend eine erste Bewertung durchführen zu können. Kriterien dabei liegen in der Übereinstimmung mit dem Unternehmensprofil, dem praktischen Nutzen, der Realisierbarkeit sowie der Verfügbarkeit notwendiger Ressourcen.[239]

Im Hinblick auf die CII eignet sich vor allem die provokante Denkweise, um aus bestehenden Denkmustern auszubrechen und so den Suchraum systematisch zu erweitern.

Ein Beispiel einer Methode nach de Bono ist dabei die Ausfallschritt-Technik. Gegenstand sind provokative Reiz-Aussagen mit dem Ziel der Hinterfragung des Selbstverständlichen.

Eine Ankündigung der mentalen Provokation erfolgt über die Silbe „po" als Signalwort. Die Silbe entstammt den Begriffen Hy**po**these, Sup**po**sition, **Po**tenzial und **Po**esie und steht für eine Vorwärtsbewegung.[240]

Folgende Daten sind dabei relevant:

Prinzip	Analytisch-systematisch & intuitiv-kreativ
Ausgangsbasis	Gewohnheiten, Abläufe (Selbstverständliches)
Ziel	Verfremdung/Abstraktion dieser Selbstverständlichkeiten → Mentale Herausforderung
Gruppengröße	5 – 8 Personen (ideal); auch für eine einzelne Person möglich
Material	Visualisierungsoberfläche, eventuell Notizblätter

Tabelle 18: Ausfallschritt-Technik zur mentalen Provokation[241]

Das Vorgehen ist in drei Phasen zu unterteilen: Phase I beinhaltet das Sammeln der Selbstverständlichkeiten der Teilnehmer. Ein Beispiel ist dabei auszuwählen. In der Phase II erfolgt dann die Festhaltung des Selbstverständlichen in einem

---

238 Vgl.: De Bono, 1996, S. 298.

239 Vgl.: De Bono, 1996, S. 307.

240 Vgl.: Brunner, 2008, S. 105.

241 Vgl.: Brunner, 2008, S. 106-107.

prägnanten Satz. Als Beispiel kann hier das Thema „Kleidung" genommen werden, wenn es sich z.B. um ein Bekleidungsunternehmen handelt. „Es ist selbstverständlich, dass wir unseren Kunden die angebotene Kleidung verkaufen." Anschließend erfolgt die mentale Provokation, indem der zweite Satzteil verfremdet wird. Der Satz wird mit dem Signalwort begonnen: „Po, dass wir die angebotene Kleidung im Laden nicht verkaufen." In der dritten Phase erfolgt die mentale Bewegung, bei welcher anhand der aufgestellten Provokation Ideen abgeleitet werden. Dies gelingt durch die Herausstellung des Prinzips, Fokussierung auf Unterschiede zwischen der Provokation und der bestehenden Idee, Visualisierung der Provokation, Suche nach positiven Argumenten sowie der Betrachtung der Umstände, unter welchen die Provokation einen Wert besäße.[242] So könnte bei dem gewählten Beispiel die Idee sein, ein fremdes Geschäftsmodel z.B. aus der Branche der Dienstleistungen zu nehmen und die Kleidung zu „vermieten". Weiterhin bestünde die Möglichkeit, daraus gar einen Tausch-Marktplatz zu machen, auf dem Kleidung ohne Geldbetrag getauscht werden kann.

Diese Methode ist insgesamt als aufwandsarm umsetzbar und kreativitätsfördernd zu bewerten, wenngleich ein wenig Übung erforderlich ist. Sie ermöglicht auch eine mentale Suche in anderen Branchen, wenn von einem Moderator darauf verwiesen wird.[243]

De Bono entwickelte eine Vielzahl anderer Techniken, die ein „Um-die-Ecke-Denken" fördern. Als weiteres bekanntes Beispiel sei dabei die Hutwechsel-Methode zu nennen. Die Methode sollte im Team durchgeführt werden. Grundlage sind sechs Hüte von unterschiedlicher Farbe. Jeder Teilnehmer setzt jeden der Hüte nacheinander auf. Jede Hutfarbe charakterisiert eine Sicht- bzw. Denkweise, die im Folgenden anhand ihrer Eigenschaften dargestellt wird:

- Grün: Kreativität, assoziatives Denken & konstruktive Haltung

- Weiß: Fakten, Informationen, Objektivität, Analytisches Denken

- Blau: Moderator, überblickwahrend

---

242 Vgl.: De Bono, 1996, S. 144 ff.
243 Vgl.: De Bono, 1996, S. 144 ff.

- Gelb: Optimismus, spekulative Haltung, Best-Case-Szenario

- Rot: Emotionalität, subjektive Haltung

- Schwarz: skeptische Bewertung, kalkuliert Risiken, kritische Haltung[244]

Folgende Daten sind für die Umsetzung relevant:

Prinzip	Systematischer Wechsel der Sichtweise zur Förderung des lateralen Denkens
Ziel	Förderung des kreativen & lateralen Denkens; einen Blickwechsel wagen; das Ideenspektrum ausweiten; gefundene Ideen analysieren
Gruppen-größe	6 (ideal); auch für eine einzelne Person möglich
Material	Pro Teilnehmer sechs Farben; Visualisierungsfläche

Tabelle 19: Die Hutwechsel-Methode [245]

Auch diese Methode kann bei der Suche nach CII-Ideen Sinn machen, da verschiedene Blickwinkel eingenommen werden.

Eine weitere Möglichkeit nach De Bono sind Alternativen/Konzepte sowie die Herausforderung, welche unter die logischen Denktechniken zu fassen sind. Bei Konzepten/Alternativen wird zunächst ein Fixpunkt ausgewählt. Bei dem Fixpunkt handelt es sich um eine bestehende Lösung.

Hinter der Lösung befindet sich ein Konzept. So lässt sich das Automobil auf das Konzept der Fortbewegung reduzieren bzw. abstrahieren. Anhand dieser Abstraktion können weitere Lösungen gesucht werden. [246] De Bono empfiehlt in dem Kontext auch die Methode des sogenannten Konzeptfächers. Dabei werden nicht lediglich Ideen von einem Konzept abgeleitet, sondern nach weitergefassten Konzepten gesucht, zu welchen anschließend alternative Konzepte entwickelt/gesucht werden können. Anhand der alternativen Konzepte können so wiederum Ideen abgeleitet werden. Es entsteht eine Art Fächer, der mehrere Ebenen umfasst. Um den gewünschten Zweck zu erfüllen, wird dabei laut De Bono rückwärts gearbeitet. Als Beispiel führt er den „Umgang mit Verkehrsstau in den Städten" heran. In der Praxis würde dieser Zweck auf der rechten Seite eines Papiers notiert. Für die nächste

---

[244] Vgl.: Ideenfindung: 6-Thinking-Hats, verfügbar unter: http://www.ideenfindung.de/6-H%C3%BCte-Methode-6-Thinking-Hats-Kreativit%C3%A4tstechnik-Brainstorming-Ideenfindung.html [zuletzt aufgerufen am 07.01.2017].

[245] Vgl.: Brunner, 2008, S. 176.

[246] Vgl.: De Bono, 1996, S. 130ff.

Ebene sind dann weitergefasste Konzepte festzustellen. Das Beispiel führt De Bono weiter mit „den Verkehr reduzieren"[247]. Anschließend wird wieder zu rechten Seite des Papiers zurückgekehrt, um die spezifischen Konzepte, mit denen die weiter gefassten Konzepte umgesetzt werden können, zu notieren (Beispiele: Reduktion der Anzahl der Fahrzeuge, Einsatz öffentlicher Verkehrsmittel etc.). Für diese Konzepte müssen schließlich Ideen generiert werden, die die Umsetzung des jeweiligen Konzeptes ermöglichen.[248] Auf diese Weise kann eine große Anzahl potenzieller Ideen entwickelt werden.

In der folgenden Tabelle 20 wird das Konzept des lateralen Denkens nach de Bono im Hinblick auf die herausgestellten Methoden zusammengefasst und im Ganzen hinsichtlich der Zweckmäßigkeit für die Durchführung von CII evaluiert.

Methoden des lateralen Denkens | De Bono		
Gegenstand	• Verlassen der eingefahrenen Denkmuster • Perspektivenwechsel	
Vorgehensweise	Logisch • Konzepte/Alternativen • Herausforderung	Provokativ • Provokation • Zufallswort
Evaluation	Abstraktion	• Starke Förderung der Abstraktionsfähigkeit der Mitarbeiter
	Kreativität	• Ausgeprägte Förderung der Kreativität
	Branchenexterne Analogiesuche	• Ein Moderator kann externe Branchen in die Ideengenerierung einbringen
	Eingliederung Kooperationspartner	• Die Methoden können gemeinsam mit branchenfremden Partnern bespielt werden. Gerade das Hütedenken fördert den Austausch in Bezug auf branchenspezifische Herangehensweisen/Inhalte und externes Vokabular

Eignung für die CII-Typen				
Outside-In-Innovation	Inside-Out-Innovation	Coupled Innovation	Tatsächliche CII	Partiale CII
X	X	X	X	X

Tabelle 20: Zusammenfassung und Evaluation des lateralen Denkens

---

[247] Vgl.: De Bono, 2009, S. 68 ff.
[248] Vgl.: De Bono, 2009, S. 66 ff.

5.3 Synektik / William Gordon

Bei der Synektik handelt es sich um eine bekannte Analogie-Technik. Sie wurde 1944 von William Gordon entwickelt, der zuvor umfangreiche Studien über Denkprozesse und Prozesse zur Problemlösung durchführte.

Der Begriff Synektik wurde von dem griechischen Wort „synechein" abgeleitet, welches ins Deutsche übersetzt „etwas miteinander verbinden" bedeutet. Die Synektik befasst sich mit der Verbindung problemfremder, nicht miteinander in Verbindung stehender Wissensbausteine. Ebenso wie beim lateralen Denken ist das Ziel, bekannte Denkmuster zu verlassen.[249]

Es erfolgt eine Verfremdung des formulierten Problems. Durch Analogiebildung soll nach sinnverwandten Problemstellungen gesucht werden, die sich z.B. in anderen Bereichen ergeben. Hinter dem methodischen Ablauf verbirgt sich das Prinzip der Stimulation des kreativen Prozesses. Lösungen sind nicht sofort, sondern im Laufe dieses Prozesses, der mit einer zunehmenden gedanklichen Entfernung vom Ausgangsproblem einhergeht, zu finden.[250]

Im letzten Schritt sind die im kreativen Prozess hervorgebrachten anlogen Lösungsmöglichkeiten auf die eigentliche Problemstellung zu beziehen. Das vordergründige Problem steht somit am Anfang und Ende des Prozesses. Das „erzwungene" Transferieren der Analogie bezeichnete Gordon als „Force Fit". Bei dieser Methode bestehen hohe Anforderungen an die Teilnehmer im Hinblick auf Objektivität, Konzentration, Offenheit und eine zielegerichtete Arbeitsweise. Auch der Moderator sollte im Hinblick auf seine Lenkungsaufgabe mit den Besonderheiten dieser Methode vertraut sein, um eine Sitzung erfolgreich moderieren zu können. Der Zeitaufwand liegt bei etwa drei Stunden, kann aber auch deutlich länger ausfallen.[251]

---

[249] Vgl.: Bjoerk.de, verfügbar unter: http://www.bjoerk.de/synektik [zuletzt aufgerufen am 07.01.2017].

[250] Vgl.: Disselkamp, 2012, S. 117 ff.

[251] Vgl.: Bjoerk.de, verfügbar unter: http://www.bjoerk.de/synektik [zuletzt aufgerufen am 29.11.2016]

Prinzip	Entfremdung des Problems und anschließende Analogiesuche
Ziel	Finden nicht offensichtlicher, analoger Problemlösungen
Gruppen-größe	5-7 (ideal)
Material	Visualisierungsfläche

Tabelle 21: Daten zur Durchführung der Synektik[252]

Der Ablauf gestaltet sich i.d.R. wie folgt:

1. Problemanalyse und -definition (wird im Rahmen der CII meist vorher durch gründliche Analysen erschlossen):

In der ersten Phase wird das Problem formuliert und vertieft, um das Bewusstsein für den Sachverhalt zu stärken.

<u>Beispiel</u>: Konventionelle Kleber besitzen Schwächen in ihrer Effizienz – vor allem bei sehr glatten Oberflächen.

2. Spontane Lösungen:

Die spontanen Lösungen können z.B. im Rahmen eines Brainstormings geäußert werden. Ergebnis können durchaus übliche Lösungen sein.

<u>Beispiel</u>: Produkt zum Anrauen von Oberflächen, Suche nach neuen Zusammensetzungen etc.

3. Neu-Formulierung/Verfremdung des Problems:

Beispiel: „Gesucht wird ein Material, welches an glatten Oberflächen dauerhaft, unter widrigen Bedingungen haftet."

4. Bildung und Auswahl direkter Analogien:

Hierbei stehen Merkmale und Eigenschaften artfremder Bereiche im Vordergrund. Dabei kann beispielsweise versucht werden, biologische Analogien zu finden. An dieser Stelle können von dem Moderator gezielte Fragen gestellt werden. Häufig stellt sich dabei die Frage: „Wie löst die Natur das Problem?" Im Rahmen der CII eignet sich die Frage: „Wie lösen andere Branchen ein ähnliches/analoges Problem?".

<u>Beispiel</u>: „Zähne, die eine sehr glatte Oberfläche besitzen, müssen bei Schäden häufig mit einer Art Klebstoff behandelt werden."

---

[252] Vgl.: Disselkamp, 2012, S. 117 ff.

5. Bildung und Auswahl persönlicher Analogien („Identifikation"):

In dieser Phase erfolgt der Versuch, sich in das Objekt hineinzuversetzen, um diese Emotionen wiederzugeben. („Wie fühle ich mich als Smartphone?")

Beispiel: „Als Klebstoff möchte ich nicht lange flüssig sein."

6. Bildung und Auswahl symbolischer Analogien („Kontradiktionen"):

An dieser Stelle wird versucht das Problem visuell oder akustisch darzustellen, u.a. durch Klänge, Formen und andere visuelle Darstellungen.

Beispiel: Darstellung des Klebstoffes als verlaufende Flüssigkeit."

7. Zweite direkte Analogien und dessen Auswahl (z.B. aus der Technik → „Welche Technologien könnten das Problem lösen?")

Beispiel: „Licht kann ein bestimmtes flüssiges Material schnell erhärten."

8. Analyse der ausgewählten Analogien („Welche Merkmale besitzen die gefundenen Analogien?")

Beispiel: Flüssiges Material, schnelles Trocknen, Lichteinsatz

9. Transfer auf das Problem („Force-Fit" → „Welche Bedeutung haben diese Merkmale für das Ausgangsproblem?")

Beispiel: Ein flüssiger Klebstoff eignet sich am besten für zerbrochene Objekte, die wieder möglichst genau zusammengesetzt werden sollen. Ist die geeignete Position der Scherbe gefunden, so sollte sich das Material erhärten. Hierbei ergibt sich die Frage des Materials, welches bei Füllungen (Dentist) eingesetzt wird.

10. Entwicklung von Lösungsansätzen[253]

Beispiel: Entwicklung eines Klebestiftes, welcher auf der einen Seite den Klebstoff freisetzt und auf der anderen Seite ein spezielles UV-Licht bietet, das nach dem Auftrag des Klebers den Stoff erhärtet.[254]

---

[253] Vgl.: Bjoerk.de, verfügbar unter: http://www.bjoerk.de/synektik [zuletzt aufgerufen am 07.01.2017]

[254] Vgl.: Disselkamp, 2012, S. 118 f., zitiert nach Nöllke, 2002, S. 79–80; Pepels, 1999, S. 45–46; Bjoerk.de, verfügbar unter: http://www.bjoerk.de/synektik [zuletzt aufgerufen am 07.01.2017]; Beispiel angelehnt an: BluFixx, verfügbar unter: https://www.blufixx.com/%C3%9Cber-uns/pages/4?locale=de [zuletzt aufgerufen am 07.01.2017].

Die Synektik kann dazu beitragen, die Mitarbeiter in ihrer Abstraktionsfähigkeit zu fördern und dabei unterstützen, ihre gradlinigen Denklinien zu verlassen. Der methodische Prozess der Synektik kann durch effektive Moderation auf das Prinzip der Cross-Industry-Innovation ausgerichtet werden. Ziel ist dabei die Analogiesuche in externen Branchen. Durch die hohe kognitive Distanz ist das Potenzial radikaler Innovationen sehr hoch.

Kurz angesprochen werden soll an dieser Stelle die **Bionik.** Es handelt sich hierbei nicht direkt um eine externe Branche, jedoch um einen Bereich, der sich im Grunde in ähnlicher kognitiver Distanz befindet. Die Bionik ist in den interdisziplinären Forschungsbereich zwischen Biologie und Technik einzuordnen. Hinter dem Konzept verbirgt sich Analogiebildung, die auch bei der Synektik im Zentrum steht. Allerdings liegt der Fokus im Rahmen der Bionik auf Problemanalogien und -lösungen in der Natur. Es kann als Spezifizierung der Synektik zugeordnet werden. Urgründer der Bionik ist der Künstler und Wissenschaftler Leonardo da Vinci. So finden sich erste Einflüsse bionischen Denkens in seinen Erfindungen im 16. Jahrhundert (Flugapparat → Analogie: Vögel bzw. dessen Flugmechanismus). Ziel ist also die Übertragung von Prinzipien und Funktionen aus der Natur auf die Technik. Eine Suche in der Natur kann erfolgsversprechend sein, ist aber an hohe Anforderungen an technologisches und biologisches Know-how geknüpft.[255] Allerdings bietet sich im Falle fehlenden biologischen oder technologischen Wissens die Kooperation mit einem Unternehmen an, welches das jeweils komplementäre Wissen besitzt. Das bloße Kopieren der Natur reicht nicht aus, um innovative Produkte auf den Markt zu bringen. Anpassungen oder Verbesserungen stehen außer Frage. Ein Beispiel aus der Praxis beschreibt das Fallbeispiel 11.

---

[255] Vgl.: Disselkamp, 2012, S. 117, zitiert nach Nöllke, 2002, S. 76.

Speedo Fastskin Swimwear – inspiriert von einem der schnellsten Schwimmer der Meere

1996 setzte sich der Schwimmartikelhersteller Speedo das Ziel, im Jahr 2000 den „schnellsten" Schwimmanzug der Welt auf den Markt zu bringen.

Inspiration holte sich die Forschungsabteilung aus der Natur. Angelehnt an die Haut eines Hais, gelang es den Entwicklern einen Schwimmanzug zu konstruieren, der einen enorm geringen Reibungswiderstand auf seiner Oberfläche aufweist. Durch Anordnung von längsgerichteten Rillen, wie sie auch auf der Haut des Knorpelfisches bestehen, wird die Strömung kanalisiert; die Oberfläche ist außerordentlich glatt. Auf der Oberfläche befinden sich v-förmige, dentrikelartige Erhebungen für den geringsten Widerstand.

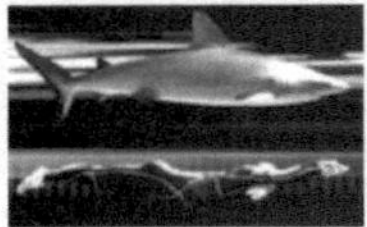

Fallbeispiel 11: Die Haihaut als Vorbild innovativer Schwimmanzüge[256]

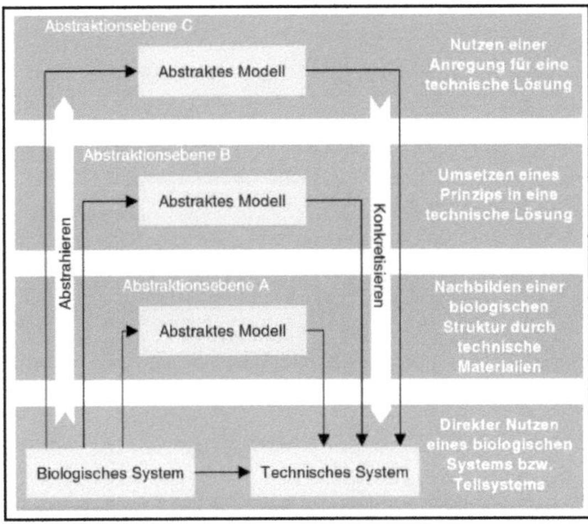

Abbildung 33: Möglichkeiten bionischer Vorgehensweisen nach Hill[257]

Die Durchführung der Bionik sollte i.d.R. von einem interdisziplinären Team durchgeführt werden, welches aus Biologen und Ingenieuren besteht. Die Abbildung 33 zeigt einen Überblick potenzieller Herangehensweisen. Ziel ist stets die Übertragung eines biologischen Systems auf ein technisches System. Seltener geschieht dies auf dem direkten Weg, häufiger über den Weg der Verknüpfung des Problems

---

[256] Vgl.: Speedo, verfügbar unter: http://www.speedo.co.uk/technology/fastskin [zuletzt aufgerufen am 07.01.2017]; Bild: http://www.scienceinthenews.org.uk/contents/?article=8 [zuletzt aufgerufen am 07.01.2017].

[257] Vgl.: Eversheim, S. 185; Hill, 1999, S. 80.

über Abstraktionsebenen (Abstraktionsebenen A, B und C) mit dem analogen, biologischen Bereich.[258] Als Beispiel für Vorgehensweisen über Abstraktionsebenen kann der sogenannte Lotuseffekt genannt werden. Er basiert auf der Eigenschaft der Oberflächenbeschaffenheit einer Lotusblume. Mikro- und Nanostrukturierungen, die eine Noppenform besitzen sowie eine Wachsschicht auf der äußeren Schicht der Pflanze sorgen dabei für einen wasserabweisenden Effekt. Schmutzartikel werden so leicht von kleinen Wassertropfen abgetragen. Dieses Prinzip wurde u.a. auf Fassadenfarbe übertragen. Die Fassaden bleiben nachgewiesen länger sauber.[259]

Die Tabelle 22 fasst die Methode der Synektik zusammen und evaluiert sie in Hinblick auf die CII.

---

[258] Vgl.: Hill, 1999, S. 81.

[259] Vgl.: Biokon.de, verfügbar unter: http://www.biokon.de/bionik/best-practices/detail/?tx_nenews_uid=1632&cHash=231511eadc8383e42bcc3876ee54c609 [zuletzt aufgerufen am 07.01.2017].

Synektik				
Gegenstand	Identifikation von Lösungsansätzen durch die Ermittlung von Analogien in problemfremden Bereichen			
Vorgehensweise	1. Problemdefinition 2. Formulierung spontaner Lösungen 3. Problemverfremdung 4. Bildung direkter Analogien 5. Bildung persönlicher Analogien		6. Bildung symbolischer Analogien 7. Erneute Bildung direkter Analogien 8. Analyse der Analogien 9. Transfer auf das Problem („Force Fit") 10. Entwicklung von Lösungsansätzen	
Evaluation	Abstraktion		• Prägnante Förderung der Abstraktionsfähigkeit durch Entfremdung des Problems und Änderungen des Blickwinkels	
	Kreativität		• Förderung der Kreativität durch verschiedene Analogieebenen	
	Branchenexterne Analogiesuche		• Möglich durch Moderation; gezielte Ausrichtung auf branchenexterne Analogien dennoch als schwierig zu beurteilen	
	Eingliederung Kooperationspartner		• Ist möglich und schafft neuen Wissens-Input	
Eignung für die CII-Typen				
Outside-In-Innovation	Inside-Out-Innovation	Coupled Innovation	Tatsächliche CII	Partiale CII
X	X	X	X	X

Tabelle 22: Zusammenfassung und Evaluation der Synektik

5.4 Einbindung externer Akteure

Das Kapitel 5.4 umfasst die Möglichkeit der Integration externer Akteure zur Ideengenerierung. Im Vordergrund stehen dabei

1)	das Pyramid-Networking sowie
2)	der Einsatz von Knowledge-Brokern.

Tabelle 23: Inhalte des Kapitels 5.4

Durch die Einbindung externer Personen oder Institutionen kann der Suchraum systematisch erweitert werden. Dies kann z.B. mittels Pyramid-Networking oder Knowledge-Brokern erfolgen.

Beim Pyramid-Networking handelt es sich um einen Ansatz aus der Lead-User-Forschung, bei dem Experten zu einem Themenbereich gesucht werden.

Bei Lead Usern handelt es sich um Anwender, die sich vom Durchschnittsanwender durch das frühzeitige Erkennen zukünftiger Bedürfnisse und Produktanforderungen sowie ein ausgeprägtes Problemlösungsinteresse abheben.[260] Lead-Usern wird aus diesem Grund ein hohes spezifisches Wissen und großes Interesse an der Entwicklung innovativer Produkte zugeschrieben. Aufgrund ihrer intensiven Beschäftigung mit einem bestimmten Problem, können sie i.d.R. auf Experten verweisen, die sich in anderen Bereichen mit analogen Problemen beschäftigen.[261]

Das Vorgehen bei Pyramid-Networking gestaltet sich sequenziell: Der Kontakt zu führenden Experten eines Marktes wird z.B. über Telefon-Interviews mit Lead Usern aufgebaut. Da bei ihnen i.d.R. ein hohes Interesse an dem jeweiligen Themenbereich herrscht, besitzen sie zumeist Kontakt zu Personen, die eine höhere Expertise in dem Bereich aufweisen.[262] Grundlage sind also Beziehungsgeflechte, die dabei helfen, Expertenwissen zu finden, was sich am oberen Ende der „Wissenspyramide" befindet. Ist das Projektteam an dieser Stelle angekommen, so ist die Wahrscheinlichkeit groß, dass die entsprechenden Experten Kontakt zu Experten aus anderen Bereichen besitzen, die sich mit analogen Problemen in anderen Anwendungsfeldern beschäftigen. Dieses Vorgehen kann einen wichtigen Beitrag zur Generierung von CII-Ideen leisten. Ziel der Bemühungen sollte es sein, Wissen durch Interviews oder zusätzliches Wissen durch anschließende Workshops mit Experten zu erhalten. Eine weitere Möglichkeit ist der Aufbau einer Kooperation.

---

[260] Vgl.: Von Hippel, 1988, S. 107.

[261] Vgl.: Von Hippel, 2005, S. 135.

[262] Vgl.: Von Hippel, 1999, S. 5 f., verfügbar unter: http://web.mit.edu/people/evhippel/papers/HBR%2099%20LU%20pub%20version%203M.pdf [zuletzt aufgerufen am 07.01.2017].

Die Abbildung 34 veranschaulicht das Vorgehen beim Pyramid-Networking:

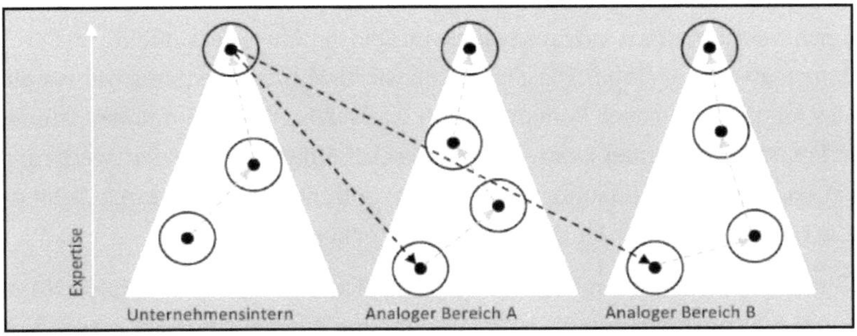

Abbildung 34: Pyramid-Networking[263]

Unternehmensintern wird dabei die Person gesucht, die möglicherweise die größte Expertise in einem interessanten Trendbereich oder im Bereich des konkreten Problems besitzt. Diese Person kann i.d.R. auf Personen in anderen Bereichen, die lösungsrelevantes Wissen besitzen, verweisen. In dem analogen Bereich könnte wiederum auf weitere Experten in einem anderen anlogen Bereich aufmerksam gemacht werden. Dabei sind viele analoge Bereiche denkbar, auf die verwiesen werden kann und die anschließend einer genaueren Analyse zu unterziehen sind.[264]

Durch das Pyramid-Networking erfolgt für die Teammitglieder ein Lernprozess – das ausgewählte Suchfeld erschließt sich dem Team sukzessive – wodurch stetig neue Informationen in jede weitere Suche systematisch eingebaut werden können. Ferne Analogien können auf diese Weise erfolgreich identifiziert werden. Eric von Hippel nennt als Beispiel für das Pyramid-Networking die Vorgehensweise eines Projektteams, welches auf der Suche nach einer Lösung für medizinische Bildverarbeitung war, um z.B. Tumore in einem frühen Stadium entdecken zu können. Zunächst wandten sie sich an erfahrene Radiologen, die sich den Herausforderungen der medizinischen Bildverarbeitung angenommen haben. Dabei konnten einige Lead User identifiziert werden, welche im Bereich der Bildverarbeitung innovativ tätig waren, aber bis dato noch keine entsprechende Innovation auf den Markt gebracht haben. Die Mitglieder des Projektteams fragten anschließend nach

---

263 Wagenstetter, 2015, S. 103; auch: Von Hippel, 1999, S. 6, verfügbar unter: http://web.mit.edu/people/evhippel/papers/HBR%2099%20LU%20pub%20version%203M.pdf [zuletzt aufgerufen am 07.01.2017].

264 Vgl.: Von Hippel, 1999, S. 5 f., verfügbar unter: http://web.mit.edu/people/evhippel/papers/HBR%2099%20LU%20pub%20version%203M.pdf [zuletzt aufgerufen am 07.01.2017].

Personen, die noch fortgeschrittener in den Beschäftigungen mit den Aspekten der Bildverarbeitung waren – unabhängig von der Industrie und dem Anwendungsbereich. Sie wurden u.a. auf Spezialisten im Feld der Mustererkennung im Bereich der Informatik aufmerksam. Die computerbasierte Mustererkennung war vor allem für das Militär von großer Bedeutung, um u.a. Gefahren auf dem Boden frühzeitig zu erkennen. Es konnten Lead User im Bereich Militär identifiziert werden, die bestrebt waren, die Bildauflösung soweit zu optimieren, wie es durch Anbindung an die computerbasierte Mustererkennung möglich war.

Durch den Austausch mit den Lead Usern/Experten ist es für Projektteams i.d.R. möglich, Prinzipien und wichtige Aspekte der Technologie noch besser zu verstehen. Die zu erreichenden Ziele können sich durch das neue Verständnis gar wandeln: So war das Initialziel des Projektteams, möglichst hochauflösende Bilder erstellen zu können – durch den Austausch mit den Lead Users im Militär erschlossen sich ganz neue Möglichkeiten: Nun war das Ziel, Methoden zu entwickeln, um die Erkennung medizinischer Muster mit der Bildverarbeitung zu verknüpfen. Die branchenübergreifende Suche nach Lead Usern und deren spezifisches Wissen unterstützte das Team somit signifikant bei der Suche nach radikalen Innovationen im Rahmen der medizinischen Bildverarbeitung.[265]

Auch durch sogenannte Knowledge Broker besteht für Unternehmen die Möglichkeit, branchenexterne Ressourcen systematisch zu nutzen. Der Begriff Knowledge Broker steht für Unternehmen oder Organisationseinheiten, die mit unterschiedlichsten Branchen kooperieren. Durch Kooperationen kann das Unternehmen Erfahrungen aus den verschiedensten Bereichen ziehen und so neue Anwendungsfelder entdecken. „Typische Knowledge Broker sind branchenmäßig diversifizierte Entwicklungsdienstleister, Anbieter von Querschnittstechnologien sowie Hochschulen und Forschungsinstitutionen."[266] Nach Hargadon besitzen Knowledge Broker durch praktische Erfahrungen in vielen Bereichen ein umfassendes, diverses Wissen, mit welchem sie in der Lage sind, bestehende Wissensinhalte auf neue Weise zu kombinieren und dadurch radikale Innovationen zu schaffen.[267] Bedeutsam sind vor allem die damit verbundenen Hebelwirkungen: Unternehmen können

---

[265] Vgl.: Von Hippel, 1999, S. 5 f., verfügbar unter: http://web.mit.edu/people/evhippel/papers/HBR%2099%20LU%20pub%20version%203M.pdf [zuletzt aufgerufen am 07.01.2017].

[266] Enkel/Dürmüller (Gassmann/Sutter Hrsg.), 2011, S. 230.

[267] Vgl.: Hargadon, 2002, S 43 f.

durch die Kooperation mit einem Knowledge Broker bzw. die Einbindung eines Knowledge Brokers in den Innovationsprozess Wissen, Technologien oder Lösungsansätze aus externen Wirtschaftsbereichen in das eigene Unternehmen übertragen. (Outside-In-Innovation) Ein weiteres Potenzial ergibt sich durch das branchenspezifische Wissen des Knowledge Brokers sowie dessen Kontaktnetzwerk zu externen Branchen. Auf diese Weise können attraktive Kooperationspartner unterschiedlicher Branchen zusammengebracht werden, um Analogien zu nutzen („Katalysatorwirkung"[268]). Die Einbindung eines Knowledge Brokers kann dabei unterstützen, das Problem oder die Kompetenz zu abstrahieren. Auch für Identifikation der Anforderungen des Ziel-Marktes kann die Einbindung sehr bedeutsam sein.

Das Unternehmen Sevex als Hersteller von Hitzeschilde beanspruchte einen universitären Knowledge Broker für die Diversifikation seiner Kernkompetenzen. Für die Prüfung der Märkte, in welchen Sevex in Zukunft tätig sein wollte, wurden Internetrecherchen und Experteninterviews durchgeführt. Dabei profitierte Sevex von dem breiten Kontaktnetzwerk des Knowledge Brokers und dessen unvoreingenommener Perspektive auf den Markt, die sich durch das Fehlen von Betriebsblindheit und negativer Erfahrung auszeichnete.

Die Integration des Knowledge Brokers förderte außerdem die Akzeptanz innerhalb des Unternehmens gegenüber Vorgehen und externen Lösungen.

Das Einbringen eines Knowledge Brokers kann Innovationsvorhaben sowohl bei der Inside-Out-Innovation als auch bei der Outside-In-Innovation unterstützen.

Der Knowledge Broker hat nicht lediglich die Funktion des Wissensvermittlers, sondern wird häufig aktiv am Innovationsprozess beteiligt und stellt somit einen „Cross-Industry-Entwicklungspartner"[269] dar. Als Entwicklungspartner Unternehmen bei ihren Cross-Industry-Vorhaben zu unterstützen wurde zunehmend die Aufgabe der Knowledge Broker. Aus diesem Grund haben sich auch deren Geschäftsmodelle und Prozesse gewandelt. In der letzten Dekade wurde der Fokus von CII zunehmend auf den Inside-Out-Prozess, also der Multiplikation eigener Kompetenzen in neuen Märkten gelegt, während zuvor meist Outside-In-Innovationen erfolgten.

---

[268] Enkel/Dürmüller (Gassmann/Sutter Hrsg.), 2011, S. 230.
[269] Enkel/Dürmüller (Gassmann/Sutter Hrsg.), 2011, S. 231.

Mit dieser Veränderung nehmen die Relevanz der Kenntnisse über viele Branchen und darin vorhandenen Kompetenzen sowie der Aufbau eines starken Kontaktnetzwerkes stetig zu.

Knowledge Broker streben deshalb im Rahmen der Personalrekrutierung oder Struktur von Teams zunehmend Multidisziplinarität, welche durch differierende Industrieerfahrung geprägt ist, an.[270]

Bekannte Knowledge-Broker sind z.B. die Unternehmensberatung McKinsey & Company und die Design- und Innovationberatung IDEO.[271] IDEO besitzt eine ausgesprochen weitgestreute Erfahrung durch die Arbeit in mehr als 50 verschiedenen Industrien und die Entwicklung von über 4.000 innovativen Produkten für mehr als 1.000 Klienten.[272] Das divergente Wissen dieses Knowledge Brokers basiert einerseits auf dem intensiven Austausch mit seinen Klienten, der Beobachtung der Akteure innerhalb der jeweiligen Industrie und der Untersuchung der dort existierenden Produkte sowie Experteninterviews. Andererseits ist das Unternehmen auch aktiv an der Entwicklung der Produkte beteiligt und kann sich so ein hohes (technologisches) Know-how im Hinblick auf die Lösungen der jeweiligen Branche aneignen.[273]

---

[270] Vgl.: Enkel/Dürmüller (Gassmann/Sutter Hrsg.), 2011, S. 232.

[271] Vgl.: Hargadon, 2002, S. 47.

[272] Vgl.: Hargadon, 2003, S. 136.

[273] Vgl.: Hargadon, 1997, S. 732 f.

Die folgende Tabelle 24 fasst die genannten Möglichkeiten der Einbeziehung externer Akteure in den CII-Ideen-Generierungsprozess zusammen und evaluiert sie anhand der festgelegten Kriterien:

<table>
<tr><td colspan="5" align="center">Einbindung externer Akteure</td></tr>
<tr><td>Gegenstand</td><td colspan="4">Durch die Einbindung externer Akteure wird Zugang zu externem Wissen/Ressourcen geschaffen</td></tr>
<tr><td>Vorgehensweise</td><td colspan="4"><ul><li>Pyramid-Networking: Sequenzielle Suche nach Lead-Usern/Experten<ul><li>Suche nach Lead Usern im ursprünglichen Zielbereich (z.B. durch Telefon-Interviews)</li><li>Verweis auf Experten in analogen, (branchenfremden) Bereichen (Nutzung von Beziehungsverflechtungen)</li></ul></li><li>Knowledge Broker: Institutionen/Organisationen fungieren dabei als Intermediäre im interdisziplinären Wissenstransfer<ul><li>Zusammenarbeit/Austausch mit Knowledge-Brokern, welche i.d.R. über ein ausgeprägtes divergentes Wissen verfügen</li></ul></li></ul></td></tr>
<tr><td rowspan="4">Evaluation</td><td colspan="2">Abstraktion</td><td colspan="2"><ul><li>Knowledge-Broker können eine Abstraktion durch Objektivität und Unvoreingenommenheit unterstützen</li></ul></td></tr>
<tr><td colspan="2">Kreativität</td><td colspan="2"><ul><li>Förderung der Kreativität der Teammitglieder durch Verknüpfung bestehender Wissensinhalte</li></ul></td></tr>
<tr><td colspan="2">Branchenexterne Analogiesuche</td><td colspan="2"><ul><li>Branchenfremde Bereiche können dabei zielgerichtet anvisiert werden (z.B. durch die Analogiebildung beim Pyramid-Networking)</li><li>Knowledge-Broker können die spezifische Branchenebene unvoreingenommen verlassen und durch Fachwissen in anderen Branchen als Übersetzer und Transmitter dienen</li></ul></td></tr>
<tr><td colspan="2">Eingliederung Kooperationspartner</td><td colspan="2"><ul><li>Im Rahmen der vorgestellten Möglichkeiten grundlegend</li></ul></td></tr>
<tr><td colspan="5" align="center">Eignung für die CII-Typen</td></tr>
<tr><td>Outside-In-Innovation</td><td>Inside-Out-Innovation</td><td>Coupled Innovation</td><td>Tatsächliche CII</td><td>Partielle CII</td></tr>
<tr><td align="center">X</td><td align="center">X</td><td align="center">X</td><td align="center">X</td><td align="center">X</td></tr>
</table>

Tabelle 24: Zusammenfassung und Evaluation der Einbindung externer Akteure

5.5 Medienbasierte Recherche

Kapitel 5.5 umfasst Methoden der medienunterstützten Recherche durch

1)	die Untersuchung von Webshops oder unternehmenseigenen Homepages,
2)	webbasierte, algorithmische Suchmaschinen,
3)	spezielle Datenbanken,
4)	Patentrecherchen,
5)	Beobachtung inspirierender Webseiten.

Tabelle 25: Inhalte des Kapitels 5.5

Die medienbasierte Recherche beschreibt in diesem Kapitel schwerpunktmäßig die Suche nach Ideen oder analogen Lösungen über das Internet. Diese Methode kann sowohl alternativ als auch ergänzend zu anderen Methoden angewandt werden. Es geht dabei vor allem um das Aufspüren expliziten Wissens, welches durch Informationssysteme gespeichert und verteilt werden kann. Implizites Wissen, welches an Personen gebunden und somit im Web nicht frei abrufbar ist, kann nur über den Träger des Wissens genutzt werden, weshalb sich in diesem Fall die internetbasierte Suche nach Experten anbietet.[274]

In Zeiten einer hohen Globalisierung und Vernetzung liegen Informationen in nie dagewesenem Volumen vor. Die Zugänglichkeit von Informationen und Daten erscheint einfacher als je zuvor. Im heutigen Informationszeitalter stellt vor allem das Internet eine wesentliche Quelle relevanter Informationsdaten zu Produkten, Unternehmen und Technologien dar. Viele Unternehmen stellen neue Produkte und Technologien auf ihrer eigenen Homepage in Form öffentlicher Mitteilungen vor. Zudem besitzen 36% der Unternehmen in Deutschland einen eigenen **Webshop**[275], über welchen sie ihre Produkte vertreiben und Details über diese offenlegen. Häufig besteht für Kunden die Möglichkeit, Rezensionen zum erworbenen Produkt zu hinterlegen und so die jeweilige Informationsbasis für andere Interessenten zu erhöhen. Auf diese Weise können potenzielle Schwächen der Produkte aufgedeckt

---

[274] Vgl.: Kalogerakis, 2010, S. 56 f.

[275] Repräsentative Umfrage der Bitkom Research: Befragung von 503 Geschäftsführer und Vorstandsmitglieder (Unternehmen mit mind. 20 Mitarbeitern); Bitkom, verfügbar unter: https://www.bitkom.org/Presse/Presseinformation/Jedes-dritte-Unternehmen-betreibt-einen-Online-Shop.html [zuletzt aufgerufen am 07.01.2017].

oder nicht erfüllte Kundenwünsche erkannt werden und so als Inspirationsquelle für CII dienen.

Die Schwierigkeiten bei der Suche nach CII-Ideen über **webbasierte, algorithmische Suchmaschinen** liegen hauptsächlich darin, den bzw. die richtigen Suchbegriffe auszuwählen und die passende Eingrenzung des Suchumfangs vorzunehmen.[276] Zudem ist die Wahl der Suchmaschine für die Qualität des Ergebnisses entscheidend.[277] Bei der Wahl des Suchbegriffs ist je nach gewünschter kognitiver Distanz bzw. Innovationsgrad der Lösung darauf zu achten, einen geeigneten Abstraktionsgrad der ursprünglichen Problemstellung zu erreichen. Nur so kann die Suche auch zu fernen Wissensinhalten führen. Bei der Eingabe der Suchanfrage ist zudem die Synonymie von Ausdrücken zu berücksichtigen. Wurde die Problemstellung auf Grundprinzipien abstrahiert, so sind für diese auch Synonyme zu verwenden.[278] Für den Begriff „Behältnis" sind u.a. „Behälter", „Gefäß" oder „Reservoir" je nach Bedeutung zusätzlich zu wählen. Webbasierte Wörterbücher sind frei zugänglich und unterstützen die Suche nach Synonymen.[279]

Weiterhin bietet es sich an, die Suchanfragen in englischer Sprache zu stellen, da der Großteil der Wissensinhalte in englischer Sprache zu finden ist und der Suchradius dadurch möglichst weit gehalten werden kann.

Suchmaschinen können in eigenständige Suchmaschinen und Meta-Suchmaschinen[280] gegliedert werden. Meta-Suchmaschinen beziehen die Suchergebnisse von mehreren eigenständigen Suchmaschinen, wie die von Google, und bereiten die Ergebnisse auf. Zwar ist der Suchkreis dadurch größer, die Qualität der Ergebnisse hängt aber von den befragten eigenständigen Suchmaschinen ab. Weiterhin erfolgt die Abfrage nicht anhand von Webseiten, sondern anhand von Metadaten, die in der Liste der Ergebnisse der eigenständigen Suchmaschinen vorliegen, wodurch es zu Genauigkeitsverlusten kommen kann.[281]

Eine Eingrenzung des Suchkreises kann u.a. durch Suchoperatoren erfolgen. Dabei kann der Bindestrich „-" oder der „Not"-Operator gewählt werden, um gewünschte

---

[276] Vgl.: Eppinger/Ulrich, 2012, S. 106 f.

[277] Vgl.: Kalogerakis, 2010, S. 56 f.

[278] Vgl.: Kalogerakis, 2010, S. 58.

[279] Beispiel: https://www.openthesaurus.de/

[280] Beispiel: http://metacrawler.de/

[281] Vgl.: Kalogerakis, 2010, S. 58.

Wörter zu entfernen.[282] Dadurch ist es möglich, im Rahmen der CII-Ideen-Suche naheliegende Ergebnisse auszuschließen, um die kognitive Distanz möglichst weit zu halten. [283]

Häufig ergibt sich bei der ersten Suche eine hohe Trefferanzahl, die in der Summe nicht detailliert ausgewertet werden kann. Optimal ist deshalb ein direktes, automatisches Clustern der Ergebnisse. Das ist z.B. über die Meta-Suchmaschine „Cluuz.com" möglich, die eine semantische Suche anbietet. Die Suchergebnisse können dabei neben der Listenansicht auch als Cluster angezeigt werden, wodurch Beziehungsverflechtungen sichtbar werden.[284] Auch das Tool „answerthepublic.com", bei welchem die Ergebnisse der Keyword-Suche u.a. als (Kunden-) Fragen oder mit Präpositionen angezeigt werden können, kann bei der systematischen Suche sehr hilfreich sein und/oder als Inspirationsquelle dienen (vgl.: Abbildung 35):

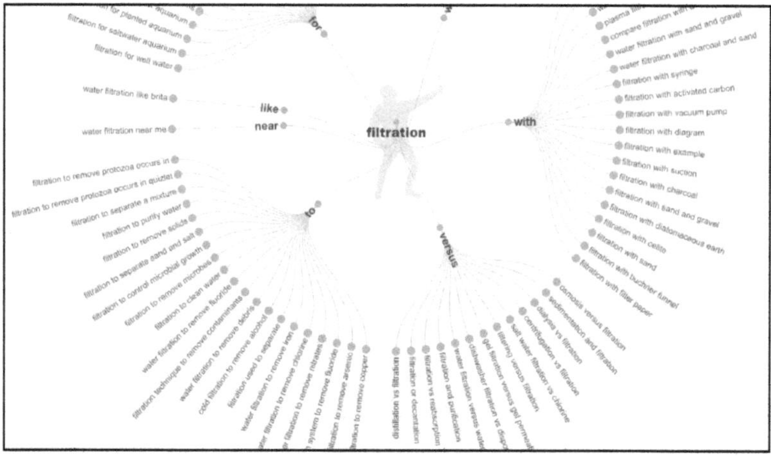

Abbildung 35: AnswertThePublic als Tool zur Ideengenerierung:

Vorteil und Nachteil zugleich finden sich bei der Anwendung von Suchmaschinen durch den sehr weiten Suchradius. Einerseits können so wissenschaftlich wertvolle und seriöse Informationen gefunden werden, die möglicherweise aus anderen

---

[282] Performics, verfügbar unter: http://www.performics.de/blog/suchoperatoren-clever-und-effektiv-suchen [zuletzt aufgerufen am 07.01.2017].

[283] Vgl.: Kalogerakis, 2010, S. 58.

[284] Siehe: http://www.cluuz.com/

Branchen stammen, andererseits bietet das Internet aufgrund der nahezu unein-geschränkten Zugänglichkeit auch eine immense Plattform für die Verbreitung von Falschinformationen, was nicht zu verkennen ist.[285]

Für gesichert seriöse Informationen bieten sich **spezielle Datenbanken** an, die im Internet frei zugänglich sind, deren Inhalte aber nicht von den Suchmaschinen er-fasst werden. Man spricht dabei auch von dem „Deep Web". Dessen Datenbestand wird etwa auf das 500-fache des sogenannten „Surface Web" der Suchmaschinen, welche das Internet indexieren, geschätzt. Ein Beispiel hierfür ist die Datenbank der Deutschen Zentralbibliothek für Wirtschaftswissenschaften (ZBW[286]). Die Da-tenbanken sind z.T. kostenfrei und z.T. kommerzialisiert, wie z.B. Scopus[287].

Webkataloge wie DMOZ[288], die zu dem internetstrukturierenden „Surface Web" ge-hören, sind nur zweckmäßig, wenn bereits eine stärkere Eingrenzung der Suche stattgefunden hat, da Webverzeichnisse dieser Art bereits durch Themenblöcke vorstrukturiert sind.[289]

Eine weitere Möglichkeit, um gezielt nach seriösen Wissensinhalten zu suchen, stellen **Patentrecherchen** dar. Neue Patentanmeldungen werden vom Patentamt nach 18-monatiger Geheimhaltung in Form einer Offenlegungsschrift[290] publik ge-macht und können über diverse Internet-Suchmaschinen (wie z.B. Google Pa-tents[291]) recherchiert werden. Die Offenlegungsschriften oder Patentschriften[292] enthalten zumeist mehrere Seiten detaillierter Informationen über das Pro-dukt/die Technologie, seine Struktur und Komponenten – unterstützt durch Zeich-nungen. Durch Patentrecherchen kann sich ein Überblick darüber verschafft wer-den, welche Technologien bereits geschützt sind und lediglich über Lizenzverträge genutzt werden können. Dabei ist darauf zu achten, dass der Patentschutz nur in

---

[285] Herstatt/Kalogerakis/Schulthess, 2014, S. 27

[286] Siehe: http://www.zbw.eu/de/

[287] Siehe: https://www.scopus.com/home.uri

[288] Siehe: https://www.dmoz.org

[289] Vgl.: Franken/Franken, 2011, S. 62.

[290] Es handelt sich dabei um eine Schrift, wie sie bei der Anmeldung vorliegt. Diese wird nach 18 Monaten veröffentlicht, um Mitbewerber vor Doppelentwicklungen zu schützen und frühzei-tig auf baldige Schutzrechte hinzuweisen. Vgl.: DPMA.de, verfügbar unter: https://www.dpma.de/patent/faqs/index.html#a5 [zuletzt aufgerufen am 07.01.2017].

[291] Siehe: https://patents.google.com/

[292] Schrift, die nach der Patenterteilung veröffentlicht wird. Vgl.: DPMA.de, verfügbar unter: https://www.dpma.de/patent/faqs/index.html#a5 [zuletzt aufgerufen am 07.01.2017].

den Ländern gilt, in denen das Patent angemeldet und erteilt wurde. Ein Patent, welches für Deutschland angemeldet wird, besitzt keine Gültigkeit für andere Länder. In dem Fall müssten keine Lizenzgebühren gezahlt werden (Territorialitätsprinzip). Die europäische oder internationale Patentanmeldung dagegen schützt die Invention/Innovation in einer Vielzahl von Staaten.[293] Wurden bei der Suchfeldeingrenzung bereits attraktive Technologien oder Branchen identifiziert, die Input für CII liefern, kann u.a. über die DPMA-Recherche auf der Homepage der DPMA (Deutsches Patent- und Markenamt) nach relevanten Patenten kostenfrei gesucht werden. Die Recherche erfolgt über die internationale Patentklassifikation. Es können dabei verschiedene Sektionen, wie z.B. der Bereich Textilien oder der Bereich Elektrotechnik, ausgewählt werden (vgl. Abbildung 36):

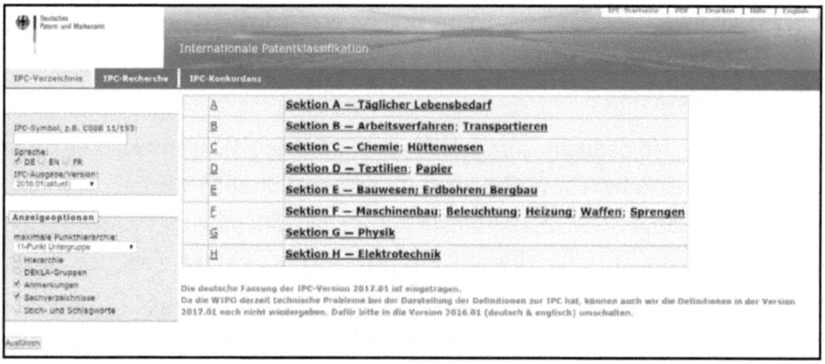

Abbildung 36: Internationale Patentklassifikation im Rahmen der Patent-Recherche[294]

Unter den jeweiligen Sektionen erfolgt eine weitere Auffächerung. So findet sich unter Elektrotechnik u.a. der Bereich „Erzeugung, Umwandlung oder Verteilung von elektrischer Energie"[295]. Ist die passende Stelle letztlich gefunden, so erfolgt eine Weiterleitung auf die Seite von DEPATISnet[296], wobei es sich um eine

---

[293] DPMA.de, verfügbar unter: https://www.dpma.de/patent/patentschutz/europaeischeundin-ternationalepatente/ [zuletzt aufgerufen am 05.01.2017].

[294] Quelle: https://depatisnet.dpma.de/ipc/init.do [zuletzt aufgerufen am 05.01.2017].

[295] Quelle: https://depatis-net.dpma.de/ipc/ipc.do?s=H&v=20160101&l=DE&dh=dh11&sn=n00&sci=i00#H [zuletzt aufgerufen am 05.01.2017].

[296] DEPATIS = Deutsches Patentinformationssystem. Quelle: https://depatisnet.dpma.de/DepatisNet/depatisnet?window=1&space=menu&content=index&action=index [zuletzt aufgerufen am 05.01.2017].

Datenbank mit einer Sammlung weltweit veröffentlichter Patente handelt. Die Sammlung beinhaltet etwa 84 Millionen Patentdokumente aus der ganzen Welt.[297]

CII-Ideen lassen sich zudem über spezielle Plattformen generieren. Die Internetpräsenz crossindustryinnovation.com bietet eine umfangreiche Liste mit Verlinkungen zu 101 Webseiten, welche die Cross-Industry-Innovation-Suche systematisch unterstützen können. Eine Auswahl **inspirierender Webseiten** wird in der folgenden Tabelle 26 erläutert:

Internetpräsenz	Inhalte
springwise.com	Bietet täglich einen aktuellen Überblick über neue, disruptive Innovationen auf globaler Ebene Informationen entstehen durch die Zusammenarbeit von mehr als 20.000 „Springspotters" in mehr als 190 Ländern[298]; das Netzwerk ist offen, jeder kann als Springspotter beitreten und Entdeckungen an das Team senden[299]
moreinspiration.com	Digitaler Katalog über mehr als 4900 Innovationen Suche kann über Keywords, Branchen, Funktionen und Technologien eingegrenzt werden[300] Das Unternehmen hinter der Präsenz mit dem Namen Aulive zeichnet sich durch 20-jährige Erfahrungen im Bereich der Forschung und Entwicklung von Innovationen aus[301]
asknature.org	Digitale Bibliothek zur Inspiration durch biologische Prinzipien, Strukturen und Prozesse für Innovatoren Gegliedert in Kategorien: U.a. biologische Strategien/Funktionen/Lösungen, realisierte Ideen, Wissensressourcen (Artikel, Reportagen, Bücher...) Entwickelt von Mitarbeitern des Biomimicry Institute[302]

---

[297] Vgl.: https://www.dpma.de/patent/recherche/

[298] Vgl.: Springwise.com, verfügbar unter: https://www.springwise.com/about/ [zuletzt aufgerufen am 06.01.2017].

[299] Vgl.: Springspotters.com, verfügbar unter: http://www.springspotters.com/springspotters/about/ [zuletzt aufgerufen am 06.01.2017].

[300] Vgl.: Moreinspiration, verfügbar unter: http://www.moreinspiration.com/search [zuletzt aufgerufen am 06.01.2017].

[301] Vgl.: Aulive, verfügbar unter: http://www.aulive.com/ [zuletzt aufgerufen am 06.01.2017].

[302] Vgl.: Asknature.org; verfügbar unter: https://asknature.org/ [zuletzt aufgerufen am 06.01.2017].

Trendhunter.com	Globale Community-Plattform mit mehr als 155.000 Mitgliedern
	Stellt über verschiedene Kanäle (z.B. über einen TV-Kanal) täglich neue Inspirationen in Form von Texten, Videos und Bildern zu Innovationen, Technologien und Trends online
	Das Unternehmen erhielt u.a. den „Canadian Innovation Award"[303]

Tabelle 26: Webseiten und ihre Inhalte als potenzielle Inspirationsquellen für CII

Grundsätzlich ist es vorteilhaft, vor dem Start medienbasierter Recherchen eine Suchstrategie festzulegen, um möglichst systematisch vorzugehen und den Erfolg der Lösungssuche nicht dem Zufall zu überlassen.

Beispielhaft bietet sich folgende Vorgehensweise an:

1. Definition des Untersuchungsgegenstands – Abstraktion der Problemstellung/des Prinzips

2. Aufstellung des Suchstrings (Synonyme verwenden, englische Sprache etc.)

3. Eingabe des Suchstrings (Suchoperatoren nutzen)

4. Erstsichtung der Ergebnisse

5. Zusammenfassung in Trefferkategorien[304]

Das Vorgehen eignet sich im Rahmen der CII-Ideen-Suche, durch welche neue Anwendungsfelder durch eigene Kompetenzen (z.B. durch Abstraktion der Nutzenebene: Welche Eigenschaften sind allgemein nutzbar) oder potenzielle Technologien oder Inventionen gefunden werden sollen, die mittels Adaption in Form einer Outside-In-Innovation genutzt werden können.

Die Tabelle 27 fasst die Möglichkeiten einer medienbasierten Recherche zusammen:

---

[303] Vgl.: Trendhunter, verfügbar unter: http://www.trendhunter.com/about-trend-hunter [zuletzt aufgerufen am 06.01.2017].

[304] Abele, Jakisch, Yaman (Abele (Hrsg.)), 2016, S. 135 f.

<table>
<tr><td colspan="4" align="center">Medienbasierte Recherche</td></tr>
<tr>
<td>Gegenstand</td>
<td colspan="3">Suche nach analogen Lösungsprinzipien oder attraktiven zukunftsrelevanten Technologien über webbasierte Plattformen, Suchmaschinen oder digitale Datenbanken</td>
</tr>
<tr>
<td>Vorgehensweise</td>
<td colspan="3">Alternative oder ergänzende Möglichkeiten:
<ul>
<li>Unternehmens-Homepages und Webshops (Informationen über Produkte und Technologien; möglicherweise Auskunft über Kundenreaktionen durch Rezensionen (Vorsicht vor Falsch-Rezensionen!))</li>
<li>Patentrecherchen (geben Auskunft über gegenwärtig oder voraussichtlich bald geschützte Technologien oder Prozesse und deren Entwickler)</li>
<li>Innovationsplattformen (Anregung und Inspiration, Überblick über aktuelle oder zukünftige Trends)</li>
<li>Suchmaschinen (Eigenständige Suchmaschinen, Meta-Suchmaschinen, (bevorzugt mit automatischem Clustering); Berücksichtigung von Abstraktionsgrad, Synonymen, Sprache, Fachjargon)</li>
</ul></td>
</tr>
<tr>
<td rowspan="4">Evaluation</td>
<td colspan="2">Abstraktion</td>
<td>
<ul><li>Abstraktion sollte vorab vorgenommen werden</li></ul>
</td>
</tr>
<tr>
<td colspan="2">Kreativität</td>
<td><ul><li>Kreativität und Weitblick ist gefordert</li></ul></td>
</tr>
<tr>
<td colspan="2">Branchenexterne Analogiesuche</td>
<td><ul><li>Durch die geeignete Suchstrategie (Vorgehen, Wahl der Suchbegriffe etc.) lassen sich Wissensinhalte aus fremden Branchen aufgreifen</li></ul></td>
</tr>
<tr>
<td colspan="2">Eingliederung Kooperationspartner</td>
<td><ul><li>Ist möglich und förderlich für eine systematische Suche; Kooperationspartner lassen sich zudem über eine medienbasierte Suche finden</li></ul></td>
</tr>
<tr><td colspan="5" align="center">Eignung für die CII-Typen</td></tr>
<tr>
<td>Outside-In-Innovation</td>
<td>Inside-Out-Innovation</td>
<td>Coupled Innovation</td>
<td>Tatsächliche CII</td>
<td>Partielle CII</td>
</tr>
<tr>
<td align="center">X</td>
<td align="center">X</td>
<td align="center">X</td>
<td align="center">X</td>
<td align="center">X</td>
</tr>
</table>

Tabelle 27: Zusammenfassung und Evaluation der Medienbasierten Recherche

6 Evaluation von CII-Ideen und -Konzepten

6.1 Problemdefinition

Gefundene Cross-Industry-Innovation-Ideen mögen noch so kreativ und innovativ erscheinen – bevor jegliche Entwicklungsbemühungen z.B. in Form der Anpassung der analogen Lösungen an das Zielprodukt beginnen, sind die gefundenen Ideen, Prinzipien oder Konzepte zu bewerten und im Falle mehrerer attraktiver Möglichkeiten miteinander zu vergleichen.

Die Bewertung sollte entlang festgelegter Zielsetzungen erfolgen. Dies sollte z.B. anhand quantitativer Größen, wie z.B. kalkuliertem Gewinn und Umsatz erfolgen. Weiterhin sind die Ideen oder Konzepte in Bezug auf qualitative Größen, wie der voraussichtlichen Marktakzeptanz, zu evaluieren. Eine Überprüfung hinsichtlich des strategischen Fits – also der Prüfung dahingehend, dass die Erreichung strategischer Ziele mit der Idee unterstützt wird – ist grundlegend. Ein weiterer wichtiger Bewertungsparameter stellt die Realisierbarkeit der angestrebten Lösung im Hinblick auf vorhandene Ressourcen, wie das notwendige technologische Knowhow, dar. Zu verkennen ist dahingehend nicht, dass analoge Lösungen auf das Zielprodukt übertragen werden müssen, wofür ein ausreichendes technologisches Wissen zwingend erforderlich ist. Wenngleich das Prinzip bei einer Outside-In-Innovation bereits in technologischer Form vorliegt, sind Anpassungen notwendig.

Abhängig davon, in welchem Reifestadium sich die Ideen, Inventionen, Innovationen oder Konzepte befinden, müssen diese in der Bewertungsphase konkretisiert werden.

Im Rahmen der Bewertung wird eine Auswahl getroffen, indem Prioritäten und Rangfolgen gebildet werden.[305]

---

[305] Vgl.: Vahs/Brem, 2015, S. 322 ff.

Im Wesentlichen werden mit der Bewertung folgende Ziele verfolgt:

- Entwicklung einer Rangfolge im Hinblick auf Wirtschaftlichkeit, technische Umsetzbarkeit und Marktattraktivität

- Fokussierung der Ressourcen auf die erfolgsversprechenden Ansätze, um einer Verschwendung der Mittel entgegenzuwirken

- Sicherstellung des größtmöglichen Innovationserfolges durch systematische Auswahl aus einer Vielzahl von Ideen und Konzepten[306]

Vor der Bewertung müssen Kriterien bzw. Indikatoren festgelegt werden, anhand welcher die Konzepte zu bewerten sind. Die Indikatoren lassen sich u.a. von der folgenden Auswahl an Merkmalkategorien ableiten:

- Ökonomische Merkmale (Umsatz, Gewinn, Cashflow ...)

- Produkt- und verfahrenstechnische Merkmale (Leistungsfähigkeit, Qualität ...)

- Technologische Merkmale (Integrationsfähigkeit, Adaptionsanforderungen ...)

- Absatzwirtschaftliche Merkmale (Marktanteil, Wettbewerbssituation ...)[307]

Anschließend ist eine Gewichtung der Indikatoren hinsichtlich der Bedeutung für den Innovationserfolg vorzunehmen (Siehe Schritt 2 in Abbildung 37).

---

[306] Vgl.: Vahs/Brem, 2015, S. 322 f.
[307] Vgl.: Vahs/Brem, 2015, S. 324.

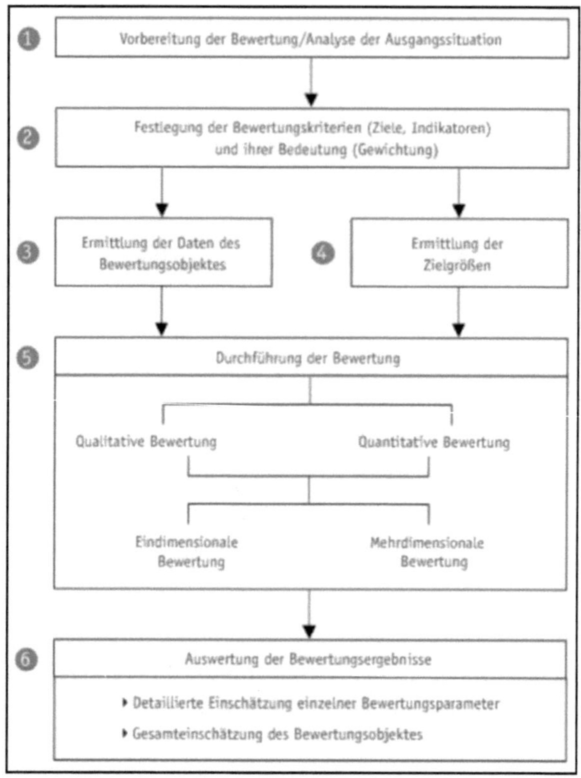

Abbildung 37: Vorgehensweise bei der Bewertung von Ideen[308]

Im dritten Schritt sind die Daten der potenziellen Lösungen zu ermitteln und Zielgrößen (Schritt 4) zu bestimmen. Anschließend ist ein Soll-Ist-Vergleich zwischen den kalkulierten Werten und den Zielwerten durchzuführen. Dieser Schritt der Bewertung ist i.d.R. mehrdimensional durchzuführen, indem sowohl qualitative als auch quantitative Merkmalsausprägungen in die Bewertung einbezogen werden. Im sechsten Schritt werden die Ergebnisse zu den einzelnen Ideen so zusammengefasst, dass die Ideen einander gegenübergestellt werden können und so erfolgsversprechende Ideen und Konzepte von den weniger zweckmäßigen unterschieden werden können.[309]

---

[308] Quelle: Vahs/Brem, 2015, S. 324; vgl.: Pleschak/Sabisch, 1996, S. 175.
[309] Vgl.: Vahs/Brem, 2015, S. 325.

Die Wahl der Bewertungsmethoden sollte abhängig von der Reife der Idee sein: So ist es bei Ideen, die noch sehr vage sind, zweckmäßig, qualitative Methoden zu verwenden, während es sich bei Ideen mit einem höheren Reifegrad anbietet, quantitative Methoden zu verwenden (vgl. Abbildung 38).[310] Bei der Cross-Industry-Innovation handelt es sich häufig bereits um Konzepte oder Technologien, die lediglich an das Zielprodukt angepasst werden müssen. Daher sind in diesem Fall Methoden beider Art zweckmäßig.

Es ist i.d.R. von qualitativen Beschreibungen auszugehen, um anschließend quantitativ messbare Größen zu finden. Die einzelnen Merkmalsausprägungen müssen also quantitativ messbar gemacht werden können. Die Quantifizierung macht die Erfolgsaussicht weitestgehend messbar und lässt Vergleiche zwischen den Alternativen zu.[311]

Häufig erfolgt die Bewertung mehrdimensional, d.h. es werden mehrere Kriterien zur Evaluation der Ideen/Konzepte einbezogen, um eine möglichst ganzheitliche Bewertung zu ermöglichen. Das ist dann sinnvoll, wenn mit der Innovation auch mehrere Ziele verfolgt werden.[312]

---

[310] Vgl.: Vahs/Brem, 2015, S. 328.

[311] Vahs/Brem, 2015, S. 328 f.

[312] Vahs/Brem, 2015, S. 329.

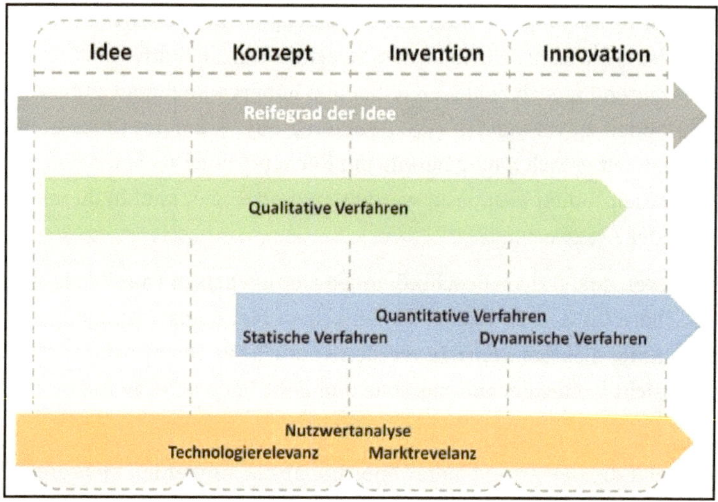

Abbildung 38: Relevante Bewertungsmethoden im Hinblick auf den Reifegrad der CII-Idee[313]

6.2 Qualitative Verfahren

Qualitative Merkmale sind i.d.R. nicht messbar. Dennoch haben sie einen wesentlichen Einfluss auf den Markterfolg eines Produktes und können sich z.B. auf das Design oder die Handhabbarkeit beziehen. Eine Möglichkeit der systematischen Beurteilung qualitativer Aspekte stellen **Checklisten** dar. Checklisten dienen der Hinterfragung der Idee/des Konzeptes hinsichtlich relevanter Kriterien. Die Beurteilungskriterien werden tabellarisch oder in Form von Fragen aufgestellt und sind u.a. auf Basis von Erfahrungswerten zu klären. Diese Erfahrungswerte basieren auf der Beurteilung früherer Objekte. Die Relevanz der in der Checkliste enthaltenen Kriterien sollte fortwährend in Hinblick auf die sich ändernden Rahmenbedingungen geprüft werden und die Kriterien ggf. aktualisiert werden. Die Kriterien können in Muss-Kriterien und Kann-Kriterien kategorisiert werden. Muss-Kriterien sind zwangsläufig zu erfüllen. Das Nicht-Erfüllen eines Kriteriums führt zum direkten Ausscheiden des Idee/des Konzeptes. Sind alle Kriterien erfüllt, so kann die Erfüllung der Kann-Kriterien zur Attraktivitätssteigerung der Idee führen. Die Erfüllung dieser Kriterien ist somit nicht zwingend erforderlich, kann die Ideen im Vergleich aber voneinander abheben. So lässt sich sagen, dass die Idee/das Konzept,

---

[313] Eigene Darstellung

welches die meisten Kriterien erfüllt, an qualitativen Kriterien gemessen, die günstigste darstellt.

Mithilfe der Muss-Kriterien, die mit „Zutreffend"/"Nicht zutreffend", bzw. „Ja"/"Nein" beantwortet werden können, kann eine Aussage über die Erfolgschancen einer Idee bei geringem Aufwand und einfacher Handhabung getroffen werden.[314]

Die folgende Abbildung 39 zeigt eine beispielhafte Checkliste zur Überprüfung relevanter Kriterien für den Erfolg einer CII-Innovation:

---

[314] Vgl.: Vahs/Brem, 2015, S. 330 ff.

Bewertungskriterien	Zutreffend	Nicht zutreffend
1. Adaptionsfähigkeit		
Erforderliches, technologisches Know-How	☐	☐
Erforderliche Ressourcen, wie Maschinen & Werkzeuge	☐	☐
Umsetzung im Rahmen der Projektrestriktionen	☐	☐
2. Marktrelevanz		
Bedürfnisbefriedigung/Problemlösung	☐	☐
Steigerung des Kundennutzens	☐	☐
Einfluss auf die Kaufentscheidung	☐	☐
Kommunizierbarkeit	☐	☐
USP	☐	☐
3. Rechtliche Grundlagen		
Gesetzliche Restriktionen	☐	☐
Zukünftige Entwicklung	☐	☐
Aufhebung	☐	☐
Lockerung	☐	☐
Verschärfung	☐	☐
4. Schutzrechte		
Patent	☐	☐
National	☐	☐
International/Global	☐	☐
Erwerb der Rechte möglich	☐	☐
Nutzungsrechte/Lizenz	☐	☐
Gebrauchsmuster	☐	☐
Marken	☐	☐
National	☐	☐
International/Global	☐	☐
Geschmacksmuster	☐	☐
5. Strategiekonformität		
Innovationsstrategie	☐	☐
Corporate Identity/Image	☐	☐
Umwelt	☐	☐
Soziales	☐	☐

Abbildung 39: Beispiel einer Checkliste zur Prüfung qualitativer Kriterien eines CII-Konzeptes[315]

---

[315] In Anlehnung an: Vahs/Brem, 2015, S. 331.

Die Adaptionsfähigkeit zielt auf die Frage ab, ob die gefundenen Lösungen zu analogen Problemen auf das Zielproblem angewandt werden können. Im Rahmen der CII ist diese Frage grundlegend und muss mit „Zutreffend" oder „Ja" beantwortet werden können, um eine weitere Verfolgung der Idee zu rechtfertigen. Zu prüfen ist, ob das erforderliche Wissen im Unternehmen abrufbar ist. Je nach Reifegrad der gefundenen Lösung – also ob sie in Form einer Idee, Invention oder gar Innovation vorliegt, müssen Anpassungen für das Zielprodukt im physischen Aufbau des Produktes erfolgen. Dies verlangt das relevante Know-how der Mitarbeiter. Im Rahmen der Coupled Innovation, also bei einer Kooperation über den gesamten Entwicklungsprozess hinweg, kann das erforderliche komplementäre Wissen auch extern zufließen. Auch andere Ressourcen, wie die relevante maschinelle Ausrüstung, müssen bedacht werden.

Die Projektrestriktionen können den Einsatz von Ressourcen oder den generellen Aufwand, der zur Anwendung der Lösungsidee auf den jeweiligen Anwendungskontext erforderlich ist, beschränken. Aus diesem Grund sollte der Aufwand, der tatsächlich erforderlich wäre, frühzeitig bestimmt und mit den Restriktionen abgeglichen werden.[316]

Von großer Bedeutung ist weiterhin die Einschätzung der Marktfähigkeit des Produktes. Die neuartige Lösung sollte versteckte Kundenbedürfnisse erfüllen oder Kundenprobleme lösen. Aus der Perspektive des Nachfragers hat das Produkt einige Anforderungen zu erfüllen, um den Kunden einen Nutzengewinn zu erbringen. Dies reicht von dem funktionalen Basisnutzen, wie z.B. der Zuverlässigkeit, einem bestimmten Komfort oder gesundheitlichen Aspekten, über einen ökologischen Nutzen, wie einer Einsparung des Energieverbrauchs bis hin zum sozialen Nutzen, der sich z.B. in einer erzeugten Gemeinschaftlichkeit finden kann.[317] Das Produkt sollte zudem eine Unique Selling Proposition (USP; Verkaufsargument) besitzen, durch welche es sich am Ort des Verkaufs von ähnlichen Produkten besonders unterscheidet oder gar als einzigartig angesehen wird.[318]

Zudem sollte sich die Innovation innerhalb der rechtlichen Rahmenbedingungen befinden. Wenngleich sich die Innovation bereits in einer anderen Branche etabliert hat, sollte dennoch eine Prüfung der Einhaltung von rechtlichen Regu-

---

[316] Vgl.: Kalogerakis, 2010, S.64 auch: Cooper/Neece/Majchrzak, 2004, S. 182 ff.

[317] Vgl.: Müller, 2015, S. 4-1.

[318] Vgl.: Bruhn, 2012, S. 124.

lierungen erfolgen. Neben der gegenwärtigen Rechtslage, sind zukünftige rechtliche Veränderungen in die Entscheidung über die Weiterverfolgung der Idee einzubeziehen.[319]

Der Schutzrechtsituation ist bei der Übertragung von externen Lösungsprinzipien eine besondere Beachtung zu schenken. Dabei ist zunächst zu prüfen, ob ein Prinzip imitiert (z.B. im Rahmen der Bionik) oder eine Invention/Innovation transferiert werden soll, die z.B. über ein branchenexternes Unternehmen entwickelt wurde. Desweiteren ist festzustellen, ob die Erfindung patentiert wurde oder ein Gebrauchsmuster vorliegt. Auf bestehende Vorschriften ist zu achten. Ist das Objekt für die relevante Region patentiert, so muss geprüft werden, ob Nutzungsrechte/Lizenzen erworben werden können oder der Schutz umgangen werden kann.[320]

Die Checkliste stellt eine sehr aufwandsarme, leicht zu handhabende Methode dar, die sich vor allem bei Ideen im frühen Stadium anbietet, und damit einen ersten „Filter" darstellt. Allerdings sind die Entscheidungen von hoher Subjektivität gekennzeichnet, die vor allem auf branchenspezifischen Erfahrungen basieren kann. Dies stellt im Rahmen der Outside-In-Innovation keinen Nachteil dar, da hierbei ein hoher branchenspezifischer Erfahrungsschatz vorteilhaft ist. Im Rahmen der Inside-Out-Innovation kann dies aber zum Nachteil führen, wenn das Wissen über die Zielbranche gering bis gar nicht vorhanden ist. In diesem Fall bietet sich ein reger Austausch mit Experten oder die Bildung einer Kooperation mit einem Partner aus der Zielbranche an. Im Falle der Inside-Out-Innovation ist die Checkliste anzupassen. Viele der Kriterien aus Abbildung 39 können beibehalten werden. Vor allem aber im Rahmen der Schutzrechte sind Kriterien an die Stoßrichtung der IOI zu adaptieren. Das bedeutet, dass die Vorschriften der Lizenzvergabe zu prüfen sind. Sofern im Rahmen der Ideengenerierung neue Anwendungsmöglichkeiten der eigenen Innovation in einer fernen Branche in das Bewusstsein geraten sind, so ist vor allem die Attraktivität der Zielbranche anhand aufgestellter Kriterien genauer zu bewerten. Im Rahmen der Coupled Innovation bietet sich die Checkliste ebenfalls an. Sind Ideen gemeinsam generiert worden, so sollte auch die Bewertung selbstverständlich gemeinsam durchgeführt werden. Bei einem cross-industriellen Team profitieren beide Seiten von der branchenexternen Wissensbasis.

---

[319] Vgl.: Vahs/Brem, 2015, S. 332.
[320] Vgl.: Vahs/Brem, 2015, S. 333.

Die folgende Tabelle 28 fasst die Ergebnisse zusammen:

Checklisten zu Bewertung von CII- Ideen			
Vorteile	**Nachteile**	**Beurteilung**	
+ geringer Aufwand + flexibel anpassbar + fördert eindeutige Beurteilungen	- Hohe Subjektivität durch branchenspezifische Erfahrungsbasis - Keine Quantifizierung möglich	**Inside-Out-Innovation**	▪ Checklisten-Kriterien können an die IOI angepasst werden
		Outside-In-Innovation	▪ Bietet sich sehr an, um die Erfolgschancen der Idee/Invention/Innovation durch grundlegende Kriterien zu prüfen
		Coupled Innovation	▪ Kann gemeinsam mit einem Kooperationspartner geprüft werden

Tabelle 28: Zusammenfassung und Evaluation der Checkliste

6.3 Quantitative Verfahren

Die quantitativen Bewertungsverfahren werden i.d.R. dann angewandt, wenn die Ideen einen bestimmten Reifegrad besitzen, da hierbei konkretere Angaben notwendig sind. Es ist dabei zu prüfen, wie sich die Idee im Falle der Entwicklung bzw. Adaption und Vermarktung auf die Erlös- und Kostensituation auswirkt. Zumeist handelt es sich dabei um Wirtschaftlichkeits- und Investitionsrechnungen, durch welche zukünftige Zahlungsströme (Ein- und Auszahlungen) der Alternativen vergleichbar gemacht werden sollen.[321] Ökonomische Verfahren sollten zur Überprüfung von Innovationsentscheidungen im Hinblick auf die Wirtschaftlichkeit stets angeführt werden. Aus diesem Grund wird in diesem Kapitel nur kurz auf die genannten Methoden eingegangen.

---

[321] Vgl.: Vahs/Brem, 2015, S. 341.

Grundsätzlich werden zwei Arten von Wirtschaftlichkeitsanalysen unterschieden: Die statischen Verfahren und die dynamischen Verfahren (vgl.: Tabelle 29).

Investitions- und Wirtschaftlichkeitsrechnungen	
Statisch	**Dynamisch**
Break-Even-Analyse	Kapitalwertmethode
Kostenvergleichsrechnung	Interner-Zinsfuß-Methode
Gewinnvergleichsrechnung	Dynamische Amortisationsrechnung
Rentabilitätsrechnung	(...)
(...)	

Tabelle 29: Investitions- und Wirtschaftlichkeitsrechnungen[322]

Bei den **statischen Verfahren** wird eine Planungsperiode bestimmt, die als repräsentativ für den gesamten Betrachtungszeitraum gilt. Zeitliche Differenzen bei anfallenden Kosten und Erlösen werden nicht berücksichtigt.

Die Break-Even-Analyse als statisches Verfahren stellt eine in der Praxis der Neuproduktentwicklung sehr bewährte Methode dar. Mithilfe der Analyse soll ermittelt werden können, bei welcher Absatzmenge, welchem Preis pro Stück und welchen Kosten Gewinn generiert wird.[323] Die Abbildung 40 zeigt eine grafische Darstellung der Break-Even-Analyse. Der Break-Even-Punkt stellt den Schnittpunkt von Umsatz- und Kostenkurve dar, ab dem ein Gewinn zu erwarten ist. x_b steht dabei für die Break-Even-Menge, also die Absatzmenge, bei welcher alle durch die Entwicklung und Vermarktung des Produktes anfallenden Kosten gedeckt werden.[324]

---

[322] Eigene Darstellung in Anlehnung an: Brem/Vahs, 2015, S. 342

[323] Vgl.: Weis, 2001, S. 248.

[324] Vgl.: Burmann/Kirchgeorg/Meffert, 2008, S. 432 f.

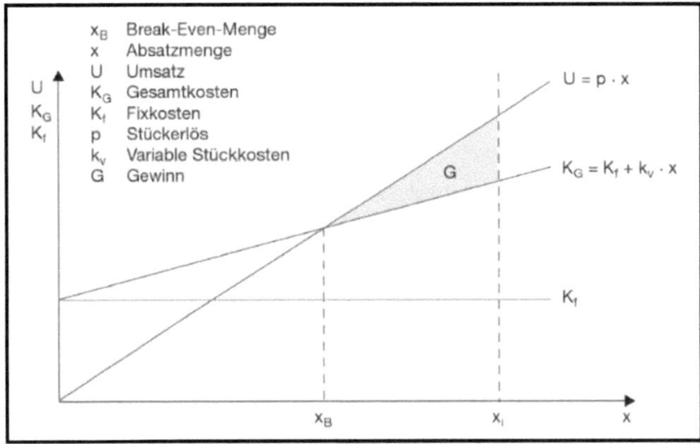

Abbildung 40: Grafik zur Break-Even-Analyse[325]

Die folgende Entscheidungsregel wird im Rahmen der Break-Even-Analyse verwendet:

$x_i > x_b$ → Weiterverfolgung

$x_i < x_b$ → Verwurf der Idee/des Konzeptes; wobei x_i für die kalkulierte Absatzmenge steht.

Vordergründig stellt die Statik dieser Methode einen großen Nachteil dar. Es wird von konstanten Preisen ausgegangen, wenngleich für die Produkteinführung häufig Preisstrategien vorgesehen sind. Auch die Unterstellung konstanter variabler und fixer Kosten ist u.a. im Hinblick auf Erfahrungskurveneffekte als kritisch zu betrachten.[326] Aus den genannten Gründen ist es zu empfehlen, diese Methode im Rahmen der Selektion von CII-Ideen oder -Konzepten ergänzend, aber nicht ausschließlich anzuwenden.

Die Kostenvergleichsrechnung nimmt Bezug auf die kumulierten Kosten in einer Betrachtungsperiode, die durch Entwicklung und Vertrieb des Neuproduktes entstehen würden, und vergleicht diese mit den über denselben Zeitraum kumulierten Kosten, die bei den Alternativen entstehen würden.[327] Aufgrund der Eindimensionalität ist diese Methode als nicht zweckmäßig einzuschätzen, denn ein Ziel von

---

[325] Quelle: Burmann/Kirchgeorg/Meffert, 2008, S. 433.
[326] Vgl.: Burmann/Kirchgeorg/Meffert, 2008, S. 433.
[327] Vgl.: Vahs/Brem, 2015, S. 342.

Cross-Industry-Innovationen stellt zumeist eine Verbesserung der Gewinnsituation dar.

Eine Erweiterung der Kostenvergleichsrechnung findet sich in der Gewinnvergleichsrechnung, bei welcher sowohl die kalkulierten Erlöse als auch die voraussichtlichen Kosten mit einbezogen und einander gegenüber gestellt werden, um den im Betrachtungszeitraum kumulierten Gewinn auf einen Durchschnittswert aller Perioden zu bringen. Entscheidungskriterium bei der Auswahl der Alternativen stellt in diesem Fall die Idee/das Konzept mit dem höchsten Gewinnpotenzial dar.[328] Notwendige Bedingung ist dabei, dass nur Projekte mit positivem Gewinn weiterzuführen und diejenigen mit negativem Gewinn unmittelbar auszuschließen sind.[329] Diese Rechnung bietet sich vor allem in Rahmen partieller Cross-Industry-Innovationen an, bei welchen vor allem eine inkrementale Innovation im Vordergrund steht. Dies ist damit zu begründen, dass bei der Gewinnvergleichsmethode von etwa gleichen Umsetzungskosten ausgegangen wird. Bei Ideen zu radikalen Innovationen wird dies seltener der Fall sein als bei Komponenten, die im Rahmen der Cross-Industry-Innovation zu einer Verbesserung des Gesamtproduktes führen. Die Methode ist also nur bedingt für die Selektion von CII-Ideen und -Konzepten geeignet.

Die Rentabilitätsrechnung gibt Aufschluss über die Rentabilität der Alternativen, wobei die Alternative mit der höchsten Rentabilität beim gleichzeitigen Übersteigen der Mindestrentabilität als optimal gilt. Die Mindestrentabilität wird über den Kapitalmarkt und die dort existierenden Alternativen bestimmt. Die entsprechende Formel lautet[330]:

$$Rentabilität = \frac{Gewinn}{Kapitaleinsatz} \times 100\%$$

Die Rentabilitätsrechnung unterliegt den gleichen Nachteilen wie die anderen statischen Verfahren und ist deshalb für die Bewertung nur bedingt bzw. ergänzend zweckmäßig.

---

[328] Vgl.: Vahs/Brem, 2015, S. 343.

[329] Zuber, 2009, S. 77 f.

[330] Vgl.: Vahs/Brem, 2015, S. 343.

Insgesamt wird für die statischen Methoden i.d.R. eine geringe Datenbasis benötigt, weshalb das Vorgehen als eher aufwandsarm und auch für weniger ausgereifte Ideen eine ergänzende Selektionsmethode darstellt.[331]

Die **dynamischen Verfahren** berücksichtigen zeitliche Aspekte sowie den gesamten Lebenszyklus der Innovation. Dadurch ist eine genauere, realitätsnähere Abbildung der Situation möglich. Hintergrund ist dabei der Zeitwert des Geldes. Aufgrund zukünftiger Verzinsung des Geldes besitzt ein Euro heute einen anderen Wert als in der Zukunft. Um zu erschließen, welchen Wert alle zukünftigen Zahlungsströme eines Innovationsprojektes am Investitionszeitpunkt besitzen, müssen die Ein- und Auszahlungen mittels eines einheitlichen Zinssatzes diskontiert werden, wodurch sich der Barwert der Investition ergibt. Der Barwert gibt also an, welcher Betrag am Investitionszeitpunkt aufgebracht werden müsste, wenn alle Ein- und Auszahlungen in bar an einem einheitlichen Zeitpunkt erfolgen würden.

Im Rahmen der Kapitalwertmethode werden die diskontierten Einnahmen E_t und Auszahlungen A_t der Periode t aufsummiert, um den Kapitalwert C_0 zu erhalten. Dabei ist auch die Anfangsinvestition $-I_0$ zu berücksichtigen. Der Kapitelwert steht für die zu erwartende Verzinsung des Kapitaleinsatzes unter Berücksichtigung des Zinssatzes r und ist auf den Innovationszeitpunkt normiert. Die entsprechende Formel lautet:

$$C_0 = -I_0 + \sum_{t=1}^{n} \frac{E_t - A_t}{(1 \times r)^t}$$

Ist der Kapitelwert größer Null, so gilt die Investition als vorteilhaft. Es handelt sich also um eine absolute Bewertung.

Aufgrund der Voraussetzung genauer Voraussagen über die jeweilige Höhe der Zahlungsströme sowie deren Zeitpunkt, ist die erforderliche Informationsbasis hier deutlich größer. Die Methode ist aus diesem Grund vordergründig für ausgereifte CII-Ideen geeignet.

Einen relativen Rentabilitätsvergleich lässt die Methode des internen Zinsfußes zu. Dabei ist bei dem jeweiligen Projekt der Zinsfuß r zu ermitteln, bei dem die Ein- und Auszahlungen zu einem Kapitalwert von Null führen. Der ermittelte Zinsfuß ist mit einem Kalkulationszins zu vergleichen. Dieser wird auch bei der Kapital-

---

[331] Vgl.: Zuber, 2009, S. 78.

wertmethode verwendet und wird subjektiv in Anlehnung an die Fremdkapitalkosten und Risiken der Investition bestimmt. Ist der Zinsfuß r höher als der Kalkulationszinsfuß, so ist die jeweilige Investition absolut vorteilhaft. Im Vergleich mit anderen Alternativen ist die auszuwählen, die dem höchsten internen Zinsfuß unterliegt.[332]

Die dynamische Amortisationsrechnung baut auf der statischen Amortisationsdauer auf; wobei diese an dieser Stelle nicht näher erläutert wird, da auch sie die Nachteile statischer Verfahren in sich trägt. Bei der dynamischen Variante werden, wie bei allen dynamischen Verfahren, die zeitlichen Differenzen der Ein- und Auszahlungen und somit die Barwerte der Zahlungsströme berücksichtigt. Es wird der Zeitpunkt ermittelt, ab welchem die durch die Innovation generierten Einzahlungen die der Innovation zuzurechnenden Auszahlungen übersteigt. Dabei ist entscheidend, wann dies der Fall ist – d.h., dass ein früherer Eintritt des Amortisationszeitpunktes die Attraktivität der jeweiligen Alternative erhöht.[333] Auch hierbei sind genaue Informationen zum Innovationsprojekt hinsichtlich Ein- und Auszahlungen erforderlich. Die dynamische Amortisationsrechnung ist deshalb eine gute Wahl zur Bewertung von reiferen Ideen.

6.4 CII-orientierte Nutzwertanalyse

Nach der Generierung von CII-Ideen stellen sich dem Team einige Fragen im Hinblick auf die Bewertung der Ergebnisse:

- Wie attraktiv ist der Markt für das Produkt? Oder umgekehrt: Wie attraktiv ist das Produkt für den Zielmarkt? Wie wird der Kunde reagieren? Löst es seine Probleme und schafft die Innovation ihm einen Mehrwert?

- Wie sind die Ideen auf technischer Ebene zu beurteilen? Lassen sich gefundene Analogien adaptieren? Wie hoch ist der Aufwand dafür? Bietet die Innovation das Potenzial neuer Möglichkeiten?

---

[332] Vgl.: Zantow/Dinauer, 2011, S. 458 ff.; Vahs/Brem, 2015, S. 345; Zum vertiefenden Verständnis der Zinsfußmethode bietet sich das die Ausarbeitung von Zantow/Dinauer (Buch: „Finanzwirtschaft des Unternehmens: die Grundlagen des modernen Finanzmanagements", 2011, S. 458.) an.

[333] Vgl.: Geyer/Hanke/Littich/Nettekoven, 2015, S. 99.

- Welche Risiken ergeben sich mit Verfolgung des Vorschlags? Liegen ausreichende Kenntnisse über die fremde Branche vor, in welcher wir diversifizieren möchten/in der wir analoge Lösungsprinzipien gefunden haben? Gibt es interessante Kooperationspartner, mit welchen wir die Idee umsetzen können?

Die potenziellen Cross-Industry-Innovationsprojekte sind somit aus mehreren Perspektiven zu betrachten, um eine umfassende Beurteilung und den Vergleich der Alternativen zu ermöglichen. Ein geeignetes Instrument zur Beurteilung der Ideen aus einer Mehrzahl komplexer Sichtweisen stellt die Nutzwertanalyse (auch Scoring-Methode genannt) dar. Sie kann sowohl qualitative als auch quantitative Kriterien umfassen und lässt sich deshalb nicht generell den qualitativen oder ökonomischen Verfahren zuordnen. Das Prinzip hinter der Nutzwertmethode ist die Fragmentierung eines Kriteriums, wie z.B. der Marktattraktivität. Die einzelnen Fragmente können im Einzelnen rationaler bewertet werden, da durch die Zerlegung eine Distanz gewonnen wird, die dem voreiligen, emotionsgeleiteten Präferieren von Lösungsideen entgegenwirkt.[334]

In der ersten Phase der Nutzwertanalyse sind Moderator sowie Gruppenzusammensetzung und -größe zu bestimmen. Anschließend ist das verfolgte Ziel zu definieren.[335] Dies kann beispielsweise folgendermaßen lauten: „Die Bewertung der generierten Innovationsideen im Hinblick auf die Marktbedeutung, Technologierelevanz und sich ergebende CII-Risiken". Für jeden Aspekt sollten mehrere Kriterien angeführt werden, auf deren Basis Beurteilungen möglich sind. Aus diesem Grund ist die Nutzwertanalyse weitaus komplexer als Checklisten und umfasst deutlich mehr Blickwinkel. Zudem werden die Kriterien hierbei quantifiziert. Fakt ist, dass mit zunehmender Anzahl der Kriterien der Bewertungsaufwand steigt. Aus diesem Grund sollte die Auswahl der Kriterien wohl überlegt sein. Nach der Identifikation relevanter, aussagekräftiger Kriterien müssen diese gewichtet werden. Dabei werden den Kriterien Werte zwischen 0 und 1 zugeordnet, die in der Summe 1 ergeben müssen. Die Gewichtung ist bei jeder Bewertung der anderen Alternativen beizubehalten, um eine Vergleichbarkeit zu gewähren. Dabei kann so vorgegangen werden, dass zunächst Punkte nach Bedeutung für das Projekt vergeben werden. Die Punkte können dabei beispielsweise zwischen 1 (niedrige Bedeutung) und 5 (hohe

---

[334] Vgl.: Kühnapfel, 2014, S. 1 f.
[335] Vgl.: Kühnapfel, 2014, S. 5 f.

Bedeutung) liegen. Anschließend ist die Summe zu bilden. Auf Basis der jeweiligen Punkte und der Gesamtsumme können anschließend relative Bedeutungsanteile berechnet werden, die als Gewichtung Eingang in die Bewertung erhalten.[336]

Eine Beurteilung, inwieweit die Kriterien von der jeweiligen Idee erfüllt werden, erfolgt über Punkte. Das bedeutet, dass eine niedrige Ausprägung mit einem Punkt, eine durchschnittliche Erfüllung des Kriteriums mit zwei Punkten und eine sehr gute Erfüllung mit drei Punkten bewertet wird. Die vergebenen Punkte, die den Erfüllungsgrad widerspiegeln, werden anschließend mit der Gewichtung des jeweiligen Kriteriums multipliziert, um sogenannte Teilnutzenwerte zu erhalten. Im letzten Schritt der Berechnung werden alle Teilnutzenwerte eines potenziellen Innovationsprojektes aufsummiert, um den Gesamtnutzen zu erhalten Auf diese Weise können letztlich die Gesamtnutzen aller Alternativen verglichen werden.[337]

Als Beispiel praktischer Umsetzung wird im Folgenden eine Nutzwertanalyse auf Basis fiktiver Werte durchgeführt. Dabei werden als erstes drei Nutzwertanalysen zur Berechnung der jeweiligen Teilnutzenwerte (vgl.: Abb. 41-43) durchgeführt, die sich auf die Marktbedeutung, Technologierelevanz und CII-Risiken beziehen. Für die Bereiche sind Bewertungskriterien zu bestimmen. Anschließend werden die Ergebnisse in der Nutzwertanalyse zusammengefasst. (vgl.: Abb. 44) Sowohl die Aufstellung von Kriterien als auch dessen Gewichtung ist abhängig vom Unternehmen, seiner Zielverfolgung und den Strategien. Aus diesem Grund besitzt die vorliegende Auswahl von Kriterien keine allgemeine Gültigkeit, kann aber als Orientierung dienen. Die Gewichtung der Kriterien ist im vorliegenden Beispiel fiktiv und muss auf den Unternehmens-, bzw. Projektkontext abgestimmt werden – schließlich ist die Bedeutung der einzelnen Kriterien für jedes Unternehmen individuell zu bestimmen.[338]

---

[336] Vgl.: Kühnapfel, 2014, S. 10 f.

[337] Vgl.: Ahsen, 2010, S. 50 f.

[338] Vgl.: Ahsen, 2010, S. 53.

Marktbedeutung					
Nr.	Kriterien	Ausprägung			
		0	1	2	3
1	Steigerung des Kundennutzens	Keine Steigerung	Sehr geringe Steigerung	Deutliche Steigerung	Sehr hohe Steigerung
2	Lösung eines Kundenproblems	Keine Lösung	Geringfügige Verbesserung der Situation	Verbesserung der Situation	Komplexe Lösung des Problems
3	Unique Selling Proposition	Keine	Geringfügig	Deutliche Differenzierung von Vergleichsprodukten	Einzigartig
4	Neuheitsgrad für den Markt	Keine Neuheit	Wenige ähnliche Proudukte	Lösungsansätze bereits in der Entwicklung	Marktneuheit
5	Erforderliche Verhaltensänderung des Kunden	Sehr hohe Änderung	hohe Änderung	Geringe Änderung	Keine Änderung

Abbildung 41: Scoring Marktbedeutung[339]

Als eine Nutzenkategorie wurde die Marktbedeutung ausgewählt (vgl. Abbildung 41). Der Erfolg einer Innovation ist wesentlich davon abhängig, inwieweit sie nach Markteinführung vom Markt akzeptiert wird (Adoption → Diffusion). Bedeutsam sind dabei die Steigerung des Kundennutzens sowie die Lösung eines Kundenproblems.[340] Bestenfalls erreicht das Unternehmen mit der CII eine USP, indem der Kunde das Produkt als einzigartig im Hinblick auf alle anderen Alternativen wahrnimmt.[341] Zudem ist der Neuheitsgrad der potenziellen Lösung für den Markt einzuschätzen. Dabei stellt sich die Frage, ob es absolut keine Neuheit darstellen würde (womit sich der Begriff der Innovation aufheben würde), es wenige ähnliche Produkte auf dem Markt gibt (Produktlinie liegt vor) und lediglich eine Unternehmensinnovation vorliegt, ob die potenzielle Konkurrenz bereits an einer ähnlichen Lösungen für das Problem arbeitet (nicht immer erfassbar, könnte über angemeldete Patente geprüft werden) oder ob das Produkt absolut neu ist und damit eine Marktinnovation darstellt. Weiterhin ist zu prüfen, inwieweit die neue Lösung eine Verhaltensänderung seitens des Kunden erforderlich macht, was von Kunden häufig als unbequem wahrgenommen wird.[342]

---

[339] Vgl.: Eigene Darstellung in Anlehnung an: Ahsen, 2010, S. 51; Vahs/Brem, 2015, S. 331.

[340] Vgl.: Albers/Ili, 2012. S. 17.

[341] Vgl.: Langbehn, 2010, S. 104 f.

[342] Lynn/Morone/Paulson, 1996, S. 8ff.

Nr.	Kriterien	Technologierelevanz			
		Ausprägung			
		0	1	2	3
1	Adaptionsfähigkeit	Nicht möglich	Unter hohem Aufwand möglich	Bei durchschnittlichem Aufwand möglich	Sehr aufwandsarme Anpassung möglich
2	Weiterentwicklungs-potenzial	Kein Potenzial vorhanden	Geringfügiges Potenzial	Hohes Potenzial für Variationen und Differenzierungen	Erschließung völlig neuer Möglichkeiten
3	Lerneffekte	Keine	Geringfügig	Verbesserung bestehender Kompetenzen	Neue Kompetenzen
4	Patentsituation	Keine Patentierung möglich/ keine Lizenzierung möglich	Patent bei Konkurrenz	Bereits patentiert/ Lizenzkauf möglich	Kein Patent vorhanden/ Patentierung möglich
5	Reifegrad der Lösung	Idee	Konzept	Invention	Innovation

Abbildung 42: Scoring Technologierelevanz[343]

Die Technologierelevanz (vgl. Abbildung 42) zielt auf Aspekte ab, welche die Technologie an sich, deren Potenzial und die Umsetzbarkeit betreffen. Die Adaptionsfähigkeit spielt dabei im Hinblick auf die physische Umsetzung eine Rolle: Die Lösung muss an das Zielprodukt angepasst werden. Ob die Adaption realistisch ist, nur unter überdurchschnittlicher Aufbringung von zeitlichen, finanziellen oder personellen Ressourcen möglich ist oder ein geringer Aufwand erforderlich ist, besitzt für die Attraktivität der Alternativen wohlmöglich eine große Bedeutung. Auch das Weiterentwicklungspotenzial kann eine Rolle spielen, denn Innovationen bedürfen im Laufe der Zeit häufig Verbesserungen oder Differenzierungen, um auch auf lange Sicht bei Beginn oder Zunahme von wettbewerbspolitischen Aktivitäten bestehen zu können. Durch die Umsetzung des CII kann es zu Lerneffekten der Unternehmung kommen. So kann die Kooperation mit einem Unternehmen komplementären Wissens zu einer deutlichen Verbesserung bestehender Kompetenzen führen, da sich grundlegend mit ihnen auseinander gesetzt wird. Auch neue Kompetenzen können durch CII-Aktivitäten und dem einhergehenden Wissenstransfer aufgebaut werden, wenn u.a. eine lernfähige F&E-Abteilung besteht.[344] Die Patentsituation ist je nach CII-Typ einer differenten Sichtweise unterlegen: Soll eine analoge Lösung in das eigene Unternehmen übertragen werden und ist diese Lösung bei einem Unternehmen einer anderen Branche zu finden, so mag es sehr vorteilhaft sein, wenn ein Patent bereits vorliegt und der Lizenzkauf möglich ist. Wird eine Lösung jedoch imitiert oder im Rahmen einer Coupled-Innovation geschaffen, so ist es optimal, wenn noch keine entsprechende Patentierung der Lösung vorliegt. Im Rahmen der Outside-In-Innovation ist es ebenso vorteilhaft, wenn noch keine Patentierung vorliegt, eine Patentierung aber möglich ist – wenn das Unternehmen

---

[343] Eigene Darstellung in Anlehnung an: Ahsen, 2010, S. 51

[344] Enkel/Gassmann, 2010, Chapter 2; Mowery/Oxley/Silverman, 1996, S.81 und S. 185; Eversheim, 2013, S. 21.

die Lösung, die sie für andere Anwendungsbereiche ferner Branchen diversifizieren möchte, nicht sogar bereits patentiert hat. Hier wird erneut deutlich, dass Kriterienauswahl und Scoring sehr subjektiv erfolgen. Ebenso verhält es sich bei dem Reifegrad der Lösung. Hier wurde in Idee – Konzept – Invention – Innovation differenziert. Bei hoher Risikoaversion und Streben nach einer geringen Entwicklungszeit und geringen Kosten mag eine Invention oder Innovation vielversprechend wirken. Eine Idee, die bei der Suche generiert wurde, kann attraktiv erscheinen, wenn die Entwicklung z.B. im Rahmen der Coupled Innovation erfolgt.

Nr.	Kriterien	CII-Risiken			
		Ausprägung			
		0	1	2	3
1	Branchenkenntnisse	Keine vorhanden	Branchenkenntnisse bei wenigen Mitarbeitern ansatzweise vorhanden	Interdisziplinäre Teams besitzen eine hohe, cross-industrielle Wissensbasis	Ausgeprägte Branchenkenntnisse vorhanden
2	Kooperationspartner	Keine vorhanden	Unattraktiv	Durchschnittlich	Sehr attraktiv
3	Internes, relevantes Know-How	Keines vorhanden	Geringfügig	Durchschnittlich vorhanden	Ausgeprägte Wissensbasis
4	Eintrittsbarrieren	Sehr hoch	Hoch	Durchschnittlich	Bisher kaum vorhanden
5	Konkurrenzsituation	Monopolismus	Intensiver Preiswettbewerb	Differenzierungswettbewerb	Neuer Markt

Abbildung 43: Scoring CII-Risiken

CII-Risiken beziehen sich auf die Risiken, die häufig mit der Verfolgung von Cross-Industry-Projekten verbunden sind (vgl. Abbildung 43). So können unzureichende Branchenkenntnisse den Erfolg der Diversifikation von Innovationen im Rahmen der Inside-Out-Innovation hindern. Sind bei einigen Mitarbeitern möglicherweise Branchenkenntnisse aufgrund von Erfahrungen einer früheren Beschäftigung in der entsprechenden Branche vorhanden, so ist dies zwar als tendenziell hilfreich zu bewerten, reicht aber häufig für das spezifische Projekt nicht aus. Kommt es allerdings zu einem Zusammenschluss eines interdisziplinären Teams, das sich z.B. aus Experten oder, aufgrund der Kooperation, aus Partnern der fremden Branche zusammensetzt, so ist dies als sehr hilfreich zu bewerten. Eine hohe Wissensbasis über die externe Branche innerhalb des Unternehmens ist optimal, aber wohl eher selten der Fall. Soll eine Kooperation in einzelnen Phasen des CII-Prozesses oder von Beginn an bestehen, so können auch hier Hindernisse entstehen. Im schlimmsten Fall existiert für das entsprechende Gebiet kein potenzieller Partner, sodass die Kompetenzen selbst aufgebaut werden müssten. Auch die Gefahr unattraktiver Kooperationspartner besteht. Die Unattraktivität kann sich z.B. auf die Werte des Partnerunternehmens beziehen, die so stark von denen des eigenen Unternehmens differieren, dass eine Kooperation dem Image schaden könnte. Auch

Interessens- oder Zielkonflikte können zur Gefahr werden.[345] Zur Umsetzung der Adaption von Analogien oder andere Lösungen an das Zielprodukt ist ein gewisses Know-how im Bereich der F&E gefragt, denn Analogien müssen geprüft und angepasst werden. Eintrittsbarrieren können im Rahmen der Coupled Innovation oder Inside-Out-Innovation zur Gefahr werden. Entsteht mit der Innovation jedoch ein neuer Markt, so sind sowohl die Eintrittsbarrieren als auch Konkurrenzsituation nahezu nicht vorhanden.

In der nachfolgenden Abbildung 44 sind die einzelnen Nutzwerte der drei Bereiche zu einem Gesamtnutzen je Alternative zusammengefasst worden:

		Lösungsideen							
		Alternative A		Alternative B		Alternative C		Alternative D	
	G	Bew	Bew x G	Bew	Bew x G	Bew	Bew x G	Bew	Bew x G
Marktbedeutung									
Steigerung des Kundennutzens	0,3	1	0,3	3	0,9	2	0,6	3	0,9
Lösung eines Kundenproblems	0,2	3	0,6	2	0,4	1	0,2	2	0,4
Unique Selling Proposition	0,2	1	0,2	1	0,2	1	0,2	3	0,6
Neuheitsgrad für den Markt	0,25	2	0,5	3	0,75	1	0,25	1	0,25
Erforderliche Verhaltensänderung des Kunden	0,05	3	0,15	2	0,1	2	0,1	2	0,1
Σ	1		1,75		2,35		1,35		2,25
Technologierelevanz									
Adaptionsfähigkeit	0,3	2	0,6	3	0,9	1	0,3	2	0,6
Weiterentwicklungspotenzial	0,1	0	0	2	0,2	0	0	2	0,2
Lerneffekte	0,15	1	0,15	1	0,15	2	0,3	3	0,45
Patentsituation	0,2	1	0,2	3	0,6	1	0,2	2	0,4
Reifegrad der Lösung	0,25	1	0,25	3	0,75	0	0	1	0,25
Σ	1		1,2		2,6		0,8		1,9
CII-Risiken									
Branchenkenntnisse	0,1	2	0,2	2	0,2	1	0,1	3	0,3
Kooperationspartner	0,2	1	0,2	2	0,4	1	0,2	2	0,4
Internes, relevantes Know-How	0,2	1	0,2	2	0,4	0	0	3	0,6
Eintrittsbarrieren	0,1	1	0,1	3	0,3	2	0,2	3	0,3
Konkurrenzsituation	0,4	2	0,8	2	0,8	2	0,8	2	0,8
Σ	1		1,5		2,1		1,3		2,4
Gesamtnutzen			4,45		7,05		3,45		6,55

G = Gewichtung
Bew = Bewertungsmaßstab
Bew x G = Teilnutzenwert

Abbildung 44: Gesamtnutzenwerte der Alternativen[346]

---

345 Vgl.: Hagenhoff, 2008, S. 254 ff.
346 Eigene Darstellung in Anlehnung an: Echterhoff, 2014, S. 138.

Die Ergebnisse lassen sich z.B. in einem Punktdiagramm mit drei Dimensionen (Excel: Blasendiagramm) abbilden, wie Abbildung 44 zeigt. Dabei sind die Technologierelevanz der Abszissenachse und die Marktbedeutung der Ordinatenachsen angeordnet worden. Das Blasenvolumen gibt die Ausprägung der CII-Risiken an (Hohes Volumen = geringes Risiko; Geringes Volumen = hohes Risiko). Der Pfeil zeigt die Richtung der Priorisierung an. Das Feld wurde in vier Quadranten aufgeteilt, welche die jeweilige Bedeutung der Dimensionen in „gering" und „hoch" aufteilen. Der obere, rechte Quadrant enthält die vielversprechendsten Ideen in dem fiktiven Kontext (Alternative B und D).

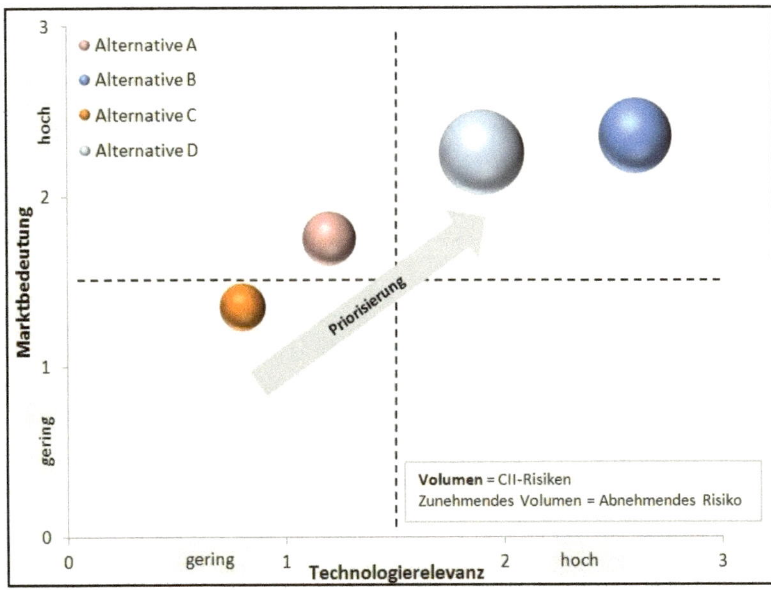

Abbildung 45: Marktbedeutung-Technologierelevanz-CII-Risiken-Portfolio[347]

Die Methode stellt einen zeitaufwändigen Weg hin zur Priorisierung von Alternativen dar. Häufig kommt es auch zu Auseinandersetzungen, die z.B. durch die Bestimmung von Gewichtungen ausgelöst werden. Diese manchmal auch sehr intensiven Auseinandersetzungen fördern allerdings die Gewinnung von Erkenntnissen und das Verständnis hinsichtlich der Chancen und Risiken.[348]

---

[347] Eigene Darstellung in Anlehnung: Echterhoff, 2014, S. 139.

[348] Vgl.: Ahsen, 2010, S. 54.

Bewertungsdivergenzen können durch eine gewisse Subjektivität entstehen, da andere Personen möglicherweise andere Kriterien und andere Gewichtungen auswählen würden.[349] Allerdings lässt eine große Anzahl qualitativer Kriterien das absolute Fehlen subjektiver Einflüsse kaum zu.[350]

Nachfolgend fasst die Tabelle 30 Gegenstand und Vorgehen der Nutzwertanalyse/des Scoring-Verfahrens zusammen und legt eine kurze Einschätzung des Verfahrens hinsichtlich der CII dar.

Nutzwertanalyse/Scoring-Verfahren	
Gegenstand	Dient der Entscheidungsfindung mittels Fragmentierung und Gewichtung bei einer hohen Komplexität (Vielzahl zu berücksichtigender Kriterien (quantitativer und qualitativer Natur)), Beteiligung von Personen unterschiedlicher Erfahrungsbasis, Einbeziehung unterschiedlicher Sichtweisen...)
Vorgehensweise	1. Organisation (Auswahl eines Moderators, Auswahl von (optimal) 5-10 Personen ...) 2. Formulierung des Entscheidungsproblems oder Ziels 3. Auswahl der Alternativen 4. Zusammenstellung von Entscheidungskriterien und deren Ausprägungen 5. Bewertung der Entscheidungskriterien 6. Berechnung der Teilnutzenwerte und des Gesamtnutzens 7. Zusammenfassung der Ergebnisse (z.B. auch Darstellung in einem Portfolio)
Evaluation	
Eignung für die CII-Typen	
Die Nutzwertanalyse stellt eine sehr flexible Form eines Bewertungsinstrumentes dar, da die Bewertungskriterien optimal angepasst werden können. Aus diesem Grund bietet sich die Methode für jeden Typ der CII an, um aufkommende Alternativen rational bewerten zu können.	

Tabelle 30: Zusammenfassung und Evaluation der Nutzwertmethode[351]

---

349 Vgl.: Hagenhoff, 2008, S. 202.
350 Günter, 2006, S. 247.
351 Vgl.: Kühnapfel, 2014, S. 1 und S. 6.

7 Implementierung der CII

7.1 Problemdefinition

Geeignete Rahmenbedingungen sind die Grundlage, um das Konzept der Cross-Industry-Innovation zu implementieren. Eine gezielte Organisation interner Prozesse, Ressourcen und Kooperationsbeziehungen sowie ein ausreichendes schutzrechtliches Hintergrundwissen sind für die erfolgreiche Implementierung bedeutsam.[352]

Folgende Schwerpunkte (Tabelle 31) ergeben sich für die Gestaltung der Rahmenbedingungen:

Rahmenbedingungen der Implementierung	Schwerpunktthemen
Innovationskultur- und Organisation	Offene Innovationskultur (Förderung durch das Commitment des Topmanagements, Promotoren etc.) Organisation (interdisziplinärer) Projektteams Adaption interner Prozesse
Unternehmensressourcen	Fähigkeiten und Kompetenzen (Abstraktionsfähigkeit, Absorptive Capacity ...) Humane Ressourcen Risikomanagement (Schnittstellenproblematik) Resilienz der Organisation Branchenspezifische Wissensbasis Interne Vermarktung
Innovationskooperation	Komplementäres Wissen und Kompetenzen Vertrauensbasis
Patent- und Lizenzmanagement	Grundlagen (Arten von Schutzrechten, Prozess) Verwertung von Patenten Umgang mit Patenten in Kooperationen

Tabelle 31: Schwerpunktthemen zur Implementierung

---

[352] Vgl.: Enkel/Dürmüller (Gassmann/Sutter Hrsg.)), 2011, S. 225.

7.2 Innovationskultur- und Organisation

Das Kapitel 7.2 umfasst die Herausstellung der Bedeutung

1)	einer offenen Innovationskultur,
2)	(Interdisziplinärer) Teams und deren Integration in die Organisation,
3)	die Adaption der unternehmensinternen Prozesse

Tabelle 32: Inhalte des Kapitels 7.2

im Kontext der Cross-Industry-Innovation.

Eine unzureichend ausgeprägte **Innovationskultur** kann den Innovationserfolg deutlich einschränken. Eine Studie von PwC aus dem Jahr 2013 ergab, dass es in der Praxis häufig an einer Innovationskultur fehlt, die sich durch alle Ebenen zieht und den Mitarbeitern eine innovative Denkweise vermittelt.[353] Ein häufig anzutreffendes Hindernis bei neuen Innovationsvorhaben, deren Input von außen stammt, stellt das „Not-invented-here-Syndrom" (NIH-Syndrom) dar. Dieses wurde erstmalig von Ralph Katz und Thomas Allen thematisiert. Es beschreibt die Ablehnung einer Gruppe gegenüber neuen Ideen Außenstehender, da sich die Gruppe im Besitz monopolistischen Fachwissens sieht. Diese Ablehnung potenziell wertvoller Ideen führt häufig zum Nachteil der Performance des Teams.[354] Kommt es zu einer Öffnung eines zuvor stets geschlossenen Innovationsprozesses gegenüber externem Wissen oder Technologien, kann dies zu Abwehrreaktionen innerhalb der Belegschaft führen.[355] Für die Einführung von CII ist eine offene Innovationskultur grundlegend. Enkel und Dürmüller stellen die eingeschränkte Offenheit, die sich in einem begrenzten Blickfeld widerspiegelt, sowie die Überschätzung von Unternehmen im Hinblick auf ihre eigene Innovationsperformance nicht lediglich als negatives Phänomen traditioneller Industrien mit geringfügiger Dynamik dar – sie unterstellen diese Defizite auch vielen Pionierunternehmen in Branchen mit raschen Technologiezyklen. Maßgeblich ist dabei auch die persönliche Identifikation der Ingenieure mit den eigens von ihnen geschaffenen Inventionen und Innovationen. Die Autoren nennen auch das Bestehen einer „[...]stark ausgeprägten kollektiven Wertvorstellung [...]"[356] als Risiko, welches eine offene Kultur einschränken kann. Grund

---

[353] Vgl.: PwC, 2013, S. 16.

[354] Vgl.: Allen; Katz, 1982, S. 1.

[355] Vgl.: Ertl., Ili (Hrsg.), 2010, S. 70.

[356] Enkel/Dürmüller (Gassmann/Sutter Hrsg.), 2011, S. 225.

dafür ist die resultierende Homogenität des Verhaltens der gesamten Organisation und die damit einhergehende Unterdrückung des Individualismus als Basis von Differenzierung. Von wesentlicher Bedeutung ist die Bereitschaft, sich gegenüber der Verschiedenartigkeit öffnen zu können. [357] Wichtig ist dabei das volle Commitment von Topmanagement und Führungskräften. Das Bekenntnis zur Offenheit gegenüber externen Ideen, Konzepten und Technologien wirkt sich positiv auf die gesamte Unternehmenskultur aus und dem NIH-Syndrom somit entgegen.[358] Positiv kann sich der Einsatz von Promotoren[359] auswirken, die die Mitarbeiter aktiv zu einer Offenheit gegenüber Innovationsimpulsen motivieren.[360] Dabei ist die Anzahl der Promotoren wichtig: Nach Hauschildt sinkt mit steigender Anzahl der Promotoren die Widerstandsstärke gegen die Innovation.[361] Auch die Einstellung von neuen Mitarbeitern aus anderen Branchen mit spezifischen Erfahrungen kann eine offene Kultur fördern. Ebenso sollten „interne Querdenker" gefördert und gefordert werden, da diese wichtige Impulse geben können.[362]

Die PatVal-Studie[363] von 2005 stellte heraus, dass Unternehmen häufig die Fähigkeiten fehlten, die neuen Technologien in ökonomisch verwertbare Produkte umzuwandeln bzw. zu integrieren. So wurden laut Studie 30% der Patente nicht ökonomisch verwertet.[364] Dieses Defizit stellt folglich auch eine Schwierigkeit bei der Implementierung der CII dar. An die **Organisation von Projektteams** sind deshalb einige Ansprüche zu stellen. Zur Förderung von CII werden in der Praxis häufig verschiedene Teams aufgestellt, die sich aus externen und internen Mitgliedern zusammensetzen können. Die Teams konkurrieren miteinander, indem beide an derselben Aufgabenstellung arbeiten, die vorab formuliert wurde. Entschieden werden muss weiterhin, ob das Projekt innerhalb der bestehenden Organisation

---

[357] Vgl.: Enkel/Dürmüller (Gassmann/Sutter Hrsg.), 2011, S. 225 f.

[358] Vgl.: Ili, 2010, S. 50.

[359] Das Promotoren-Modell wurde von *Witte* 1973 entwickelt. Promotoren stellen Akteure dar, welche Innovationsprozesse aktiv fördern. Vgl.: De Pablos Heredero/López Berzosa , 2011, S. 142.

[360] Vgl.: Hauschild, 2011, S. 125; Studie umfasst gesammelte Daten bis zum Jahr 2005.

[361] Vgl.: Hauschildt (Schreyögg/Conrad (Hrsg.)), 2002, S. 20.

[362] Vgl.: Enkel/Dürmüller (Gassmann/Sutter Hrsg.), 2011, S. 226.

[363] EU-Studie: The Value Of European Patent; Studie auf Basis gesammelter Daten von 9.000 Patenten.

[364] EU-Studie: The Value Of European Patent, S. 39, verfügbar unter: http://ec.europa.eu/invest-in-research/pdf/download_en/patval_mainreportandannexes.pdf [zuletzt aufgerufen am 03.01.2017].

bearbeitet werden soll oder ob eine neue Organisationseinheit aufgebaut werden sollte. Diese Frage ergibt sich vor allem bei radikalen Innovationen. Eine allgemein gültige Antwort gibt es dafür nicht – die Entscheidung muss individuell getroffen werden: Beeinflussende Komponenten sind dabei der Neuheitsgrad der Innovation, die Unternehmensgröße, die Ressourcen- und Kompetenzverteilung im Unternehmen, die Unternehmenskultur sowie die jeweilige Projektphase. Der Aufbau einer neuen Geschäftseinheit kann einerseits den Innovationsgrad positiv beeinflussen, andererseits kann dies jedoch die Hürden der Akzeptanz jener Geschäftsbereiche verstärken, die durch das operative Geschäft die finanziellen Ressourcen erwirtschaften. In der Praxis gestalten sich CII-Projekte häufig unternehmensübergreifend, woraus sich die Erfordernis einer unternehmensübergreifenden Projektorganisation ableitet. Ein Steering Committee, welches die oberen Entschlüsse fasst, und sich aus hochrangigen Stakeholdern (aus dem Topmanagement) der jeweiligen Kooperationsunternehmen zusammensetzt, sollte eingesetzt werden.[365]

Einige **interne Prozesse** können die Implementierung von CII erschweren und erfordern deshalb die Notwendigkeit von Anpassungen. Dies kann z.B. die Beauftragung neuer Lieferanten als Partner betreffen, die nicht zum regulären Geschäft gehören. Dieses Hindernis findet sich vor allem bei großen Unternehmen, deren Unternehmens- und Einkaufsrichtlinien etwas anderes vorsehen. Ein systematisches Supply-Chain-Management ist deshalb von hoher Bedeutung. Auch im Bereich des Controllings sind bei einer CII-Implementierung Anpassungen erforderlich.[366]

Bei der internen Vermarktung des CII-Produktes ist die Kommunikation zwischen der Projekt- und Linienorganisation von hoher Bedeutung, um Transparenz zu gewährleisten und somit das Vertrauen zu stärken. Für die erfolgreiche Vermarktung steht die Identifikation aller Stakeholder zu Beginn an oberster Stelle. Stakeholder stellen dabei alle Individuen oder Gruppen dar, die im Laufe des Projektes von dem Innovationsprojekt direkt oder indirekt tangiert werden. Es kann sich um interne und externe Akteure handeln. Auf diese Weise können Zielgruppen gebildet werden. Art und Häufigkeit der Kommunikation mit den jeweiligen Zielgruppen muss genau abgestimmt werden, da unterschiedliche Informationsansprüche vorliegen. Durch den stetigen Informationsaustausch kann das Commitment aller Akteure

---

[365] Vgl.: Enkel/Dürmüller (Gassmann/Sutter Hrsg.), 2011, S. 229.
[366] Vgl.: Dingler/Enkel (Abele (Hrsg.)), 2016, S. 115.

gestärkt werden und so im Falle von unvorhersehbaren Zwischenfällen Unterstützung sichergestellt werden.[367]

7.3 Unternehmensressourcen

Das Kapitel 7.3 umfasst die Darstellung der Bedeutung

1.)	der Abstraktionsfähigkeit der Mitarbeiter,
2.)	der Existenz branchenspezifischen Wissens,
3.)	der sogenannten Absorptive Capacity als Fähigkeit der systematischen Verarbeitung externer Informationen,
4.)	eines umfangreichen Risikomanagements und
5.)	einer resilienten Organisation

Tabelle 33: Inhalte des Kapitels 7.3

im Hinblick auf die Cross-Industry-Innovation.

Für eine erfolgreiche Implementierung und Durchführung CII-spezifischer Prozesse sind einige Fähigkeiten und Kompetenzen wesentlich.

Eine wichtige Fähigkeit, die u.a. durch die in der Arbeit genannte CII-Ideengenerierung-Methoden gefördert werden kann, stellt die **Abstraktionsfähigkeit** dar, denn für das Aufspüren von Analogien ist eine neue, auf das Wesentliche gerichtete Sichtweise auf Produkte, Lösungen, Technologien etc. zentral. Für die Suche nach CII-Ansätzen muss die Aufgabenstellung zuvor in einem hohem Abstraktionsniveau definiert werden, was sich für viele Mitarbeiter, so auch Ingenieure, als sehr anspruchsvoll erweisen kann. Hilfreich ist hierbei der Einsatz eines erfahrenen Moderators.[368]

Neben der Offenheit gegenüber den Kompetenzen und Wissensinhalten fremder Branchen, kommt auch dem **spezifischen Wissen über die eigene oder relevante externe Branche** eine hohe Bedeutung zu. Einerseits gilt es, die Chancen und Potenziale, die sich durch fremde(s) Know-how/Technologien etc. im Rahmen einer Outside-In-Innovation für die eigene Branche ergeben können, durch umfangreiches Wissen über Markt, Kunden und brancheninterne Konkurrenten zu erkennen. Andererseits ist auch der letztlichen Anpassung an das physische Produkt ein hoher Anspruch an die interne Kompetenz zuzusprechen. In den frühen

---

367 Vgl.: Enkel/Dürmüller (Gassmann/Sutter Hrsg.), 2011, S. 230.
368 Vgl.: Enkel/Dürmüller (Gassmann/Sutter Hrsg.), 2011, S. 226.

Phasen, in welchen Abstraktionen gebildet und analoge Lösungen gesucht werden, besitzen Erfahrungen aus externen Industrien eine zentrale Wichtigkeit. Die daran anschließende Einschätzung der Möglichkeit des Lösungstransfers und letztliche Übertragung und Anpassung an das eigene Produkt erfordern eine hohe Kenntnis des „heimischen" Marktes.

Auch das fehlende oder unzureichende Wissen über externe Branchen kann im Falle einer Inside-Out-Innovation fatale Folgen mit sich ziehen[369], wie das folgende Fallbeispiel 11 zeigt.

Markt-Flop durch unzureichendes branchenspezifisches Beurteilungsvermögen

Die fehlende Beurteilungskompetenz brachte einem weltweit agierenden Industrieunternehmen trotz vielversprechenden Konzeptes um den Erfolg des CII-Projektes:

Das innovative Unternehmen Brown, Boveri & Cie. (BBC) entwickelte in den 1959er Jahren das Druckwellenladerprinzip für die „Aufladung von Stahltriebwerken". BBC strebte die Diversifizierung des Prinzips in anderen Industrien als Inside-Out-Innovation an. So wurde es in den 1970er Jahren in ein Aufladegerät für Dieselmotoren transferiert, welches den Namen „Comprex" erhielt.[390] Doch die unzureichende spezifische Kompetenz über den Automobilmarkt, wie dessen Branchenlogik und sich verändernden Anforderungen, führte nicht zum erhofften Erfolg: Die sich gerade etablierenden Turbodieselmotoren wiesen ein differentes Ansprechverhalten und einen anderen Drehmomentverlauf auf, die die optimale Übertragung des Prinzips nicht möglich machten.[391] Gleichzeitig setzte sich der Turbolader durch, welcher den gegenwärtigen Ansprüchen des Marktes gerecht wurde.[392] So war der Comprex-Lader u.a. deutlich größer und wies ein höheres Gewicht als der Turbolader auf.[393] BBC besaß große Kompetenz in der eigenen Industrie – dem Großanlagenbau – wies aber entscheidende Defizite im Wissen über den relevanten Automobilmarkt auf, was mit großer Wahrscheinlichkeit zum Scheitern des Projektes führte.

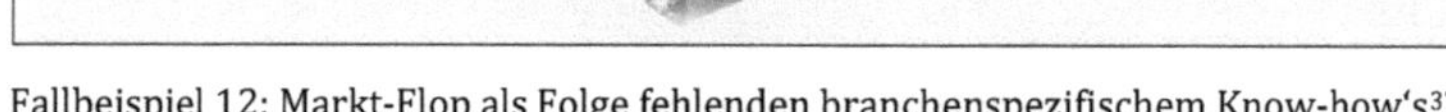

Fallbeispiel 12: Markt-Flop als Folge fehlenden branchenspezifischem Know-how's[370]

Unternehmen müssen zudem die Fähigkeit besitzen, externe Informationen, die durch die Outside-In-Stoßrichtung in das Unternehmen fließen, zu bewerten, aufzunehmen und zu kommerzialisieren. Dafür müssen geeignete interne, organisationale Strukturen, Mechanismen und Kompetenzen vorliegen oder entwickelt werden.[371] In dem Zusammenhang ist von der sogenannten **Absorptive Capacity**

---

[369] Vgl.: Enkel/Dürmüller (Gassmann/Sutter Hrsg.), 2011, S. 226 f.

[370] Bild: http://www.senatorman.de/bilder/Comprex-004.jpg

[371] Blohm, 2013, S. 49 f.

(ACAP) die Rede. Cohen und Levinthal definieren die ACAP folgendermaßen: „[...] prior related knowledge confers an ability to recognize the value of new information, assimilate it, and apply it to commercial ends. These abilities collectively constitute what we call a firm's "absorptive capacity."[372] Das Prinzip entspricht der Outside-In-Innovation. Das von Coven und Levinthal entwickelte Konstrukt besteht aus drei Dimensionen, die chronologisch aufeinander aufbauen und jeweils eine Fähigkeit beschreiben: Wissensassimilation (Erkennung, Bewertung, Integration von Wissen), Assimilation und Kommerzialisierung. Im Rahmen der Wissensassimilation ist es bedeutsam, das externe Wissen identifizieren und bewerten zu können. Dafür dienen u.a. Recherchen oder Kongressbesuche. Die Dimension der Assimilation steht für die Fähigkeit, das aufgenommene Wissen zu interpretieren, um es anschließend mit dem intern existierenden Wissen abzugleichen. Der Aufbau entsprechender Abteilungen mit der Aufgabe des Einpflegens und Übersetzens des neuen Wissens an das intern bestehende Vokabular bietet sich an. Die letzte Dimension stellt die Kommerzialisierung des assimilierten Wissens dar. Dabei sind Ressourcen und Kompetenzen im Rahmen der Innovationsentwicklung mithilfe des neuen Wissens zu erweitern, um gesetzte Ziele zu erreichen. Bestehen die drei Einzelfähigkeiten bei einem Unternehmen, so kann von einer hohen Absorptive Capacity gesprochen werden.[373] Die Bedeutung der ACAP für die Cross-Industry-Innovation ist offensichtlich. Der Prozess ist nahezu analog. Auch hierbei sind externe Wissensinhalte zu identifizieren und zu bewerten, um sie zur Entwicklung oder Ergänzung der eigenen Kompetenzen zu nutzen und innovative Produkte oder Dienstleistungen zu entwickeln. Eine hohe Absorptive Capacity ist für Unternehmen bei Verfolgung der CII-Strategie eine wichtige Voraussetzung.

Im Hinblick auf die steigende Wahrscheinlichkeit radikaler Innovationen durch die Implementierung von Cross-Industry-Innovationen, besitzt das **Management potenzieller Risiken** eine hohe Bedeutung.[374] Radikale Innovationen weisen einen hohen Neuheitsgrad auf. Dieser Neuheitsgrad birgt neben hohem Differenzierungspotenzial höhere Unsicherheiten in Bezug auf Marktreaktion und technischer

---

[372] Cohen/Levinthal, 1990, S. 128.

[373] Vgl.: Die Erfinder 3M: Absorptive Capacity – mit externem Wissen Innovationen fördern, verfügbar unter: http://die-erfinder.3mdeutschland.de/innovationskultur/absorptive-capacity-%E2%80%93-mit-externem-wissen-innovationen-fordern [zuletzt aufgerufen am 07.01.2017].

[374] Vgl.: Enkel/Dürmüller (Gassmann/Sutter Hrsg.), 2011, S. 228 f.

Umsetzung. Wie es bei jeglicher Diversifikationsstrategie der Fall ist, sind diese Risiken auch bei der Inside-Out-Innovation hoch.

Erfolgt eine Kooperation mit einem externen Partner, werden neue Anforderungen an das Management gestellt.

Projektrisiken sollten vor allem im Bereich der Schnittstellen näher untersucht werden. Folgende Schnittstellen sind dabei in den Fokus zu stellen:

1. Interne Schnittstellen zwischen den verschiedenen Funktionen
2. Schnittstellen zwischen den beteiligten Unternehmen
3. Schnittstellen zwischen Projekt- und Linienorganisation
4. Schnittstellen im gesamten CII-System[375]

Die sequenziellen Abläufe der funktionalen Organisationsstrukturen bergen an den Schnittstellen Risiken, wenn der Innovationsprozess prozessual wie bei einem Staffellauf („relay race"), bei der eine Funktion an die nächste abgibt, aufgebaut ist.[376] Es werden Marktanalysen und Investitionsrechnungen durchgeführt, ohne zu diesem Zeitpunkt für die notwendige Kompetenzentwicklung von Mitarbeitern vorzusorgen oder Kunden in den Prozess zu integrieren, um die Aufnahmebereitschaft zu prüfen. Aufgrund dessen kommt es häufig zu Fehleinschätzungen der Marktreaktion sowie zu „krisenartiger" Kompetenzentwicklung des Personals und Entwicklung von Lieferanten- sowie Vertriebsstrukturen.[377]

Durch die sequentielle Abarbeitung von Innovationsschritten kann es zu erheblichen Verzögerungen im Innovationsprozess und somit zur Verlängerung der Time-to-Market kommen. Aus diesem und anderen Gründen hat sich das sogenannte „Simultaneous Engineering" als ablauforganisatorischer Ansatz zur Optimierung der Entwicklungszeit durchgesetzt.[378] Hierbei kommt es zum Einsatz eines crossfunktionalen/mehrfunktionalen Teams und paralleler Bearbeitung der Aufgaben. Unter den Teammitgliedern sind Experten interner Funktionsbereiche, wie z.B. aus der Logistik, Produktion und F&E. Auch externe Akteure, wie Lieferanten oder Kunden, können dabei integriert werden. Die Anzahl der Schnittstellen kann auf diese Weise

---

375 Vgl.: Enkel/Dürmüller (Gassmann/Sutter Hrsg.), 2011, S. 229.
376 Vgl.: Nonaka/Takeuchi, 1986, https://hbr.org/1986/01/the-new-new-product-development-game. [zuletzt aufgerufen am 07.01.2017].
377 Vgl.: Staudt, 1985, S. 353 ff.
378 Vgl.: Schuh, 2012, S. 236.

reduziert werden.[379] In der Innovationsmanagementliteratur herrscht Einigkeit darüber, dass sich eine frühzeitige Einbindung aller Funktionsbereiche in die Innovationsaktivitäten positiv auf den Innovationserfolg auswirken kann.[380] Kriegesmann und Kerka bezeichnen die „[...] Organisation von Rückkopplungs- und Feedbackschleifen zwischen den am Innovationsprozess beteiligten Einheiten, Funktionen, Abteilungen und Subkulturen [...]"[381] als einen bestimmenden Ansatz im Innovationsmanagement. Gemäß einer Erhebung der genannten Autoren besitzt der Beitrag von Integrationsmaßnahmen in Bezug auf Schnittstellen sowohl bei lateralen/ Diversifikationsinnovationen als auch bei inkrementalen Weiterentwicklungen/Innovationen positiven Einfluss auf den Innovationserfolg.[382]

Auch zwischen Projekt- und Linienorganisation sind Risiken möglichst gering zu halten. Im Falle cross-funktionaler Teams muss die Innovationstätigkeit mit den anderen Unternehmensaufgaben koordiniert werden.[383]

In der Praxis kommt es bei radikalen Innovationen häufig zu Abweichungen von dem ursprünglichen Businessplan. Aus diesem Grund ist es von großer Bedeutung, Szenarien vor Projektbeginn zu entwickeln, um im Fall von Abweichungen sinnvoll reagieren zu können.

Risiken liegen bei den Schnittstellen des zu kommerzialisierenden Systems vor allem in der Eingrenzung des Systems. So gelang es einem Bioanalytik-Unternehmen nicht, seine innovative Biochiptechnologie auf dem Markt durchzusetzen, da die Kunden bei der Anwendung Lösungen unterschiedlicher Anbieter verwendeten. Hier hätte das Unternehmen selbst Proben vorbereiten müssen, um die durchgängige Qualität zu garantieren und den Kunden so in den praktischen Labortests überzeugen zu können. Nachgelagerte Prozessschritte wurden in diesem Fall außer Acht gelassen, was große Folgen für den Erfolg der Innovation mit sich trug.

Risikobehaftet ist auch die Diversifikation der eigenen Lösungen im Rahmen der Inside-Out-Innovation, da hier das Risiko mangelnden Wissens über den Zielmarkt und seine Logik sowie Eintrittsbarrieren herrscht.[384]

---

[379] Vgl.: Nicolai/ Wannenwetsch, 2013, S. 131.

[380] Vgl.: Kerka/Kriegemann, 2007, S. 119.

[381] Kerka/Kriegemann, 2007, S. 119.

[382] Vgl.: Kerka/Kriegemann, 2007 S. 120.

[383] Vgl.: Horsch, 2013, S. 105 ff.

[384] Vgl.: Enkel/Dürmüller (Gassmann/Sutter Hrsg.), 2011, S. 229.

Dass auch eine gewisse Resilienz der Organisation im Rahmen der CII eine Bedeutung besitzt, zeigt das folgende Fallbeispiel 13:

**Resilienz – Rückschläge für noch bessere Produkte nutzen
(Weiterführung des Fallbeispiels 11)**

Die Nachahmung der Hai-Haut für Wettkampf-Schwimmanzüge war erfolgreich – sehr erfolgreich: 98 % der Medaillen im Schwimmen ging an die Schwimmer, die den Fastskin-Schwimmanzug von Speedo trugen. Der Anzug bedeckte den gesamten Körper den Schwimmers und sorgte für höchste Effizienz. Doch die hohe Effizienz und überdurchschnittlichen Ergebnisse sorgten für eine Überprüfung seitens des Olympia-Committees und letztlich zum Verbot des Tragens solcher Anzüge im Jahr 2010. Erlaubt waren ab dann nur noch Schwimmanzüge, die bei Männern von den Knien bis zum Bauchansatz reichten und für Frauen Anzüge, die den Körper von den Knien bis zu den Schultern bedeckten. Ein Rückschlag?

Speedo handelte schnell: Das Unternehmen nutzte die Zusammenarbeit mit branchenexternen Experten, wie Flugzeugingenieuren, Textilingenieuren, Experten aus dem Bereich der Bewegungswissenschaft sowie der Strömungslehre und Sportpsychologen. Das Unternehmen bediente sich an diversen Kreativitätstechniken. So stellten sie sich z.B. die Frage „Was würde einen Schwimmer am langsamsten machen?" Diese Technik nennt sich auch Kopfstand-Technik oder Umkehrtechnik und ist den Provokationsmethoden nach De Bono zuzuordnen. Die Ideen gestalteten sich teilweise verrückt - so stellte sich das Team Schwimmer mit überdimensional großen Brillen vor. Doch dabei können ganz neue Aspekte in den Augenschein rücken, welche zuvor außer Acht gelassen wurden. Auch das Hütedenken nach De Bono wurde angewandt, um Ideen aus allen Perspektiven zu betrachten.

Letztlich entwickelte das Unternehmen ein Produkt, das noch effizienter war, als das im Jahre 2010 verbotene. Es wurde ein ganzes Set mit dem Namen „Fastskin 3 System" entwickelt, welches aus Schwimmanzug, -haube und -brille besteht und so den Leistungsschwimmer somit komplett ausrüstet.

Fallbeispiel 13: Speedo: Rückschläge strategisch nutzen[385]

Eine unterstützende CII-relevante, humane Ressource stellen sogenannte Technologie-Scouts dar. Eine Rekrutierung dieser kann u.a. über das Vertriebsnetz, ausländische Gesellschaften oder andere Bereiche erfolgen. Der Einsatz der Scouts ist vor allem während der Suchfeldbestimmung zweckmäßig, da sie bei der Technologiefrühaufklärung neue Technologien oder in Entwicklung befindliche Technologien identifizieren, dokumentieren und dem Projektteam zur Verfügung stellen können.[386]

---

[385] Vgl.: Scientific American, 2012, verfügbar unter: https://www.scientificamerican.com/article/how-speedo-created-swimsuit/ [zuletzt aufgerufen am 07.01.2017]; Columbia Daily Tribune, 2016, verfügbar unter: http://www.columbiatribune.com/arts_life/family_life/high-tech-olympics/article_6790b09c-5ffb-5153-b79c-0836de5d1c20.html [zuletzt aufgerufen am 07.01.2017].

[386] Laube (Abele (Hrsg.)), 2013, S. 192.

Ein praktisches Beispiel unternehmensinternen Scoutings nach Trends und Technologien zeigt das Fallbeispiel 14:

> **BMW's „Ideenfabrik" – mit externen Innovationspartnern zu erfolgreichen Innovationen**
>
> BMW's Technology Office, gegründet 1998 in Silicon Valley, beschäftigt 16 Mitarbeiter mit der Mission, stetig nach neuen Trends, Technologien sowie spezialisiertem und einzigartigem Know-how zu suchen und in diesem Zusammenhang auch nach geeigneten externen Innovationspartnern. Die Möglichkeit der Kombinationen der externen Technologien mit den eigenen Produktideen, angepasst an die aktuellen Kundenbedürfnisse, hat dabei häufig radikale Innovationen ermöglicht. Die Teams, bestehend aus jeweils drei Mitarbeitern, haben 90 Tage Zeit, neue Möglichkeiten zu identifizieren, näher zu erforschen und entsprechende Projekte aufzubauen.
>
> Ein Ergebnis dabei war z.B. das iDrive-Navigationskonzept, welches eine einfache, intuitive Cockpit- Kontrolle mit 700 Funktionen ermöglicht, und in die 7er Serie integriert wurde und durch enge Kooperation mit Partnern aus externen Industrien, wie der Spielindustrie entwickelt wurde. (vgl.: Fallbeispiel 8)

Fallbeispiel 14: BMW's Technology Office – stets auf der Suche nach neuen Trends und Technologien[387]

7.4 Innovationkooperationen

In Kapitel 7.4 werden grundlegende Aspekte in Bezug auf Innovationskooperationen thematisiert. Von Bedeutung sind dabei

1.)	die Auswahl des Kooperationspartner (Kooperation als komplementäre Funktion bei fehlenden Kompetenzen, strategischer und kultureller Fit etc.),
2.)	die systematische Kommunikation sowie
3.)	der interne und externe Verbindungsgrad und der damit einhergehende
4.)	Prozess der Sozialisierung

Tabelle 34: Inhalte des Kapitels 7.4

Der Cross-Industry-Innovationsprozess setzt häufig mehrere Berührungspunkte mit externen Kooperationspartnern voraus. Die Qualität einer Kooperation kann einen hohen Einfluss auf den Erfolg der CII nehmen. So können die Auswahl des geeigneten Partners und die Gestaltung der Partnerschaft zu zentralen Erfolgsfaktoren werden, indem Risiken gesenkt und Potenziale optimal genutzt werden.[388] Um den geeigneten Innovationspartner zu finden, ist eine umfassende Evaluation der unternehmensinternen Kompetenzen bedeutsam, um mögliche Defizite oder

---

[387] Boutellier, R.; Gassmann, O.; Von Zedtwitz, M. (2008): Managing Global Innovation: Uncovering the Secrets of Future Competitiveness, S. 176 Außerdem: Vgl.: Gassmann,

[388] Vgl.: Enkel/Dürmüller (Gassmann/Sutter Hrsg.), 2011, S. 227 f.

spezielle Lücken, die für Innovationsvorhaben Relevanz besitzen, zu identifizieren. Im nächsten Schritt ist der potenzielle Partner in Bezug auf seine tatsächlichen Kompetenzen zu analysieren. Eine Reduktion der Kooperation als Füllstoff von etwaigen Lücken in Wissen, Ressourcen oder Kapazität sollte nicht stattfinden.[389] Die Kooperation sollte möglichst eine komplementäre Funktion erfüllen.

Die folgende Abbildung 46 stellt eine Leinwand als Instrument zum Vergleich der eigenen Kompetenzen mit denen des potenziellen Kooperationspartners dar. Dazu sind Informationen erforderlich, die vorab durch die Analyse der eigenen Kompetenzen (vgl.: Kapitel 4.4) und derer des potenziellen Partners gewonnen werden können.

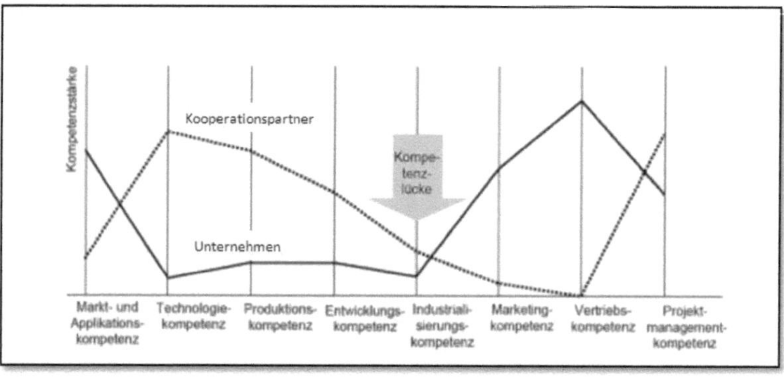

Abbildung 46: Leinwand zur Identifikation von Kompetenzlücken[390]

Bei der Auswahl des(/der) Kooperationspartner(/s) ist ein weitestgehender Fit zwischen kulturellen Mustern und der Kongruenz strategischer Ziele sehr vorteilhaft, um Spannung, z.B. durch Interessenskonflikte, zu vermeiden. Bei der Zusammenarbeit von etablierten Unternehmen mit jungen Start-Up-Unternehmen können zudem verschiedene Reifegrade interner Strukturen für Konfliktpotenzial sorgen. Die genaue und transparente Zuteilung von Rollen und Verantwortlichkeiten sowie der Chancen und Risiken während der Kooperation besitzt eine wesentliche Bedeutung, um Unstimmigkeiten zu verhindern.[391]

---

[389] Vgl.: Enkel/Dürmüller (Gassmann/Sutter Hrsg.), 2011, S. 227.
[390] Mit Ergänzungen in Anlehnung an: Enkel/Dürmüller (Gassmann/Sutter Hrsg.), 2011, S. 227.
[391] Vgl.: Enkel/Dürmüller (Gassmann/Sutter Hrsg.), 2011, S. 227.

Eine systematische Kommunikation sollte während des gesamten Cross-Industry-Innovationsprozesses kontinuierlich sowohl mit externen als auch mit internen Partnern erfolgen. Sie ist Grundstein der Integration von Wissen, dem Austausch wichtiger Informationen und einer vertrauensvollen und transparenten Beziehung. Zwischen den Schnittstellen der aufeinanderfolgenden Prozessphasen sorgt die systematische Kommunikation dafür, dass dem jeweiligen Projektteam die notwendigen Informationen wie neue Wissensinhalte oder Ergebnisse zur Verfügung gestellt werden. Auch die rückgekoppelte Kommunikation über Feedbackschleifen besitzt eine hohe Wichtigkeit. Das Feedback kann z.B. über Projektberichte erfolgen. Die Auswahl des Kommunikationskanals ist abhängig von der Informationsinfrastruktur im Unternehmen oder der Kooperation. Kanal und (Fach-)Sprache sind an den Adressaten anzupassen. Interne und externe Beteiligte sind aktiv zu adressieren.

Die systematische Kommunikation zu Beginn (z.B. über Projektausschreibungen) und zum Ende (z.B. Darstellung des Projektes in der Mitarbeiterzeitung) des Prozesses schafft Transparenz und damit Akzeptanz für das Cross-Industry-Konzept an sich und dessen Implementierung im eigenen Unternehmen. Auch die externe Darstellung des Projektes über Social-Media-Kanäle und Pressemitteilungen fördert Bewusstsein und Akzeptanz für die Cross-Industry-Innovation.

Die externe Kommunikation der Projekte kann das Unternehmen als attraktiven Partner für Innovationskooperationen hervorheben.[392]

In Bezug auf den externen Verbindungsgrad ist eine starke Vertrauensbasis aufzubauen, durch die der externe Partner motiviert wird, Wissen aufzunehmen oder einzusetzen. Der starke externe Verbindunggrad soll das Kommunikationsniveau qualitativ und quantitativ erhöhen. Der Informationsaustausch wird damit intensiver, erfolgt häufiger und die Hemmungen von Fragen sinken, was die Qualität des Projektes erhöhen kann.

Kundenkooperationen eignen sich, um die entwickelten Technologien in einem anderen Kontext zu testen und so Weichen für späteres Wachstum durch Diversifikation in anderen Branchen zu stellen. Eine Kooperation mit Hochschulinstitutionen kann in Hinblick auf Nachwuchskräfte Vorteile bringen. Der stetige Dialog mit

---

[392] Vgl.: Dingler/Enkel (Abele (Hrsg.)), 2016, S. 117-121.

Experten externer Branchen kann einem Unternehmen Vorteile im Hinblick auf das eigene Risikomanagement verschaffen.

Mit der Zusammenarbeit der internen und externen Partnern geht ein Sozialisierungsprozess einher, welcher die Voraussetzung für eine Identifikation durch den Angleich von Wert- und Normvorstellungen sowie dem zunehmenden Verständnis der jeweils spezifischen Fachsprache schafft. Es handelt sich um einen übergeordneten Mechanismus, der den Transfer von Wissen intensivieren kann (Vgl.: Abbildung 47).[393]

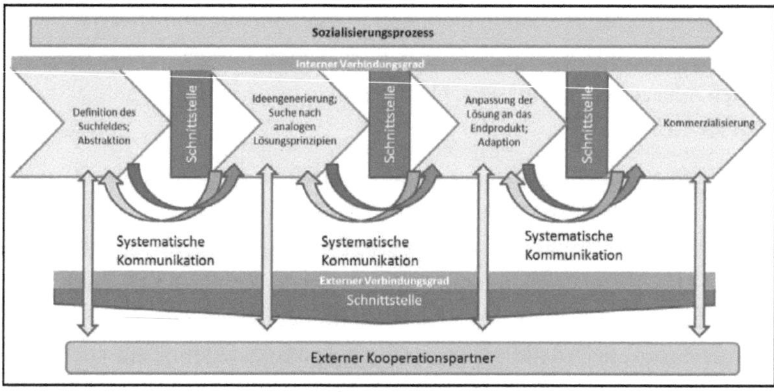

Abbildung 47: Systematische Kommunikation[394]

Das Fallbeispiel 15 beschreibt die Kundenkooperation mit AUDI und verdeutlicht die Wichtigkeit des kontinuierlichen Dialogs mit externen Akteuren.

---

[393] Vgl.: Dingler/Enkel (Abele (Hrsg.)), 2016, S. 117 f.

[394] Eigene Darstellung in Anlehnung an: Dingler/Enkel (Abele (Hrsg.)), 2016, S. 117.

> **Systematischer Austausch mit Partnern reduziert Entwicklungsrisiken und eröffnet Kommerzialisierungspotenziale**
>
> Bei der WITTENSTEIN SE handelt sich um einen innovationsstarken Hersteller und Anbieter von mechatronischer Antriebstechnik mit großer fachspezifischer Kompetenz und Erfahrung. 2015 wurde die neueste radikale Innovation des Unternehmens auf der Hannover Messe mit dem Technologie-Innovations-Preis „Hermes Award" ausgezeichnet. Es handelt sich dabei um das sogenannte „Galaxie Antriebssystem", welches durch einen vorher nie dagewesenen zahnradlosen Aufbau des Getriebes eine höhere Leistungsfähigkeit gewährleistet.
>
> Ein Zeitraum von mehreren Jahren und hohe Investitionen waren für die Entwicklung des Produktes notwendig. Mittels kontinuierlichen Dialogs mit Kunden und externen Partnern, versucht die WITTENSTEIN SE die mit radikalen Innovationen einhergehenden hohen Risiken zu minimieren. Der Austausch beinhaltet Diskussionen auf Augenhöhe, z.B. in Bezug auf Zukunftserwartungen oder strategische Aspekte, und konstruktiv-kritisches Feedback bei möglichst geringer Offenlegung technischer Detailinformationen. Für beide Parteien ist der Austausch vorteilhaft, um Erkenntnisse zu gewinnen und eine Vertrauensbasis zu schaffen.
>
> Ein Beispiel stellt die Audi AG als Partner einer externen Branche dar, mit welchem die WITTENSTEIN SE regelmäßig Austausch hält und mit welchem sie im Rahmen des Galaxie Antriebssystems zusammenarbeitete. Die Idee, das Galaxie Antriebssystem bei Audi einzusetzen, kam bei einem Werksbesuch auf. Audi stand vor der Neuentwicklung einer Schweißzange, bei welcher das innovative Antriebssystem zu einer deutlichen Verbesserung der Leistung führen würde. Eine Kooperation war in diesem Kontext sehr attraktiv. Die von WITTENSTEIN SE entwickelte Technologie befand sich noch in der Probephase, wurde lediglich von einer begrenzen Anzahl von Leitkunden getestet und stand somit noch vor der offiziellen Markteinführung. Eine Anwendung der Technologie in einem weiteren anspruchsvollen Umfeld gestaltete sich als reizvoll, um die Antriebstechnik intensiv zu testen. Dies kam einem umfangreichen Risikomanagement entgegen. Der Vorteil für AUDI bestand in der Effizienzsteigerung des Produktionsprozesses. Die Unternehmen setzten das Konzept gemeinsam technisch um. „Durch den Einsatz der neuartigen Motor-Getriebeeinheit „Galaxie Antriebssystem" wurde eine Optimierung der Prozesszeiten beim Schweißvorgang möglich. Dieses wird durch Anpassung der Zangenbewegung und Kraftaufbauzeit unter hohen Anpressdrücken erreicht. Das Galaxie Antriebssystem dient hierbei primär als Übermittler der hohen, eng definierten Last (Anpressdruck) beim Verschweißen, wobei von AUDI zuvor verfolgte alternative Konzepte durch den Einsatz von Galaxie erheblich vereinfacht werden konnten."[395] Weiterhin wurde das Projekt mit dem „AUDI Production Award 2011", einem Innovationswettbewerb im Unternehmen AUDI (damals unter dem Motto „Ressourceneffizienz in der Produktion"), ausgezeichnet, wodurch das Vertrauen in die Kooperation durch systematische Kommunikation auch intern gestärkt wurde.

Fallbeispiel 15: Wittenstein SE nutzt systematische Kommunikation für Foresight-Aktivitäten[396]

---

[395] Dingler/Enkel (Abele (Hrsg.)), 2016, S. 120.

[396] Vgl.: Wittenstein, verfügbar unter: http://www.wittenstein.de/de-de/unternehmen/ [zuletzt aufgerufen am 03.01.2017], vgl.: Dingler/Enkel (Abele (Hrsg.)), 2016, S. 119 f.; vgl.: https://www.audi-mediacenter.com/de/pressemitteilungen/audi-produktion-gewinnt-innovationspreis-433 [zuletzt aufgerufen am 03.01.2017].

7.5 Patent- und Lizenzmanagement

Das Kapitel 7.5 untersucht das Thema des Patent- und Lizenzmanagements in Bezug auf:

1)	Definitionen und Unterscheidungen sowie
2)	Möglichkeiten der Patentverwertung.

Tabelle 35: Inhalte des Kapitels 7.5

„Wenn einer der Köche ein eigenes neues köstliches Gericht erfinden würde, so sollte es keinem anderen vor Ablauf eines Jahres gestattet sein, von dieser Erfindung Gebrauch zu machen, sondern nur dem Erfinder selbst. Während dieser Zeit sollte er den geschäftlichen Gewinn davon haben, damit die anderen sich anstrengten und wetteifernd sich in solchen Erfindungen zu übertreffen suchten."[397] (Athenäus)

Die Anekdote stammt mind. aus dem Jahr 510 v. Chr. und mag einen ersten, schriftlichen Hinweis auf den Schutz von Erfindungen darstellen (in diesem Fall für ein Kochrezept.)[398] Den Einzug in das Gesetz erhielt das Schutzrecht in Form von Patentgesetzen allerdings erst im Jahr 1974 in Venedig. Heute spielt der Patentschutz eine größere Rolle denn je: Durch die fortgeschrittene Globalisierung ist der Konkurrenzdruck zusätzlich durch ausländische, hochinnovative Unternehmen gestiegen. Nur durch Patentschutz gelingt es, bahnbrechende Inventionen räumlich und über einen gewissen Zeitraum zu schützen und so Vorteile im Hinblick auf Vermarktung und Verbreitung zu schaffen. Durch Patentierung können somit Wettbewerbsvorteile geschaffen und Eintrittsbarrieren erhöht werden. Viele Unternehmen besitzen für den Entwurf und die Umsetzung von Patentstrategien eigene Abteilungen.[399] Zudem sind Unternehmen vermehrt dazu bereit, geistiges Eigentum (auch Intellectual Property genannt) mit anderen zu teilen.[400] Im Rahmen der Cross-Industry-Innovation spielen Patente eine große Rolle, schließlich unterliegen branchenfremde Lösungen, die im Rahmen der CII-Suche identifiziert wurden, nicht selten bereits einem Patentschutz. Dabei ist jedoch stets zu prüfen, ob auch

---

[397] Zimmermann, 1967, S. 173.

[398] Vgl.: Kraemer, 2011, S. 26.

[399] Vgl.: Kaschny/Nolden/Schreuder, 2015, S. 139 ff.; DPMA: Patente – Eine Informationsbroschüre für den Patentschutz, 2013, verfügbar unter: https://www.dpma.de/docs/service/veroeffentlichungen/broschueren/9/patente_dt.pdf [zuletzt aufgerufen am 04.01.2017].

[400] Vgl.: Bader/Gassmann, 2017, S. 263

Anwendungsfelder in fremden Branchen von dem Schutz abgedeckt sind, indem der Patentanspruch branchenübergreifend formuliert wurde.[401] Zudem ist zu nachzuvollziehen, auf welchen geografischen Raum sich der Schutz bezieht. Neben dem nationalen Schutz, kann über Europäische oder Internationale Patente grenzüberschreitender Schutz gewährt werden.

Bei den gewerblichen Schutzrechten wird zwischen technischen und nichttechnischen Schutzrechten unterschieden. Technische Schutzrechte gewähren einen Schutz für technische Gegenstände (Geräte, Maschinen), chemische Erzeugnisse sowie Verfahren und beziehen sich somit auf das Gebiet der Technik. Dazu gehören Patente und Gebrauchsmuster.

> § 1 Abs. 1 PatG gibt drei Kriterien vor, anhand dessen die Patentierbarkeit von Erfindungen bestimmt wird:
>
> - Neuheit,
>
> - beruhen auf einer erfinderischen Tätigkeit und
>
> - gewerbliche Anwendbarkeit.

Zu den nichttechnischen Schutzrechten zählen Marken und Geschmacksmuster. Das Geschmacksmuster stellt einen Designschutz für die Gestaltung von Form und Farbe dar.[402]

Die maximale Dauer der Schutzwirkung eines Patentes beträgt 20 Jahre. In der Zeit und durch Zahlung jährlicher Gebühren steht dem Inhaber das Recht zu, seine Erfindung als Monopolist zu entwickeln und zu verkaufen. Ein Patent wird erst nach erfolgreicher, umfangreicher Prüfung durch das Patentamt erteilt. Die Kosten für den Patentschutz belaufen sich bei elektronischer Anmeldung auf derzeit 40 Euro, bei der Anmeldung in Papierform auf 60 Euro. Zusätzlich muss mindestens noch die Prüfungsgebühr von 350 Euro einkalkuliert werden. Ab dem dritten Patentjahr sind Gebühren zu zahlen.[403] Nach Anmeldung erfolgt eine erste Vorprüfung nach

---

[401] Vgl.: Bader/Gassmann, 2017, S. 102.

[402] vgl.: IHK Saarland: Gewerbliche Schutzrechte, verfügbar unter: http://www.saarland.ihk.de/ihk-saarland/Integrale?SID=CRAWLER&MODULE=Frontend.Media&ACTION=ViewMediaObject&Media.PK=2280&Media.Object.ObjectType=full [zuletzt aufgerufen am 05.01.2017].

[403] DPMA, verfügbar unter: https://www.dpma.de/patent/index.html [zuletzt aufgerufen am 05.01.2017].

formalen Kriterien. Um ein Patent erhalten zu können, ist das Stellen eines Prüfungsantrags notwendig. Liegen Mängel vor, so erhält der Antragsstellende diesbezüglich Informationen in einem Prüfungsbescheid. Nach 18-monatiger Geheimhaltung ab dem Tag der Anmeldung erfolgt die Offenlegungsschrift. Nach Erteilung wird neben der Offenlegung auch die Bekanntmachung der Erteilung über das Patentblatt vermittelt.[404]

Die Anmeldegebühr beträgt bei Gebrauchsmustern mind. 30 Euro; auch hier fallen nach drei Jahren Gebühren an. Die Gesamtlaufzeit des Schutzes beträgt bei Gebrauchsmustern maximal zehn Jahre.[405] Die folgende Tabelle 37 bietet einen Überblick an:

Technische Schutzrechte			
Faktor Zeit		**Faktor Raum**	
Patente	**Gebrauchsmuster**	**Europa-Patent**	**Internationales Patent**
Schutz: Max. 20 Jahre	Schutz: Max. 10 Jahre	Kann bis zu 12 Monate nach der Einreichung in Deutschland im Europäischen Patentamt eingereicht werden	Kann z.B. beim DPMA eingereicht werden, bei dem eine erste formelle Prüfung erfolgt
Gegenstand Erzeugnisse oder Verfahren Technische Gegenstände Chemische Verfahren	Gegenstand Technische Gegenstände Chemische Verfahren	Stellt ein Bündel europäischer Einzelpatente dar; wirkt somit jeweils national und die Erteilung muss für jedes Land verfolgt werden	Weiterleitung der Anmeldung an Weltorganisation für geistiges Eigentum (WIPO) in Genf (hier wird u.a. ein internationaler Recherchebericht erstellt)

---

[404] DPMA, verfügbar unter: https://www.dpma.de/patent/verfahren/index.html [zuletzt aufgerufen am 05.01.2017].

[405] DPMA, verfügbar unter: https://www.dpma.de/gebrauchsmuster/index.html [zuletzt aufgerufen am 05.01.2017].

Technische Schutzrechte			
Faktor Zeit		**Faktor Raum**	
Patente	**Gebrauchsmuster**	**Europa-Patent**	**Internationales Patent**
Anmeldekosten: mind. 350 Euro (ab dem 3. Jahr Jahresgebühren (70-1940 Euro; im Zeitablauf steigend)	Anmeldekosten: 40 Euro (Papierform), 30 Euro (elektr. Übermittlung) (ab dem 4. Jahre Aufrechterhaltungsgebühr (210-530 Euro; im Zeitablauf steigend)		Anschließend erfolgt die „nationale Phase", bei welcher die Anmeldung in jedem Zielland geprüft wird
Ganzheitliche Prüfung der Schutzvoraussetzungen	Lediglich formale Prüfung; bei Antrag auf Löschung: Umfängliche Prüfung		

Tabelle 36: Kurzüberblick über patentrechtliche Unterscheidungen[406]

Das zentrale Ziel des Patentmanagement ist es, Wettbewerbsvorteile zu schaffen und zu erhalten. Einige Dinge sind dabei zu beachten:

Im Falle einer Coupled Innovation ist zu Beginn der Zusammenarbeit vertraglich zu regeln, wer die Rechte in welchem Anteil im Falle einer Erfindung erhält. Schwierigkeiten können dann auftreten, wenn die Partner in verschiedenen Nationen ihren Sitz haben, da unterschiedliche Richtlinien vorliegen könnten.[407] Zudem muss geregelt werden, was die Beendigung der Kooperation für Konsequenzen in Bezug auf die Besitzansprüche mit sich bringen, schließlich scheitern bis dato 50% bis 60% der Kooperationen. Schwierig sind vor allem die Voraussetzungen bei Vertragsschluss, da der zukünftige Erfolg oder Nichterfolg lediglich abzuschätzen ist. Dadurch ist die mögliche Verteilung von Besitzansprüchen als sehr schwierig einzuschätzen.[408] Häufig wird zwischen dem Recht an einer Erfindung und dem Recht

---

[406] Vgl.: Kaschny/Nolden/Schreuder, 2015, S. 144.; vgl.: IHK Saarland: Gewerbliche Schutzrechte, verfügbar unter: http://www.saarland.ihk.de/ihk-saarland/Integrale?SID=CRAWLER&MODULE=Frontend.Media&ACTION=ViewMediaObject&Media.PK=2280&Media.Object.ObjectType=full [zuletzt aufgerufen am 06.01.2017]; DPMA, S. 27 f. verfügbar unter: https://www.dpma.de/docs/service/veroeffentlichungen/broschueren/9/patente_dt.pdf [zuletzt aufgerufen am 06.01.2017].

[407] Vgl.: Kaschny/Nolden/Schreuder, 2015, S. 165.

[408] Vgl.: Bader/Gassmann, 2017, S. 263.

an dem Patent der Erfindung unterschieden. Während das Recht an der Erfindung meist dem Erfinder zugeordnet wird, ist die Zurechnung des Rechts an dem Patent von den nationalen Bestimmungen abhängig. Aus diesem Grund ist vorab und unter dem geltenden Recht zu bestimmen und schriftlich zu fixieren, wie die Rechte verteilt werden; dabei bietet es sich an, Namen der Beteiligten aufzuführen.[409]

Der IT-Konzern IBM räumt dem Erfinder einer Innovation auch das Recht am Patent ein. Sind also die Angestellten des einen Kooperationspartners als Erfinder in der Kooperationsvereinbarung eingetragen, so ist diesem Kooperationspartner das Patentrecht zuzuweisen. Bei dem Konzern gilt diese Regelung als Standard im Rahmen von Kooperationen.

Neben der Zuweisung des Rechtes zu einem Partner, kann auch eine gemeinsame Patentinhaberschaft bestehen. Auf diese Weise kann z.B. das Anmeldeverfahren erleichtert werden.[410]

Schriftlich fixiert werden muss auch die Zuteilung entstehender Kosten – beispielsweise durch die Anmeldung von Patenten, Jahresgebühren und möglicherweise auch Gerichtsverfahren.[411]

Im Rahmen einer Lizenzierung wird einer oder mehreren Parteien seitens des Lizenzinhabers das Recht eingeräumt, die patentierte Technologie/das patentierte Verfahren zu verwenden. Die Bedingungen der Übertragung der Nutzungsrechte (Art, Dauer etc.) werden in einem Vertrag festgehalten. Die monetäre Gegenleistung erfolgt in Form einer Lizenzgebühr. Es wird zwischen exklusiven und nichtexklusiven Lizenzen unterschieden. Bei der exklusiven Lizenz erfolgt die Vergabe lediglich an eine Partei. Der Lizenznehmer besitzt in dem Fall das alleinige Recht zur Nutzung des Lizenzgegenstandes. Häufig erfolgt dabei auch der Ausschluss der Nutzung seitens des Lizenzgebers. Aus diesem Grund empfiehlt es sich dem Lizenzgeber, über diesen Schritt gründlich nachzudenken und ihn nur zu gehen, wenn er die Entwicklung nicht (mehr) selbst nutzen möchte, aber Einnahmen aus dessen

---

[409] Vgl.: Bader/Gassmann, 2017, S. 245.
[410] Vgl.: Bader/Gassmann, 2017, S. 246.
[411] Vgl.: Bader/Gassmann, 2017, S. 267.

Fremdnutzung ziehen möchte. Der Lizenznehmer kann, soweit vertraglich vereinbart, die Lizenz an Dritte unterlizenzieren.[412]

Bei der Lizenzvergabe an mehrere Parteien zur selben Zeit handelt es sich um eine nicht-exklusive Lizenz. Der Vertrag ist mit dem jeweiligen Lizenznehmer genau auszuhandeln.[413]

Zudem wird unterschieden zwischen Lizenzabkommen ohne Know-how und Lizenzabkommen mit Know-how. Bei Letzterem liegt zusätzlich zu der normalen Lizenzvergabe ein Wissenstransfer vor. Das Abkommen kann dabei Prototypen, Testberichte, Studien oder Kooperationspartner und sogar Kunden umfassen. Meist sind auch Experten vorhanden, die den Transfer und Weiterentwicklungsmaßnahmen unterstützen, was sich vor allem bei Cross-Industry-Innovationen überaus anbietet.

Eine weitere Form der Lizenzierung stellt die Kreuzlizenzierung dar. Dabei erfolgt keine Gegenleistung im Sinne einer Gebühr, sondern durch eine Lizenz des anderen. Zu einer Kreuzlizenzierung kommt es häufig bei Kooperationen, um die Handlungsfreiheit und einen direkten Zugang zu externem Wissen zu gewährleisten. Auch die strategische Allianz bietet sich bei der Cross-Industry-Innovation an. Sie hebt sich durch das Fehlen rechtlicher Abhängigkeit von einer Joint Venture ab. Auf diese Weise kann komplementäres Wissen durch Allianzpartner in den Innovationsprozess einfließen, wenngleich Kosten und Risiken geteilt werden. Durch die Ausgründung von Spin-Offs (rechtlich und wirtschaftlich selbständig) kann eigenes Wissen in anderen Branchen diversifiziert und Einnahmen durch Lizenzeinnahmen generiert werden (Inside-Out-Innovation).[414]

---

[412] Vgl.: The Venture: Exklusive Lizenz, verfügbar unter: http://www.the-venture.info/exklusive-lizenz/ [zuletzt aufgerufen am 06.01.2017].

[413] Vgl.: The Venture. Nichtexklusive Lizenz, verfügbar unter http://www.the-venture.info/nichtexklusive-lizenz/ [zuletzt aufgerufen am 06.01.2017].

[414] Vgl.: Bader/Gassmann, 2017, S. 117 ff.

Ein geeignetes Lizenz- und Patentmanagement spielt bei dem Einsatz von Cross-Industry-Innovation eine Rolle, wenn

1. patentierte Technologien für das Zielprodukt adaptiert werden sollen (Outside-In-Innovation) → Lizenzerwerb.
2. eigene Technologie in geschützter Form für Anwendungsbereiche in anderen Branchen genutzt werden sollen (Inside-Out-Innovation).

→ Patentierung und ggf. anschließende Lizenzvergabe.

3. der CII gemeinsam mit einem Kooperationspartner durchlaufen werden soll.

→ Patentierung der Innovation (das Recht an dem Patent kann bei einem Kooperationspartner oder bei beiden liegen).

8 Zusammenfassung

Die zunehmende Intensität und Dynamik des Innovationswettbewerbs sowie steigende F&E-Kosten verweisen auf die Bedeutung einer möglichst kurzen Time-to-Market bei gleichzeitig ressourcenschonender Umsetzung im Innovationsprozess. Es handelt sich somit um wesentliche Faktoren für die Wettbewerbsfähigkeit deutscher und internationaler Unternehmen. Mittels inkrementaler Innovationen können Unternehmen im gegenwärtigen Wettbewerb durch Differenzierung und Effizienzsteigerung bestehen. Radikale Innovationen ermöglichen ihnen aus unwirtschaftlich gewordenen Märkten auszutreten. In Kapitel 2 wurden die Dekonstruktion der Branchen sowie die Bedeutung synthetischen Wissens als weitere Charakteristiken des heutigen Informationszeitalters hervorgehoben. Die Cross-Industry-Innovation als Disziplin der Open Innovation kann als strategisches Element dazu beitragen, Wettbewerbsvorteile durch die partielle Cross-Industry-Innovation oder neue Märkte durch die totale Cross-Industry-Innovation zu erschließen. Sie können durch die systematische Kombination von externen und internen Wissensinhalten dabei unterstützen, gesetzte Innovationsziele erreichen. Durch Integration externer Wissensinhalte (Outside-In-Innovation), Multiplikation eigener Wissensinhalte in externen Branchen (Inside-Out-Innovation) oder bidirektionalem Wissenstransfer (Coupled Innovation) entstehen häufig Ergebnisse mit radikalen Innovationsgrad, wie einige Fallbeispiele bewiesen. Grund dafür ist die hohe kognitive Distanz, die dem Endprodukt ein hohes Differenzierungspotenzial verschafft.

Um die Cross-Industry-Innovation gezielt zu integrieren, ist ein an den traditionellen Innovationsprozess angelehnter CII-Prozess bedeutsam, welchen der Verfasser in Kapitel 3 schematisch erstellt hat.

Dabei wurden die folgenden wichtigen Schritte identifiziert:

- Zunächst dienen Unternehmens- und Umweltanalysen der Identifikation des Innovationsbedarfs und unterstützen außerdem sowohl die Strategiefindung als auch die Identifikation relevanter Suchfelder

- Zur Identifikation des CII-Suchfeldes sind weitere Analysen im Hinblick auf Zukunftstrends und Customer Insights zweckmäßig; die Problemstellungen sind i.d.R. zu abstrahieren, um den Suchraum möglichst weit zu halten

- Zur anschließenden Ideengenerierung eignen sich einige Kreativitätsmethoden und medienbasierte Recherchen sowie der Einbezug externer Akteure

- Analoge Lösungen können gemeinsam im Rahmen einer Kooperation recherchiert werden (aktivierter Transfer); Der Transfer kann auch passiviert mittels Lizenzvergabe (direkter Transfer) oder über kreative Imitation (indirekter Transfer) erfolgen

- Für die Evaluation von ermittelten CII-Ideen und Konzepten in Form von Lösungsansätzen, Technologien, Inventionen, Innovationen etc. sind qualitative, quantitative und z.B. die CII-Nutzwertanalyse zweckmäßig

In Kapitel 4 wurde anhand bekannter Suchfeld-Matrizen eine CII-orientierte Suchfeldmatrix erstellt. Diese ermöglicht es, Suchfelder anhand von Megatrends, Technologietrends sowie entsprechenden Input-Branchen und Lead-Unternehmen zu identifizieren. Zudem können auf diese Weise frühzeitig know-how-starke Kooperationspartner entdeckt werden.

Für die Abstraktion in Kapitel 4 und die CII-Ideensuche in Kapitel 5 wurden einige Instrumente erläutert, die die Identifizierung potenzieller Ideen unterstützen. Dabei wurde vor allem die Synektik (und Bionik) sowie Methoden des lateralen Denkens hervorgehoben und in Bezug auf die CII validiert.

Insgesamt lässt sich sagen, dass in Bezug auf die Abstraktion- und Kreativitätsmethoden methodische Einschränkungen gegeben sind. Die Methoden sind grundsätzlich an das CII-Konzept anzupassen: Eine Fokussierung auf externe Branchen kann z.B. mittels geeigneter Moderation erfolgen.

Das Internet hält eine große Menge an Informationen unterschiedlicher Branchen bereit. Das Wissen wird durch diverse Suchmaschinen oder Datenbanken indexiert. In Bezug auf die CII konnte die medienbasierte Recherche z.B. über Cluster-Suchmaschinen, spezifische Datenbanken oder Patentsuchen, als geeignete Methode zur Inspiration und Ideengenerierung identifiziert werden.

Weiterhin sind viele externe Akteure Träger diversifizierten Wissens und können als Transmitter oder Dolmetscher spezifischen Branchenjargons dienen. Im Kontext der CII sind es vor allem Akteure wie Knowledge Broker oder Lead User, die im Zusammenhang mit Pyramid Networking, die Suche nach analogen Problemlösungen unterstützen können. Die methodenbasierte Recherche und Einbindung anderer Akteure ist im Rahmen der CII als zweckmäßig zu beurteilen.

Im sechsten Kapitel konnten quantitative und qualitative Methoden im Hinblick auf die CII geprüft werden. Vor allem die CII-orientierte Nutzwertanalyse kann bei der Auswahl von alternativen Ideen eine Priorisierung ermöglichen.

Um die Cross-Industry-Innovation systematisch zu implementieren, ist die Entwicklung oder Förderung geeigneter Rahmenbedingungen erforderlich. Dabei ist es grundlegend, eine offene Innovationskultur zu schaffen, um dem Not-Invented-Here-Syndrom entgegenzuwirken. Interne Strukturen müssen angepasst sowie notwendige Ressourcen bereitgestellt werden. Dabei ist vor allem die Absorptive Capacity sowie die Förderung der Abstraktionsfähigkeit der Mitarbeiter bedeutsam. Auch sollten Risiken an den Schnittstellen gemanagt werden können. Bei der Auswahl des Kooperationspartners ist vor allem der kulturelle und strategische Fit zur Vermeidung von Konflikten sowie die Orientierung an vorliegenden Kompetenzlücken von Bedeutung. Ein ausreichendes Wissen über schutzrechtliche Vorschriften sollte gegeben sein oder ausgebaut werden, um Patente strategisch verwerten zu können.

Zusammenfassend konnten folgende Rahmenbedingungen, die in Kapitel 7 näher erläutert wurden, durch die vorliegende Arbeit ermittelt werden (vgl.: Abbildung 48):

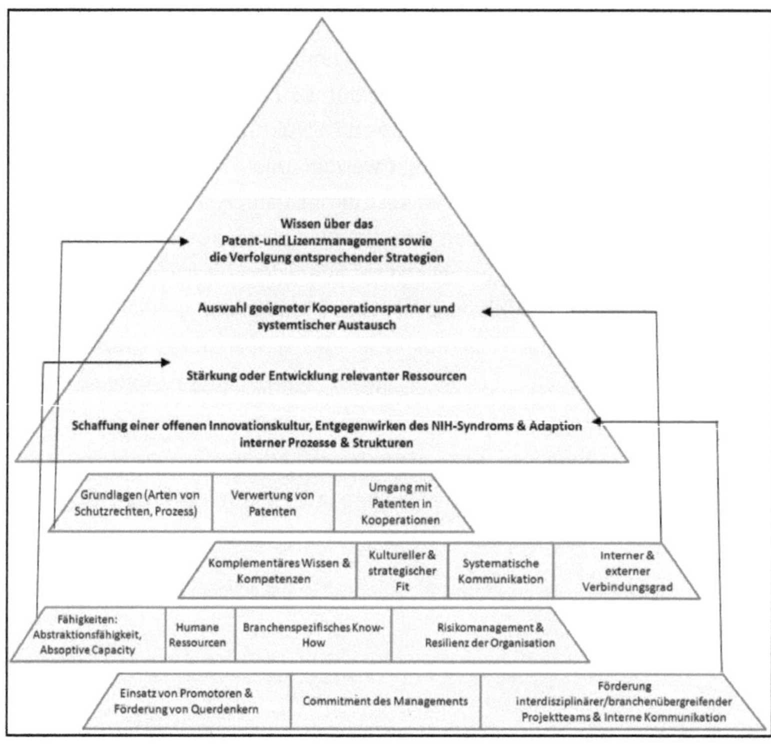

Abbildung 48: Rahmenbedingungen zur Implementierung

Zusammenfassend lässt sich sagen, dass CII-Bemühungen durch entsprechende Methoden gelenkt werden können und eine Systematisierung des Prozesses durchaus möglich ist. Die Fallbeispiele konnten unterstreichen, dass der stetige Dialog mit Unternehmen, Institutionen oder Individuen (z.B. Experten) externer Branchen die Chancen von Cross-Industry-Innovation erhöhen können. Anhand von Fallbeispielen und Studien wurde ebenfalls deutlich, dass häufig vor allem die erforderlichen Rahmenbedingungen zur Implementierung nicht gegeben sind. Somit stellen die Rahmenbedingungen den Grundstein für die erfolgreiche Implementierung dar.

Literaturverzeichnis

Abele, Thomas (Hg.): Die frühe Phase des Innovationsprozesses. Neue, praxiserprobte Methoden und Ansätze. 1. Aufl. 2016 (FOM-Edition).

Abele, Thomas (2013): Suchfeldbestimmung und Ideenbewertung. Methoden und Prozesse in den frühen Phasen des Innovationsprozesses. Wiesbaden: Imprint: Springer Gabler (FOM-Edition, FOM Hochschule für Oekonomie & Management).

Abele, Thomas; Jakisch, Utz-Volker, Yaman, Zeynep: Kompetenzbasierte Ideengenerierung. Die Entwicklung neuer Geschäftsfelder – eine Öffnung der Innovationsprozesse über die Unternehmensgrenzen und die eigene Branche hinweg. In: Thomas Abele (Hg.): Die frühe Phase des Innovationsprozesses. Neue, praxiserprobte Methoden und Ansätze. 1. Aufl. 2016 (FOM-Edition), S. 123–142.

Ahsen, Anette von (2010): Bewertung von Innovationen im Mittelstand. Heidelberg: Springer.

Akgün, Ali E.; Lynn, Gary S. (2015): Innovation strategies under uncertainty: A contingency approach for new product development. In: Engineering Management Journal, Jg. 10 (3), S. 11–17.

Albers, Albert (2012): Innovation Excellence. Wie Unternehmen ihre Innovationsfähigkeit systematisch steigern. 1. Aufl. Hg. v. Serhan Ili. Düsseldorf: Symposion.

Albers, Albert (2010): Open Innovation umsetzen. Prozesse, Methoden, Systeme, Kultur. 1. Aufl. Hg. v. Serhan Ili. Düsseldorf: Symposion Publ.

Allen, Thomas J.; Katz, Ralph (1982): Investigating the Not Invented Here (NIH) svndrome: A look at the performance, tenure, and communication patterns of 50 R & D Project Groups. In: R&D Management, Volume 12, Issue 1, pages 7–20, January 1982.

Baldegger, Rico (2007): Management. Strategie - Struktur - Kultur. Fribourg, Bern, New York, NY: Growth Publ.

Behnken, Edda (2010): Innovationsmanagement in Netzwerken. Analyse und Handlungskonzept zur kollektiven Innovationsgenerierung. Frankfurt am Main [u.a.]: Lang (Strukturwandel und Strukturpolitik, 21).

Blohm, Ivo (2013): Open Innovation Communities. Absorptive Capacity und kollektive Ideenbewertung. Wiesbaden: Springer Gabler (SpringerLink : Bücher).

Böhm, Rolf (1994): Methoden und Techniken der System-Entwicklung. Zürich: VDF.

Bono, Edward de (1996): Serious creativity. Die Entwicklung neuer Ideen durch die Kraft lateralen Denkens. Stuttgart: Schäffer-Poeschel.

Bono, Edward de (2005): De Bonos neue Denkschule. Kreativer denken, effektiver arbeiten, mehr erreichen. Frankfurt am Main: mvg-Verl. (Train your brain).

Bono, Edward de; Knill, Bärbel (2009): Think! Denken, bevor es zu spät ist. 2., unveränderte Aufl. München: MVG Verlag.

Boutellier, Roman; Gassmann, Oliver; Zedtwitz, Maximilian von (2008): Managing global innovation. Uncovering the secrets of future competitiveness. 3., [rev.] ed. Berlin [u.a.]: Springer.

Broda, Stephan (2005): Marketing-Praxis. Ziele, Strategien, Instrumentarien. 2., überarbeitete und erweiterte Auflage. Wiesbaden: Gabler Verlag (SpringerLink : Bücher).

Brockhoff, Klaus (1999): Forschung und Entwicklung: Planung und Kontrolle: De Gruyter Oldenbourg.

Bruhn, Manfred (2012): Marketing. Grundlagen für Studium und Praxis. 11., überarb. Aufl. 2012. Wiesbaden: Gabler Verlag.

Brunner, Anne (2008): Kreativer denken. Konzepte und Methoden von A-Z. München: Oldenbourg (Lehr- und Studienbuchreihe Schlüsselkompetenzen).

Brunswicker, Sabine.; Hutschek, Ulrich (2011): Kreative Seitensprünge in den frühen Innovationsphasen.

Burmann, Christoph; Kirchgeorg, Manfred; Meffert, Heribert (2015): Marketing. Grundlagen marktorientierter Unternehmensführung ; Konzepte, Instrumente, Praxisbeispiele. 12., überarb. und aktualisierte Aufl. Wiesbaden: Springer Gabler (Meffert-Marketing-Edition).

Burmann, Christoph; Kirchgeorg, Manfred; Meffert, Heribert (2008): Marketing. Grundlagen marktorientierter Unternehmensführung ; Konzepte - Instrumente - Praxisbeispiele. 10., vollst. überarb. und erw. Aufl. Wiesbaden: Gabler (Meffert-Marketing-Edition).

Busch, Rainer; Fuchs, Wolfgang; Unger, Fritz (2008): Integriertes Marketing. Strategie, Organisation, Instrumente. 4., vollst. überarb. Aufl. Wiesbaden: Gabler (Lehrbuch).

Büchler, Jan-Philipp; Faix, Axel: Innovationserfolg. Management und Ressourcen systematisch gestalten (Markt- und Innovationsmanagement, Band 10).

Chesbrough, Henry W (2011).: The Era of Open Innovation. In: MITSloan Management Review, Sloanselect Collection Winter 2011, S. S. 35-41.

Chesbrough, Henry William; Vanhaverbeke, Wim; West, Joel (2014): New Frontiers in Open Innovation. First edition. Oxford: Oxford University Press.

Chesbrough, Henry William; Vanhaverbeke, Wim; West, Joel (2006): Open innovation. Researching a new paradigm. Oxford: Oxford University Press.

Cohen, Wesley M.; Levinthal, Daniel A. (1990): Absorptive Capacity: A New Perspective on Learning and Innovation. S. 128-152. Administrative Science Quarterly, Vol. 35, No. 1 (Technology, Organizations, and Innovation).

Cooper, Lynne P.; Majchrzak, Ann; Neece, Olivia E. (2004): Knowledge Reuse for Innovation. In: Management Science, Volume 50 Issue 2, February 2004, S. 174–188.

Corsten, Hans; Gössinger, Ralf; Müller-Seitz, Gordon; Schneider, Herfried (2016): Grundlagen des Technologie- und Innovationsmanagements. 2nd ed. München: Vahlen (Vahlens Handbücher der Wirtschafts- und Sozialwissenschaften).

Corsten, Hans (1982): Der nationale Technologietransfer. Formen, Elemente, Gestaltungsmöglichkeiten, Probleme. Berlin: E. Schmidt (Technological economics, Bd. 7).

Darren W. Dahl; Page Moreau (2002): The Influence and Value of Analogical Thinking During New Product Ideation. In: Journal of Marketing Research, 39(1); February 2002, S. 47–60.

Disselkamp, Marcus (2012): Innovationsmanagement. Instrumente und Methoden zur Umsetzung im Unternehmen. 2., überarb. Aufl. Wiesbaden: Springer Gabler.

Disselkamp, Marcus (2012): Innovationsmanagement. Instrumente und Methoden zur Umsetzung im Unternehmen. 2., überarbeitete Aufl. Wiesbaden: Springer Gabler.

Echterhoff, Niklas (2014): Systematik zur Planung von Cross-Industry-Innovationen. Universität Paderborn. Heinz Nixdorf Institut.

Engel, D.; Herstatt, C. (2006): Mit Analogien neue Produkte entwickeln. In: Harvard Business Manager, (8), S. S. 32-41.

Engel, Kai; Nippa, Michael (2007): Innovationsmanagement. Von der Idee zum erfolgreichen Produkt. Heidelberg: Physica-Verlag.

Enkel, Ellen; Gassmann, Oliver (2010): Creative Imitation: Exploring the Case of Cross-Industry Innovation. In: R&D Management, 40(3), S. 256–270.

Enkel, Ellen; Gassmann, Oliver (2004): Towards a Theory of Open Innovation: Three Core Process Archetypes.

Enkel, Ellen; Horváth, Annette (2010): Neue Wissens- und Technologiequellen erschließen. In: Serhan Ili: Open Innovation umsetzen. Prozesse, Methoden, Systeme, Kultur. 1. Aufl. Hg. v. Serhan Ili. Düsseldorf: Symposion Publ.

Enkel, Ellen; Horváth, Annette (2010): Mit Cross-Industry-Innovation zu radikalen Neuerungen. In: Serhan Ili: Open Innovation umsetzen – Prozesse, Methoden, Systeme, Kultur, 1. Aufl., Düsseldorf: Symposion Publ.

Enkel, Ellen (Möslein, Kathrin M.; Zerfaß, Ansgar Hrsg.) (2009): Chancen und Risiken von Open Innovation. In: Kommunikation als Erfolgsfaktor im Innovationsmanagement - Strategien im Zeitalter der Open Innovation, S. 176–192.

Eversheim, Walter (2003): Innovationsmanagement für technische Produkte. Berlin, Heidelberg: Springer Berlin Heidelberg (VDI-Buch).

Franken, Rolf; Franken, Swetlana (2011): Integriertes Wissens- und Innovationsmanagement. Mit Fallstudien und Beispielen aus der Unternehmenspraxis. Wiesbaden: Gabler (SpringerLink : Bücher).

Gassmann, Oliver; Bader, Martin A. (2017): Patentmanagement. Innovationen erfolgreich nutzen und schützen. 4., vollständig überarbeitete und erweiterte Auflage, Berlin, Heidelberg: Springer-Verlag.

Gassmann, Oliver; Csik, Michaela; Frankenberger, Karolin (2013): Geschäftsmodelle entwickeln. 55 innovative Konzepte mit dem St. Galler Business Model Navigator. München: Hanser.

Gassmann, Oliver; Enkel, Ellen (2006): Open Innovation: Externe Hebeleffekte in der Innovation erzielen. Eine Öffnung des Innovationsprozesses erhöht das Innovationspotential. In: Zeitschrift für Führung und Organisation, 75. Jahrgang, Nr. 3, S. 132–138.

Gassmann, Oliver; Kobe, Carmen (2006): Management von Innovation und Risiko. Quantensprünge in der Entwicklung erfolgreich managen. 2., überarbeitete Aufl. Berlin, New York: Springer.

Gassmann, Oliver; Sutter, Philipp (2011): Praxiswissen Innovationsmanagement. Von der Idee zum Markterfolg. 2., erw. und überarb. Aufl. München: Hanser.

Gausemeier, Jürgen; Ebbesmeyer, Peter; Kallmeyer, Ferdinand (2001): Produktinnovation. Strategische Planung und Entwicklung der Produkte von morgen. [Elektronische Ressource]. München [u.a.]: Hanser.

Gausemeier, Jürgen; Fink, Alexander; Schlake, Oliver (1998): Scenario Management: An Approach to Develop Future Potentials. In: Technological Forecasting and Social Change, Volume 59, Oct 1998, S. 111–130.

Gausemeier, Jürgen; Plass, Christoph (2014): Zukunftsorientierte Unternehmensgestaltung. Strategien, Geschäftsprozesse und IT-Systeme für die Produktion von morgen. 2., überarb. Aufl. München: Hanser.

Gerpott, Torsten J. (1999): Strategisches Technologie- und Innovationsmanagement. Eine konzentrierte Einführung. Stuttgart: Schäffer-Poeschel (Uni-Taschenbücher, 2017).

Günter, Bernd (2006): Kundenwert. Grundlagen, innovative Konzepte, praktische Umsetzungen. 3., überarb. und erw. Aufl. Wiesbaden: Gabler.

Hagenhoff, Svenja (2008): Innovationsmanagement für Kooperationen; eine instrumentenorientierte Betrachtung: Universitätsverlag Göttingen.

Hargadon, Andrew B. (2003): How breakthroughs happen. The surprising truth about how companies innovate. Boston, Mass.: Harvard Business School Press.

Hargadon, Andrew B. (2002): Brokering Knowledge: Linking Learning and Innovation. In: Research in Organizational Behavior, Volume 24, 2002, S. 41–85.

Hargadon, Andrew B.; Sutton, Robert I. (1997): Technology Brokering and Innovation in a Product Design Firm. In: Administrative Science Quarterly, Vol. 42, No. 4 (Dec., 1997), S. 716–749.

Hauschildt, Jürgen; Salomo, Sören (2011): Innovationsmanagement. 5., überarb., erg. u. aktualis. Aufl. München: Vahlen (Vahlens Handbücher der Wirtschafts- und Sozialwissenschaften).

Herrmann, Andreas; Huber, Frank (2013): Produktmanagement. Grundlagen - Methoden - Beispiele. 3., vollst. überarb. u. erw. Aufl. 2013. Wiesbaden: Imprint: Springer Gabler (SpringerLink : Bücher).

Herstatt, Cornelius; Kalogerakis, Katharina; Schulthess, Marc (2014): Innovationen durch Wissenstransfer. Mit Analogien schneller und kreativer Lösungen entwickeln. Wiesbaden: Imprint: Springer Gabler (SpringerLink : Bücher).

Herstatt, Cornelius; Lettl, Christopher (2000): Management von technologiegetriebenen Entwicklungsprojekten. Arbeitspapier Nr. 5. Hamburg.

Hill, Bernd (1999): Naturorientierte Lösungsfindung. Entwickeln und Konstruieren nach biologischen Vorbildern. Renningen-Malmsheim: Expert Verlag.

Hippel, Eric von (2005): Democratizing innovation. Cambridge, Mass.: MIT Press.

Hippel, Eric von (1988): The sources of innovation. New York: Oxford University Press.

Hoffmann, Christian Pieter; Lennerts, Silke; Schmitz, Christian; Stölzle, Wolfgang; Uebernickel, Falk (2015): Business Innovation. Das St. Galler Modell (Business Innovation Universität St. Gallen) Wiesbaden: Springer Gabler

Hofstadter, Douglas R.: Analogy as the Core of Cognition (2009). In: The Analogical Mind: Perspectives from Cognitive Science.

Holyoak, Keith J.; Gentner, Dedre; Kokinov, Boicho N. (2001): The Place of Analogy in Cognition. In: The analogical mind: Perspectives from cognitive science, Bd. 2001, S. 1–19.

Holyoak, Keith James; Thagard, Paul (1995): Mental leaps. Analogy in creative thought. Cambridge, Mass.: MIT Press.

Homburg, Christian (2016): Grundlagen des Marketingmanagements. Einführung in Strategie, Instrumente, Umsetzung und Unternehmensführung. 5., überarb. u. aktualisierte Aufl. 2017. Wiesbaden: Springer Fachmedien Wiesbaden GmbH; Springer Gabler (Springer Lehrbuch).

Horsch, Jürgen (2003): Innovations- und Projektmanagement. Von der strategischen Konzeption bis zur operativen Umsetzung. Wiesbaden: Gabler Verlag.

Hungenberg, Harald (2014): Strategisches Management in Unternehmen. Wiesbaden: Springer Gabler.

Ili, Serhan (2010): Open Innovation umsetzen. Prozesse, Methoden, Systeme, Kultur. 1. Aufl. Hg. v. Serhan Ili. Düsseldorf: Symposion Publ.

Ili, Serhan (Hg.) (2014): Open Innovation in der Praxis. Erfahrungen, Fallbeispiele, Erfolgsmethoden. Unter Mitarbeit von Heinrich M. Arnold. 1. Aufl. Düsseldorf: Symposion.

Joisten, Martina; Schmeißer, Daniel (2008): Mehr als das Gewohnte: Innovative Produktentwicklung durch ethnografische Marktforschung. In: planung&analyse - Zeitschrift für Marktforschung und Marketing.

Kalogerakis, Katharina (2010): Innovative Analogien in der Praxis der Produktentwicklung. 1. Aufl. Wiesbaden: Gabler (Gabler research : Forschungs-/Entwicklungs- /Innovationsmanagement).

Kaschny, Martin; Nolden, Matthias; Schreuder, Siegfried (2015): Innovationsmanagement im Mittelstand. Strategien, Implementierung, Praxisbeispiele. Wiesbaden: Springer Gabler (SpringerLink : Bücher).

Keane, M. T. (1987): On retrieving analogues when solving problems. In: Quarterly Journal of Experimental Psychology, 39 (A), S. 29–41.

Khurana, Anil; Rosenthal, Stephen R. (1998): Towards Holistic "Front Ends" In New Product Development. In: The Journal of Product Innovation Management (Volume 15, Issue 1), S. 57–74.

Kotabe, Masaaki; Swan, Scott K.(1995): THE ROLE OF STRATEGIC ALLIANCES IN HIGH-TECHNOLOGY NEW PRODUCT DEVELOPMENT. In: Strategic Management Journal, Vol. 16, 1995, S. 621–636.

Kraemer, Karl Theodor (2011): Die Vergütung von (Arbeitnehmer-) Erfindungen am Beispiel von Arzneimitteln, historisch, de lege lata und de lege ferenda. 1. Aufl. Berlin: Pro Business.

Kriegesmann, Bernd (2007): Innovationskulturen für den Aufbruch zu Neuem. Missverständnisse - praktische Erfahrungen - Handlungsfelder des Innovationsmanagements. 1. Aufl. Wiesbaden: Dt. Univ.-Verl. (Wirtschaftswissenschaft).

Krüger, Wilfried (1997): Kernkompetenz-Management. Steigerung von Flexibilität und Schlagkraft im Wettbewerb. Wiesbaden: Gabler.

Kühnapfel, Jörg B. (2014): Nutzwertanalysen in Marketing und Vertrieb. Wiesbaden: Springer Gabler (essentials).

Langbehn, Arno (2010): Praxishandbuch Produktentwicklung. Grundlagen, Instrumente und Beispiele. Frankfurt, M., New York, NY: Campus-Verl. (Management).

Leopold, Justus (2015): Open Innovation und Crowdsourcing. Neue Perspektiven des Innovationsmanagements. 1. Aufl. München, Mering: Hampp (Praxisorientierte Personal- und Organisationsforschung, 20).

Lettl, Christopher (2004): Die Rolle von Anwendern bei hochgradigen Innovationen. Eine explorative Fallstudienanalyse in der Medizintechnik. 1. Aufl. Wiesbaden: Dt. Univ.-Verl (Gabler Edition Wissenschaft: Forschungs-/Entwicklungs-/Innovations-Management).

Lynn, Gary S.; Morone, Joseph G.; Paulson, Albert S. (1996): Marketing and discontinuous innovation: The probe and learn process. In: California management review, 38(3)

Merker, Günter P. (2014): Grundlagen Verbrennungsmotoren. Funktionsweise, Simulation, Messtechnik. 7., vollst. überarb. Aufl. 2014. Hg. v. Rüdiger Teichmann. Wiesbaden: Springer Vieweg (SpringerLink : Bücher).

Michael E. Porter (1979): How competitive forces shape strategy. In: Harvard Business Manager, March-April 1979.

Mowery, David C.; Oxley, Joanne; Silverman, Brian (1996): Strategic Alliances and Interfirm Knowledge Transfer. In: Strategic Management Journal, Volume 17; December 1996, S. 77–91.

Müller; Wolfgang (2015): Marktorientiertes Innovationsmanagement: Konzeption – Methoden – Innovationspraxis – Excel Tools, Master- Studienmanuskript (Band 1).

Müller, Wolfgang (2010): Innovationsstrategien - Konzeption und Best Marketing Practices.

Nicolai, Sascha (Hrsg.),Wannenwetsch, Helmut (2004): E-Supply-Chain-Management. Grundlagen -- Strategien -- Praxisanwendungen. 2., überarbeitete und erweiterte Auflage. Wiesbaden: Gabler Verlag.

Pablos Heredero, Carmen de; Lopez, David (2011): Open innovation in firms and public administrations. Technologies for value creation. Hershey PA: Information Science Reference.

Pahl, Gerhard; Beitz, Wolfgang; Feldhusen, Jörg; Grote, Karl-Heinrich (2007): Konstruktionslehre. Grundlagen erfolgreicher Produktentwicklung Methoden und Anwendung. 7. Aufl. Berlin, Heidelberg: Springer-Verlag Berlin Heidelberg (Springer-Lehrbuch).

Pförtsch, Waldemar (2006): Die Marke in der Marke. Bedeutung und Macht des Ingredient Branding. 1. Aufl. Berlin: Springer.

Pleschak, Franz; Sabisch, Helmut (1996): Innovationsmanagement. Stuttgart: Schäffer-Poeschel (UTB für Wissenschaft, 8122).

Ponn, Josef; Lindemann, Udo (2011): Konzeptentwicklung und Gestaltung technischer Produkte. Systematisch von Anforderungen zu Konzepten und Gestaltlösungen. Berlin, Heidelberg: Springer-Verlag Berlin Heidelberg (VDI-Buch).

Porter, Michael E. (2013): Wettbewerbsstrategie. Methoden zur Analyse von Branchen und Konkurrenten. 12., erweiterte und aktualisierte Auflage. Frankfurt am Main: Campus.

Prandl, Stefan (2014): Open Innovation in B2B-Unternehmen: Mit Praxisbeispielen von Siemens, Telefónica Germany, Krones, Maschinenfabrik Reinhausen, Strama-MPS und Hyve: Grin Verlag.

Proffit, William R.; Fields, Henry W.; Sarver, David M. (2013): Contemporary orthodontics. 5th ed. St. Louis, Mo.: Elsevier/Mosby.

R. C. Creese, L. T. Moore (1990): Cost modeling for concurrent engineering.

Roberts, Edward B (2007).: Managing Invention and Innovation. In: Research-Technology Management, Januar- Februar 2007, S. 36.

Raabe, Thorsten (1993): Konsumentenbeteiligung an der Produktinnovation. Frankfurt/Main, New York: Campus (Campus Forschung Schwerpunktreihe "Marketing und Verbraucherarbeit", Bd. 7).

Schuh, Günther (2012): Innovationsmanagement. Handbuch Produktion und Management 3. 2., vollst. neu bearb. und erw. Aufl. Berlin, Heidelberg: Springer (VDI-Buch). Online verfügbar unter http://dx.doi.org/10.1007/978-3-642-25050-7.

Schmidt, Ralf (1996): Marktorientierte Konzeptfindung für langlebige Gebrauchsgüter. Messung und QFD-gestützte Umsetzung von Kundenforderungen und Kundenurteilen. Wiesbaden: Gabler (Schriftenreihe Unternehmensführung und Marketing, Bd. 29).

Schulthess, Marc (2012): Die Nutzung von Analogien im Innovationsprozess. Eine Untersuchung der Bedingungsfaktoren und Wirkungen. Wiesbaden: Gabler Verlag (SpringerLink : Bücher).

Schumpeter, Joseph A (1975).: Creative Destruction. In: Capitalism, Socialism and Democracy.

Stahr, Gunter R. (2012): Der Weg zu Weltinnovationen. Unternehmen erfolgreich und zukunftsorientiert erneuern ; eine praxisorientierte Anleitung. Wiesbaden: Springer Gabler.

Stern, Thomas; Jaberg, Helmut (2010): Erfolgreiches Innovationsmanagement. Erfolgsfaktoren - Grundmuster - Fallbeispiele. 4., überarbeitete Aufl. Wiesbaden: Gabler Verlag / GWV Fachverlage, Wiesbaden (SpringerLink : Bücher).

Storch, Volker; Welsch, Ulrich; Wink, Michael (2013): Evolutionsbiologie. 3., überarb. und aktual. Aufl. Berlin: Springer Spektrum (Lehrbuch).

Strebel, Heinz (2007): Innovations- und Technologiemanagement. 2., erw. und überarb. Aufl. Hg. v. Heinz Strebel. Wien: Facultas-WUV (UTB, 2455).

Thatchenkery, Tojo Joseph; Metzker, Carol (2006): Appreciative intelligence. Seeing the mighty oak in the acorn. 1st ed. San Francisco, CA: Berrett-Koehler.

Tiberius, Victor (2011): Zukunftsorientierung in der Betriebswirtschaftslehre. Wiesbaden: Gabler Verlag / Springer Fachmedien Wiesbaden, Wiesbaden.

Trommsdorff, Volker; Steinhoff, Fee (2013): Innovationsmarketing. 2., vollst. überarb. Aufl. München: Vahlen.

Ulrich, Karl T.; Eppinger, Steven D. (2012): Product design and development. 5th ed., internat. ed. New York, NY: McGraw-Hill.

Vahs, Dietmar; Brem, Alexander (2015): Innovationsmanagement. Von der Idee zur erfolgreichen Vermarktung. 5., überarb. Aufl. Stuttgart: Schäffer-Poeschel.

Vahs, Dietmar; Burmester, Ralf (2005): Innovationsmanagement. Von der Produktidee zur erfolgreichen Vermarktung. 3., überarb. Aufl. Stuttgart: Schäffer-Poeschel (Praxisnahes Wirtschaftsstudium).

Vecchi, Alessandra; Buckley, Chitra (2016): Handbook of research on global fashion management and merchandising. Hershey: Business Science Reference (Advances in logistics, operations, and management science (ALOMS) book series).

Verworn, Birgit (2005): Die frühen Phasen der Produktentwicklung. Eine empirische Analyse in der Mess-, Steuer- und Regelungstechnik. 1. Aufl. Wiesbaden: Dt. Univ.-Verl. (Gabler Edition Wissenschaft : Forschungs-, Entwicklungs-, Innovations-Management).

Wagenstetter, Nikolaus Christian (2015): Nutzung von Analogien für die Entwicklung von Logistikinnovationen. Konzeption eines Vorgehens zur Anwendung von Analogien in der Logistik. 1. Aufl. Lohmar, Rheinl: Josef Eul Verlag (Reihe: Supply Chain, Logistics and Operations Management, 19).

Weber, C. (2012): IDEA – INVENTION – INNOVATION: STRATEGIES, APPROACHES, RESEARCH CHALLENGES. In: INTERNATIONAL DESIGN CONFERENCE - DESIGN 2012, Dubrovnik - Croatia, May 21 - 24, 2012.

Weis, Bernd X. (2013): Praxishandbuch Innovation. Leitfaden für Erfinder, Entscheider und Unternehmen. Stuttgart: Gabler Verlag.

Weis, Hans Christian (2001): Marketing. 12., überarb. und aktualisierte Aufl. Ludwigshafen (Rhein): Kiehl (Kompendium der praktischen Betriebswirtschaft).

Wicker, Guido (2010): Der Ökologie-Megatrend in der Wirtschaft. Identifikation und zukünftige Entwicklung. Hamburg: Diplomica Verlag.

Wiendahl, Hans-Peter (2014): Betriebsorganisation für Ingenieure. Mit ... 3 Tabellen. 8., überarb. Aufl. München: Hanser.

Winkelhofer, Georg A. (2006): Kreativ managen. Ein Leitfaden für Unternehmer, Manager und Projektleiter. Berlin: Springer.

Z_punkt GmbH - The Foresight Company: Innovation über Branchengrenzen hinweg wird zum strategischen Imperativ.

Zantow, Roger; Dinauer, Josef (2011): Finanzwirtschaft des Unternehmens. Die Grundlagen des modernen Finanzmanagements. 3., aktualisierte Aufl. München [u.a.]: Pearson Studium (Wi, Wirtschaft).

Zuber, Pascal (2009): Innovationsmanagement in der Biotechnologie. Nachhaltigkeit als Leitbild einer entwicklungsbegleitenden Evaluierung. Wiesbaden: Gabler Verlag / GWV Fachverlage GmbH, Wiesbaden (Gabler Edition Wissenschaft Forum Produkt und Produktionsmanagement).

zukunftsinstitut (Hg.) (2009): Praxis-Guide Cross-Innovations. Wettbewerbsvorteile durch einen branchenübergreifenden Innovationsansatz 2009.

Internetquellen

Asknature.org; verfügbar unter: https://asknature.org/ [zuletzt aufgerufen am 07.01.2017].

Aulive, verfügbar unter: http://www.aulive.com/ [zuletzt aufgerufen am 07.01.2017].

Bernina, verfügbar unter: https://www.bernina.com/de-DE/Warum-BERNINA-DE/Innovationen/BERNINA-Stichregulator-BSR [zuletzt aufgerufen am 07.01.2017].

Biokon.de, verfügbar unter: http://www.biokon.de/bionik/best-practices/detail/?tx_nenews_uid=1632&cHash=231511eadc8383e42bcc3876ee54c609 [zuletzt aufgerufen am 07.01.2017].

Bitkom, verfügbar unter: https://www.bitkom.org/Presse/Presseinforma-tion/Jedes-dritte-Unternehmen-betreibt-einen-Online-Shop.html [zuletzt aufgerufen am 07.01.2017].

Bjoerk.de, verfügbar unter: http://www.bjoerk.de/synektik [zuletzt aufgerufen am 07.01.2017].

BluFixx, verfügbar unter: https://www.blufixx.com/%C3%9Cber-uns/pa-ges/4?locale=de [zuletzt aufgerufen am 07.01.2017].

Bruch-Gerharz, Daniela: Botulinumtoxin: Vom Gift zum Medikament und Life-style-Präparat, S. 10f. In: Apothekenmagazin, verfügbar unter: http://www2.hhu.de/kojda-pharmalehrbuch/apothekenmagazin/Fortbil-dungsartikel/2002-04.pdf [zuletzt aufgerufen am 07.01.2017].

Columbia Daily Tribune, 2016, verfügbar unter: http://www.columbiatri-bune.com/arts_life/family_life/high-tech-olympics/article_6790b09c-5ffb-5153-b79c-0836de5d1c20.html [zuletzt aufgerufen am 07.01.2017].

Der Spiegel, 1969, verfügbar unter: http://www.spiegel.de/spiegel/print/d-45589414.html [zuletzt aufgerufen am 07.01.2017].

Depatisnet, verfügbar unter: https://depatisnet.dpma.de/ipc/init.do [zuletzt aufgerufen am 07.01.2017].

Die Erfinder/3M: Absorptive Capacity – mit externem Wissen Innovationen fördern, verfügbar unter: http://die-erfinder.3mdeutschland.de/innovati-onskultur/absorptive-capacity-%E2%80%93-mit-externem-wissen-inno-vationen-fordern [zuletzt aufgerufen am 07.01.2017].

DPMA.de, verfügbar unter: https://www.dpma.de [zuletzt aufgerufen am 07.01.2017].

Enkel (Gastbeitrag bei: 3M Die Erfinder), verfügbar unter: http://die-erfin-der.3mdeutschland.de/innovationsprozesse/warum-das-rad-neu-erfin-den-cross-industry-innovation-als-neuer-trend-im-innovati [zuletzt auf-gerufen am 07.01.2017].

EU-Studie: The Value Of European Patent, S. 39, verfügbar unter: http://ec.eu-ropa.eu/invest-in-research/pdf/download_en/patval_mainreportandan-nexes.pdf [zuletzt aufgerufen am 07.01.2017].

GIT-Labor, verfügbar unter: http://www.git-labor.de/forschung/materialien/weltraumtechnologien-fuer-industrielle-anwendungen [zuletzt aufgerufen am 07.01.2017].

Google Patente, verfügbar unter: https://www.google.ch/patents [zuletzt aufgerufen am 07.01.2017].

Googlewatchblog, verfügbar unter: https://www.googlewatchblog.de/2014/04/google-patent-kameras-kontaktlinsen/ [zuletzt aufgerufen am 07.01.2017].

Gore, verfügbar unter: https://www.gore.com/about/technologies/applications-fluoropolymer-fibers [zuletzt aufgerufen am 07.01.2017].

Gore Medical, verfügbar unter: http://www.goremedical.com/products/vg?locale=mpd_na [zuletzt aufgerufen am 07.01.2017].

Gore- Tex: Medizin/ Gesundheitswesen, verfügbar unter: http://www.gore.com/de_de/industries/healthcare/healthcare_medical.html [zuletzt aufgerufen am 07.01.2017].

go-inno: Methodenmatrix – 5w, verfügbar unter:

http://www.methodenmatrix.de/pdf/Methodenbeschreibungen/Methodenbeschreibung%205W.pdf [zuletzt aufgerufen am 07.01.2017].

Ideenfindung: 6-Thinking-Hats, verfügbar unter: http://www.ideenfindung.de/6-H%C3%BCte-Methode-6-Thinking-Hats-Kreativit%C3%A4tstechnik-Brainstorming-Ideenfindung.html [zuletzt aufgerufen am 07.01.2017].

Ideenfindung: Attribute-Listing, verfügbar unter: http://www.ideenfindung.de/attribute-listing-Brainstorming-Kreativit%C3%A4tstechnik-Ideenfindung.html [zuletzt aufgerufen am 07.01.2017].

Ideenfindung: Morphologischer Kasten, verfügbar unter: http://www.ideenfindung.de/morphologischer-kasten.html [zuletzt aufgerufen am 07.01.2017].

IHK Saarland: Gewerbliche Schutzrechte, verfügbar unter: http://www.saarland.ihk.de/ihk-saarland/Integrale?SID=CRAWLER&MODULE=Frontend.Media&ACTION=ViewMediaObject&Media.PK=2280&Media.Object.ObjectType=full [zuletzt aufgerufen am 07.01.2017].

Ingenieur, verfügbar unter: http://www.ingenieur.de/Fachbereiche/Medizin-technik/Novartis-baut-Google-Kontaktlinse-Messung-Zuckerwertes-in-Traenen [zuletzt aufgerufen am 07.01.2017].

Kreativitätstechniken: Osborn-Checkliste, verfügbar unter: http://xn--kreativi-ttstechniken-jzb.info/osborn-checkliste/ [zuletzt aufgerufen am 07.01.2017].

Lummer, A.: Innovation: der Cross-Industry-Ansatz, in: Produktmanagement, verfügbar unter: http://www.produktmanager-blog.de/innovation-der-cross-industry-ansatz/ [zuletzt aufgerufen am 07.01.2017].

Mediensprache: Kleine linguistisches Wörterbuch, verfügbar unter: https://www.mediensprache.net/de/basix/lexikon/index.aspx?qu=Ana-logiebildung [zuletzt aufgerufen am 07.01.2017].

NASA: Memory-Foam, verfügbar unter: https://www.nasa.gov/offices/oct/40-years-of-nasa-spinoff/memory-foam [zuletzt aufgerufen am 07.01.2017].

NASA: Water-Filtering-Device, 2012, verfügbar unter: https://www.nasa.gov/centers/johnson/techtransfer/technology/MSC-24180-1_Water-Filtering-Device.html [zuletzt aufgerufen am 07.01.2017].

Nike, verfügbar unter: http://news.nike.com/news/nike-shox-bb4 [zuletzt aufgerufen am 07.01.2017].

Nonaka/Takeuchi, 1986, https://hbr.org/1986/01/the-new-new-product-de-velopment-game [zuletzt aufgerufen am 07.01.2017].

Massis/Lazzarotti/Pizzurno/Salzillo: Open Innovation in the Automotive In-dustry: A Multiple Case-Study, 2012, S.223, verfügbar unter: http://cdn.in-techopen.com/pdfs-wm/33289.pdf [zuletzt aufgerufen am 07.01.2017].

mediensprache: Kleines linguistisches Wörterbuch. Analogiebildung. Online verfügbar unter https://www.mediensprache.net/de/basix/lexikon/in-dex.aspx?qu=Analogiebildung, [zuletzt aufgerufen am 07.01.2017].

Moreinspiration, verfügbar unter: http://www.moreinspiration.com/search [zuletzt aufgerufen am 07.01.2017].

Patently Mobile: http://www.patentlymobile.com/2014/07/a-new-google-smart-contact-lens-patent-comes-to-light-covering-glucose-testing-beyond.html [zuletzt aufgerufen am 07.01.2017].

PatVal-Studie der EU: http://ec.europa.eu/invest-in-research/pdf/download_en/patval_mainreportandannexes.pdf [zuletzt aufgerufen am 07.01.2017].

Performics, verfügbar unter: http://www.performics.de/blog/suchoperatoren-clever-und-effektiv-suchen [zuletzt aufgerufen am 07.01.2017].

Scientific American, 2012, verfügbar unter: https://www.scientificamerican.com/article/how-speedo-created-swimsuit/ [zuletzt aufgerufen am 07.01.2017].

Slashgear, verfügbar unter: http://www.slashgear.com/android-in-your-eye-googles-intra-ocular-device-03438662/ [zuletzt aufgerufen am 07.01.2017].

Smartwatch.de: https://www.smartwatch.de/news/michael-kors-stellt-in-kooperation-mit-google-eigene-smartwatch-vor/ [zuletzt aufgerufen am 07.01.2017].

Speedo, verfügbar unter: http://www.speedo.co.uk/technology/fastskin [zuletzt aufgerufen am 07.01.2017].

Springspotters.com, verfügbar unter: http://www.springspotters.com/springspotters/about/ [zuletzt aufgerufen am 07.01.2017].

Springwise.com, verfügbar unter: https://www.springwise.com/about/ [zuletzt aufgerufen am 07.01.2017].

Spinoff.NASA, verfügbar unter: https://spinoff.nasa.gov/Spinoff2015/ip_4.html [zuletzt aufgerufen am 07.01.2017].

Swissauto, verfügbar unter: http://www.swissauto.com/d/aufladung/ [zuletzt aufgerufen am 07.01.2017].

Telstra Corporation Ltd. & KPMG International, 2012, S. 40, verfügbar unter: https://www.telstra.com.au/business-enterprise/download/document/business-rersources-cross-industry-innovation-whitepaper.pdf [zuletzt aufgerufen am 07.01.2017].

The Venture: Exklusive Lizenz, verfügbar unter: http://www.the-venture.info/exklusive-lizenz/ [zuletzt aufgerufen am 07.01.2017].

The Venture. Nichtexklusive Lizenz, verfügbar unter http://www.the-venture.info/nichtexklusive-lizenz/ [zuletzt aufgerufen am 07.01.2017].

Trendhunter, verfügbar unter: http://www.trendhunter.com/about-trend-hunter [zuletzt aufgerufen am 07.01.2017].

TU Kaiserslautern: DIDAGMA Glossar, verfügbar unter: http://www.uni-kl.de/ZfL/didagma_glossar/index.php?sid=&sc=&p=glossar&x=2 [zuletzt aufgerufen am 07.01.2017].

United States Patent and Trademark Office: http://pdfaiw.uspto.gov/.aiw?PageNum=0&docid=20160113760&IDKey=7DE5F46358A6&HomeUrl=http%3A%2F%2Fappft.uspto.gov%2Fnetacgi%2Fnph-Parser%3FSect1%3DPTO2%2526Sect2%3DHITOFF%2526u%3D%25252Fnetahtml%25252FPTO%25252Fsearch-adv.html%2526r%3D37%2526f%3DG%2526l%3D50%2526d%3DPG01%2526p%3D1%2526S1%3D%28Google.AANM.%252BAND%252B%252540PD%25253E%25253D20160428%25253C%25253D20160428%29%2526OS%3DAaNm%2FGoogle%252BAND%252BPD%2F4%2F28%2F2016-%3C4%2F28%2F2016%2526RS%3D%28AANM%2FGoogle%252BAND%252BPD%2F20160428-%3C20160428%29 [zuletzt aufgerufen am 07.01.2017].

Verbraucherzentrale: Functional Food, verfügbar unter: https://www.verbraucherzentrale.de/functional-food [zuletzt aufgerufen am 07.01.2017].

Von Hippel (Harvard Business Review: Creating Breakthroughs at 3M), 1999, S. 5 f., verfügbar unter:

http://web.mit.edu/people/evhippel/papers/HBR%2099%20LU%20pub%20version%203M.pdf [zuletzt aufgerufen am 07.01.2017].

Watertogo, verfügbar unter: http://watertogo.ch/filter-facts [zuletzt aufgerufen am 07.01.2017].

Wearblezone, verfügbar unter: https://wearablezone.com/news/google-smart-contact-lenses?utm_medium=social [zuletzt aufgerufen am 07.01.2017].

Wirtschaftswoche: Smarte Technik soll Piksen endlich überflüssig machen, verfügbar unter: http://www.wiwo.de/technologie/digitale-welt/diabetes-smarte-technik-soll-piksen-endlich-ueberfluessig-machen/13405320.html [zuletzt aufgerufen am 11.03.2016].

Wirtschaftswoche: NASA-Technologien im Alltag, verfügbar unter: http://www.wiwo.de/technologie/forschung/nasa-technologien-im-all-tag-diese-erfindungen-verdanken-wir-der-weltraumfor-schung/12474036.html [zuletzt aufgerufen am 07.01.2017].

Wittenstein, verfügbar unter: http://www.wittenstein.de/de-de/unterneh-men/ [zuletzt aufgerufen am 07.01.2017].

Zeppelin Universität, 2014, verfügbar unter: https://www.zu.de/univer-sitaet/newsletter/newsletter-inhalte/forschungsprojekt-cross-industry-innovation.php [zuletzt aufgerufen am 07.01.2017].

ZF, verfügbar unter: https://www.zf.com/corporate/de_de/press/list/re-lease/release_20043.html [zuletzt aufgerufen am 07.01.2017].

Zukunftsinstitut, 2009, S. 30, verfügbar unter: http://docshare01.docshare.tips/files/9495/94957408.pdf [zuletzt auf-gerufen am 07.01.2017].

Z_Punkt: Innovation über Branchengrenzen hinweg wird zum strategischen Imperativ, verfügbar unter: http://www.z-punkt.de/themen/artikel/inno-vation-ueber-branchengrenzen-hinweg-wird-zum-strategischen-impera-tiv/76 [zuletzt aufgerufen am 07.01.2017].

Z_Punkt: Cross-Industry-Innovation, verfügbar unter: http://www.z-punkt.de/uploads/files/76/z_punkt_cross-industry_innovation_a4.pdf [zuletzt aufgerufen am 07.01.2017].

Internetgrafiken

BMW.de: http://www.bmw.de/de/footer/publications-links/technology-guide/idrive-touch-controller.html [zuletzt aufgerufen am 07.01.2017].

Cabelas: http://www.cabelas.com/assets/cms/img/additional_info/materi-als/clothing/goretex_graphic.jpg [zuletzt aufgerufen am 07.01.2017].

IECN: http://iecn.com/wp-content/uploads/2016/03/Jan-15-Linear-vs-late-ral01.png [zuletzt aufgerufen am 07.01.2017].

Ytimg: https://i.ytimg.com/vi/OC6DegDso2Y/maxresdefault.jpg [zuletzt aufge-rufen am 07.01.2017].

Management-Krankenhaus: verfügbar unter: http://www.management-kran-kenhaus.de/sites/management-krankenhaus.de/files/images/spe-cial/611482_original.jpg [zuletzt aufgerufen am 07.01.2017].

Gutefrage.de: Nike Schuhe mit Absatz, verfügbar unter: https://images.gute-
    frage.net/media/fragen/bilder/nike-schuhe-mit-ab-
    satz/0_big.jpg?v=1310050018000 [zuletzt aufgerufen am 04.01.2017].

Porsche.de: Porsche Newsroom, verfügbar unter: https://porschenews-
    room.s3.amazonaws.com/porsche_newsroom/produkte/panamera/pan-
    amera-weltpremiere-berlin_28-juni-2016/galerie-neu/b-
    p16_0381_a4_rgbjpg/f26deb41-e9c2-4855-bd1d-
    279ef2a917c8_teaser_original_720.jpg [zuletzt aufgerufen am
    07.01.2017].

Scienceinthenews: http://www.scienceinthenews.org.uk/contents/?article=8
    [zuletzt aufgerufen am 07.01.2017].

Senatorman: http://www.senatorman.de/bilder/Comprex-004.jpg [zuletzt auf-
    gerufen am 07.01.2017].